KÖNIGS FURT

*Zum Buch*

In der Bildersprache des Traums teilt sich das Unbewußte dem bewußten Ich mit. Träume sind deshalb nicht nur ein faszinierendes Forschungsobjekt der Tiefenpsychologie, sondern können gleichzeitig therapeutische Prozesse in besonderer Weise begleiten und unterstützen. Dieses Buch wendet sich sowohl an interessierte Laien als auch an Psychotherapeuten und führt in klar verständlicher Sprache in die Grundpositionen der Traumtheorie C. G. Jungs ein. Zahlreiche Beispiele aus der therapeutischen Praxis bieten zudem Einblick in die konkrete Traumdeutung und zeigen auf, wie Träume im Rahmen psychotherapeutischer Behandlungen interpretiert und berücksichtigt werden können.

*Zum Autor*

Dr. med. Hans Dieckmann, geb. 1921, ist Dozent am Institut für Psychotherapie in Berlin und dessen Ehrenpräsident sowie Gründungsvorsitzender des C. G. Jung Instituts, Berlin. Außerdem hat er zahlreiche internationale Ehrenämter inne, hält häufig Gastvorlesungen in den USA, England, Griechenland und Israel und war viele Jahre lang Präsident der Internationalen Gesellschaft in Zürich. Er lebt in Berlin.

Hans Dieckmann

# Träume als Sprache der Seele

## Einführung in die Traumdeutung C. G. Jungs

Königsfurt

*Die Deutsche Bibliothek – CIP-Einheitsaufnahme*
*Dieckmann, Hans:*
*Träume als Sprache der Seele : Einführung in die Traumdeutung C. G. Jungs / Hans Dieckmann. – Krummwisch : Königsfurt, 2001*
*ISBN 3-933939-81-X*


D-24796 Krummwisch
www.koenigsfurt.com

Neuausgabe von »Träume als Sprache der Seele«,
Bonz Verlag, Stuttgart 1972

Umschlag: INIT, Bielefeld
unter Verwendung eines Motivs von Premium, Düsseldorf
Druck und Bindung: MMC, Memmingen

Printed in Germany
ISBN 3-933939-81-X

Auflage 6. 5. 4. 3. 2. / 2007 2006 2005 2004 2003

# Inhalt

Meiner Frau gewidmet

# Vorwort

Dieses Buch wendet sich sowohl an den interessierten Laien als auch an den Psychotherapeuten und Psychagogen. Unter Berücksichtigung möglichst vieler praktischer Beispiele soll es dem Leser die Grundpositionen der Traumtheorie und Traumdeutung der Analytischen Psychologie C. G. Jungs vermitteln. Es erhebt mit dieser Beschränkung keineswegs den Anspruch auf Vollständigkeit oder Vollkommenheit, sondern soll eine Einführung in diesen Bereich darstellen und es dem weiter Interessierten überlassen, sich durch die angegebene Literatur in den Stoff zu vertiefen.

Theorie und Praxis der Traumforschung in der Analytischen Psychologie sind im Gesamtwerk C. G. Jungs an vielen Stellen verstreut zu finden. Diese von derjenigen Sigmund Freuds oft recht unterschiedliche Auffassung des Phänomens Traum hat bei weitem noch nicht die Verbreitung in der Öffentlichkeit gefunden, die sie ihrem Wert nach verdient. Zwar sind bereits viele der Positionen C. G. Jungs auch in anderen Schulen übernommen worden; aber gerade eine weitere und vertiefte Kenntnis dieser Auffassungen könnte zu einer Verbreiterung und Verlebendigung auch des Systems einer reinen Wunscherfüllungstheorie des Traumes führen. Die Grundpositionen der Freudschen Traumdeutung werden bei jedem Analytiker als bekannt vorausgesetzt, und so wird in diesem Buch auch nur an einzelnen Stellen auf sie Bezug genommen.

Wenn es sich bei diesem Buch auch um eine möglichst einfache Einführung handelt, so sind doch neuere Entwicklungen berücksichtigt. Es werden an einzelnen Stellen auch Fragen bzw. hypothetische Entwürfe für die Richtung möglicher weiterer Untersuchungen in diesem Kernbereich der Analytischen Psychologie gestellt bzw. gemacht.

Die Traumbeispiele und ihre Interpretationen mußten aus Gründen ärztlicher Diskretion verfremdet und verkürzt werden, was ihrer Lebendigkeit und Eindringlichkeit leider oft Abbruch tut. Die Deutungen beziehen sich jeweils nur auf einen bestimmten Aspekt, der klargemacht werden soll. Eine umfassende und vollständige Deutung eines einzelnen Traumes mit allen seinen Figuren und Symbolen ist in einer derartigen Darstellung nicht möglich.

Zum Schluß möchte ich noch allen danken, die mir erlaubten, ihre Träume zu veröffentlichen.

# I. Die Einstellung zum Unbewußten

Der Traum ist die Sprache des Unbewußten, eine Bildersprache, in der das Unbewußte sich unserem bewußten Ich mitteilt. Von Anbeginn der Überlieferungen unserer Kultur hat sich der Mensch bemüht, diese Sprache zu verstehen und zu übersetzen. Seit dem Erscheinen des Traumbuches von Freud (1)* vor siebzig Jahren haben die Träume auch ihren Platz in der wissenschaftlichen Forschung gefunden, und eine sehr umfangreiche Literatur im Bereich der Tiefenpsychologie zeugt bis heute von dem Bemühen, die Sprache dieser Bilder in eine für unser Bewußtsein erfaßbare Form zu übersetzen. Man sollte sich hierbei immer vor Augen halten, daß dieses Bemühen der Wissenschaft nicht eine rein akademische Frage ist, sondern daß es sich um einen Erkenntnisprozeß von ganz erheblichen praktischen Konsequenzen handelt. Die heutige Traumforschung der Tiefenpsychologie hat empirisch am Patienten, d. h. am psychogen erkrankten Menschen begonnen und findet auch heute noch an dieser Stelle ihr wesentliches Aufgaben- und Anwendungsgebiet. Sie stellt daher nicht nur einen Bereich der Forschung dar, sondern ist gleichzeitig ein wichtiger Teil des therapeutischen Prozesses, der in der Lage ist, schwere und schwerste, früher unheilbare Erkrankungen zu heilen oder wenigstens zu bessern. Ein richtiges Verständnis und eine richtige Übersetzung dessen, was das Unbewußte dem Bewußtsein zu sagen hat, erkennt man wenigstens im Bereich der Medizin daran, daß es eine korrigierende, heilende oder hilfreiche Wirkung ausübt bzw. sich verstehbar und sinnvoll in das Gesamt der psychischen Prozesse des Individuums einfügt.
Hierdurch verschiebt sich der Schwerpunkt der Traumdeutung von der mantischen (hellseherischen) Seite früherer Jahrhunderte auf die der Erkenntnisprozesse innerhalb der individuellen Psyche und die des therapeutischen Wertes. Einfacher ausge-

* Die Ziffern in runden Klammern beziehen sich auf die näheren Angaben im Literaturverzeichnis am Schluß des Bandes.

drückt: Arzt und Patient erwarten heute von einem Traum weniger eine Prognose über den zukünftigen Ablauf äußerer Vorgänge, als vielmehr einen therapeutischen Effekt im Hinblick auf die vorliegende Erkrankung. *Ein* Grundprinzip ist sich allerdings gleichgeblieben: Auch die antike Traumdeutung faßte den Traum als etwas auf, das eine indirekte oder verschlüsselte Aussage machte und daher einer Deutungsarbeit bedürfte, um die Verschlüsselung wieder in eine direkte Aussage zu verwandeln, worauf auch M. Kaiser in seiner »Einführung zum Traumbuch des Artemidor« hinweist. (2) Es besteht aber ein grundlegender Unterschied zwischen der *individuellen* Traumdeutung der heutigen Zeit und der *kollektiven* Symboldeutung der antiken Traumdeuter. Letztere fertigten auf dieser Basis richtige Traumlexika an, von denen das erste uns bekannte aus dem fünften Jahrhundert stammt und von Antiphon aus Athen verfaßt wurde. In der individuellen Traumdeutung, so wie sie heute betrieben wird, wäre das undenkbar, da jedes auftauchende Traummotiv oder Symbol unabhängig von seinen auch zu berücksichtigenden kollektiven Aspekten auf das Erinnerungsmaterial, die Lebens- und Familiengeschichte und die Bewußtseinssituation des Träumers bezogen werden muß, d. h. das gleiche Traummotiv kann für den einen Patienten eine ganze andere Bedeutung haben als für den anderen. Hierbei ist die von den persönlichen Erlebnissen abhängige Variabilität viel zu groß, um sich in irgendeiner Weise lexikalisch erfassen zu lassen.

Die verschiedenen tiefenpsychologischen Schulen haben zum Teil sehr unterschiedliche Aspekte zur Traumdeutung beigesteuert. Demjenigen, der in dem rein klassischen naturwissenschaftlichen Denkmodell befangen ist, mag das merkwürdig erscheinen, da es ja angeblich nur eine Wahrheit geben soll und eine Sache nur so oder so und niemals so und so sein kann. Der Tiefenpsychologie geht es aber in gewissem Sinne genauso wie der modernen Physik im Mikrobereich, worauf eine Reihe von Forschern beider Richtungen, z. B. Pauli, C. A. Meier, Anrich u. a. (3/4/5) hinweisen. Das beobachtete System, in diesem Fall die Psyche, kann nicht wie in der klassischen Physik unter dem Gesichtspunkt eines von diesem System unabhängigen und losgelösten

Beobachters beschrieben werden, sondern System und Beobachter stehen zwangsläufig in einer Wechselwirkung zueinander. Dadurch wird das Resultat vom Standpunkt des Beobachters abhängig, und die alte Gegenüberstellung von erkennendem Subjekt auf der einen Seite und erkanntem Objekt auf der anderen wird abgelöst von der Idee des Schnittes (3) zwischen Beobachter und beobachtetem System. In bestimmten Bereichen der Mikrophysik verursacht jede Beobachtung Veränderungen, und jeder Erwerb von Wissen wird mit dem Verlust von Wissen auf der anderen Seite bezahlt. In der Tiefenpsychologie ist es ähnlich: Die Einwirkung von zwei psychischen Systemen, dem des Arztes auf der einen Seite und dem Patienten auf der anderen, bedingt eine bestimmte Konstellation, die von dem Zustand bzw. dem Standpunkt, den der Arzt als Beobachter des Patienten einnimmt, notwendigerweise mitbeeinflußt wird. Dies ist natürlich nicht identisch mit dem, was wir sonst im allgemeinen Sprachgebrauch unter bewußter Beeinflussung oder gar Suggestion verstehen. In bestimmten Bereichen der Tiefenpsychologie beginnt man aus diesen Gegebenheiten bereits auch die Konsequenzen zu ziehen und beschreibt beide Prozesse, wie z. B. im Bereich der Übertragungs- und Gegenübertragungsforschung.

Ich habe diese Problematik hier aus zwei Gründen angedeutet: Einmal möchte ich den Leser dieses Buches, dem schon andere Positionen der Traumdeutung bekannt sind, darauf aufmerksam machen, daß Widersprüche oder sogenannte Unvereinbarkeiten zwischen den Positionen verschiedener tiefenpsychologischer Richtungen nicht unbedingt bedeuten müssen, daß der eine recht hat und der andere sich irrt, sondern daß sich diese Aussagen komplementär zueinander verhalten können und erst zusammen die Vollständigkeit darstellen, so wie wir es im physikalischen Bereich bei der Korpuskular- und der Wellentheorie des Lichtes vor uns haben, die sich auch eigentlich gegenseitig ausschließen, da ein Korpuskel keine Welle sein kann und umgekehrt. Trotzdem ist das Licht beides und vereinigt gewissermaßen in einem dahinterstehenden Dritten diese beiden Widersprüche. Der zweite Grund zu diesen Ausführungen ist der, dem Leser klarzumachen, warum es für notwendig gehalten wird, hier zunächst einige

Worte über den Standpunkt und die Einstellung der Analytischen Psychologie zum Unbewußten überhaupt zu sagen. Nach dem oben Angeführten erscheint eine solche Standpunktbestimmung mit einer Abgrenzung von den Positionen anderer Schulrichtungen unbedingt erforderlich und gehört zur Grundlage, bevor die Ausführungen über den Traum im einzelnen beginnen. Die Analytische Psychologie C. G. Jungs faßt das Unbewußte als etwas dem Menschen a priori Mitgegebenes auf, d. h. daß es sich bei den Inhalten des Unbewußten nicht nur um Dinge handelt, die im Verlaufe des persönlichen Lebens unbewußt geworden sind. Vielmehr stellt das Unbewußte den Mutterboden dar, aus dem Bewußtsein überhaupt erst entsteht. Es enthält dementsprechend im Grunde genommen zwei Bereiche, die natürlich in praxi ineinander übergehen, aber sich doch voneinander unterscheiden lassen. Der eine Bereich enthält zunächst alle diejenigen Inhalte, die einmal innerhalb der persönlichen Lebenssphäre aufgenommen wurden und dann vergessen, verdrängt, unterdrückt oder nur unterschwellig wahrgenommen worden sind. Diesen Bereich bezeichnete Jung als das persönliche Unbewußte. Ihm stellte er einen zweiten Bereich, »das kollektive Unbewußte«, gegenüber. Dieses kollektive Unbewußte enthält die zuerst oben genannte Funktion des Mutterbodens für das Bewußtsein. Es umfaßt nach Jung Inhalte, die nicht aus persönlichen Akquisitionen, sondern aus den ererbten Möglichkeiten des psychischen Funktionierens überhaupt, nämlich aus der ererbten Hirnstruktur, stammen. (6) Beobachtungen an den verschiedensten Individuen, zu verschiedensten Zeiten und in den verschiedensten Kulturen haben ergeben, daß die Manifestationen des Unbewußten, wie Träume, Phantasien, Mythologiebildungen u. a., eine gleiche Grundstruktur aufweisen, und bestimmte psychische Funktionskomplexe, die Jung als die Archetypen bezeichnet hat, sich unabhängig von Rasse, Kultur oder Zeitalter in analogen Motiven und Bildabläufen äußern. Zwar sind die Bilder selbst von der umgebenden Kultur her bestimmt, und der chinesische Heros trägt eben chinesische Kleidung und weist gewisse Eigentümlichkeiten auf, die der europäische nicht hat; aber die Grundstruktur der Heroenmythe im Kampf mit übermächtigen Naturgewalten oder Göttern ist sich überall gleich: im tiefenpsychologischen Sinne ein Kampf des Ich um das Bewußtsein. Solche Analogien finden sich nicht nur zwischen den Mythen und Märchen verschiedener Völker und Zeiten, sondern die gleichen Bilder werden auch in den Träumen und den Phantasiebildungen der modernen Menschen benutzt. Man könnte, wie es in der Märchenforschung bei Taylor und Lang (7) geschieht, von einer Polygenese des Gleichen sprechen, d. h. die menschliche Psyche äußert sich in bestimmten, für den Menschen kollektiv gültigen Lebenssituationen, wie z.B. Geburt, Gefahr, Reifungsstufen, Einstellungen zu den Elternimagines, zu Gut und Böse, zu Haß und Liebe und ähnlichem immer in strukturell gleichartigen Bildfolgen. Diese tragen einen mythologischen Charakter, auf den wir bei der Besprechung der archetypischen Träume noch näher eingehen werden. Offensichtlich arbeitet die kombinatorische Phantasie im Unbewußten keineswegs willkürlich, sondern setzt immer wieder ganz bestimmte Bildungen zusammen, die, richtig verstanden, in der Lage sind, dem Bewußtsein eine Erweiterung in bezug auf Erlebnis- und Erkenntnisvermittlung zu bringen und ihm in diesen menschlichen Grundsituationen zu helfen.

In dieser Konzeption liegt ein grundsätzlicher Unterschied zu dem Modell vom Unbewußten, wie Sigmund Freud es beschrieben hat. Bei Freud ist das Es ein mehr diffuser Triebgrund, und die Träume erhalten ihre Struktur erst durch die Einwirkungen und Zensurierungen von Ich und Über-Ich. Die Inhalte des Unbewußten bestehen in erster Linie aus den früheren Verdrängungen der persönlichen Entwicklung. Wenn Freud auch später die Existenz einer archaischen Erbschaft im Unbewußten (8) einräumt, so spielt diese doch keine wesentliche praktische Rolle. Die Konzeption Jungs, außer dieser persönlichen Sphäre ein bereits vorstrukturiertes kollektives Unbewußtes anzunehmen, bedingt aber auch wichtige praktische Konsequenzen. Das kollektive Unbewußte stellt ja einen autonomen Funktionskomplex mit einer primär gegebenen Struktur dar, in dem wie in einem Samenkorn die Entwicklungs- und Reifungsmöglichkeiten der typischen humanen Psyche bereits vorgegeben sind, oder, wie Jung selbst es ausdrückt: »Von dieser Seite aus betrachtet, erscheint uns dann das Unbewußte als die Gesamtheit aller in statu nascendi begriffener seelischer Inhalte.« (9) Das kollektive Unbewußte erhält damit einen prospektiv-finalen Charakter, da es durch die Herstellung von Sinnbildern in der Lage ist, diese mit dem Triebhaften zu verknüpfen, den psychischen Prozessen Richtung zu geben und dem Bewußtsein Wissen und Erkenntnisse über den zunächst unbewußt verlaufenden Prozeß der seelischen Reifung und Entwicklung zu geben.

Der therapeutische Prozeß in der Analytischen Psychologie besteht dementsprechend auch nur in der ersten Phase bzw. zum Teil aus der Ich-Stärkung und Ich-Entwicklung. Eine zweite Phase bzw. ein zweiter wesentlicher Teil besteht darin, ein bewußtes Verständnis für diese strukturell vorgegebenen Entfaltungsprozesse zu vermitteln, wobei dem Ich dann nicht mehr die Rolle des Kapitäns, sondern nur die des Steuermanns zufällt. Es ist damit nicht mehr der Herrscher über die Psyche, sondern stellt sich in den Dienst eines höheren, der Gesamtpersönlichkeit innewohnenden Gesetzes, das auf die bestmögliche Entfaltung und Entwicklung dieses Ganzen bedacht ist. Eine derartige Haltung ist natürlich nur möglich unter der Voraussetzung sinngerichteter und sinnbezogener Prozesse im Unbewußten, die selbstverständlich von jedem einzelnen nur echt durch die persönliche Erfahrung gewonnen werden können. Natürlich wird eine derartige Haltung von einem Patienten weder mitgebracht noch gefordert. Dieser kann und darf und soll skeptisch und kritisch sein und das eigene psychische Material sorgfältig prüfen. Es gibt in unserem Bereich nichts Gefährlicheres, als kritiklos mit einer vorgefaßten Meinung an eine relativ unbekannte Sache heranzugehen. Die menschliche Seele ist trotz aller bisheriger Forschung doch noch ein sehr unbekanntes Gebiet. Auch für den Analytiker ist diese Haltung notwendig und erforderlich. Im Gegensatz zu dem Patienten verfügt er aber über eine Reihe von Vorerfahrungen und über ein gewisses Vorwissen. Ob er nun bewußt will oder nicht, so wird er doch unter dem Einfluß dieser Erfahrungen in den Manifestationen des Unbewußten seiner Patienten außer dem verdrängten auch dieses sinnbezogene, prospektiv-finale Material erwarten und seine Aufmerksamkeit darauf richten. Damit tritt dann aber auch der Zustand ein, der vorher als der Standpunkt des Beobachters zum beobachteten Objekt beschrieben worden ist.

Nehmen wir hierfür ein Beispiel: Eine Patientin träumt sich als eine Nymphe in einem See schwimmend. Deutet man den Traum nur von der Triebdynamik her, so könnte er als ein Ausdruck der Sexualverdrängung angesehen werden. Da, wo andere Menschen ihr Genitale haben, wünscht sich diese Patientin einen Fischschwanz, der zudem noch kalt ist, und außerdem regrediert sie in eine Mutterleibsymbolik vor der gefährlichen Welt, denn der See kann als Symbol des mit Fruchtwasser gefüllten Uterus angesehen werden, in dem der Embryo schwimmt.[1]

Nach der Theorie von Jung würde man hier aber zusätzlich an die Analogien dieser Figur in Märchen und Mythen denken und dabei feststellen, daß z. B. die Nymphen eine starke Sehnsucht und Tendenz zur Menschwerdung zeigen, wie wir es z. B. auch in Andersens Meerjungfrau (10) finden. Sie sind außerdem Naturwesen, die von Anfang an so waren, wie sie sind, und man würde folgern, daß es sich hier vielleicht um einen noch nicht entwickelten Persönlichkeitsanteil im Bereich der Weiblichkeit der Träumerin handelt, der die Tendenz aufweist, bewußt zu werden, sich aber noch im Unbewußten befindet.[2] Der See wird dann hier als das Symbol des Unbewußten angesehen, aus dem das Bewußtsein erst entsteht. Diese beiden Auffassungen widersprechen sich in zwei Punkten logisch eindeutig: 1. Entweder ein Inhalt ist verdrängt, dann muß er vorher schon einmal im Bewußtsein gewesen sein, oder etwas Neues, noch Unbekanntes, wird aus der Natur geboren. 2. Entweder der Traum ist eine Regression, d. h. es liegt eine Fluchtbewegung in

[1] Ich bin mir selbstverständlich dessen bewußt, daß es sich hier nur um eine Deutungsmöglichkeit handelt und der Traum auch von der Triebdynamik her noch andere Aspekte haben kann. Ich bin mir auch dessen bewußt, daß eine richtige Deutung nur bei Kenntnis der persönlichen Vorgeschichte und des Assoziationsmaterials gegeben werden kann. Die beiden gegensätzlichen Deutungsmöglichkeiten stellen hier nur eine Metapher dar, die zur Verdeutlichung der theoretischen Positionen benutzt wird.

[2] Weitere Amplifikationen zu diesem Traumsymbol finden sich bei E. Jung (11): »Die Anima als Naturwesen«, ein Fallbeispiel zu dieser Symbolik bei H. Dieckmann: »Märchen und Träume als Helfer des Menschen«. (12)

eine frühere Stufe vor, oder aber es besteht eine Tendenz zur Reifung und Entwicklung, die in dieser Figur ausgedrückt wird, und es handelt sich damit gerade um das Gegenteil einer Flucht, nämlich um ein Vorwärtsgehen.

Das ist zwar logisch, aber nicht psychologisch gedacht, da sich in einem Symbol durchaus ambivalente Tendenzen darstellen können und wir daher nicht entweder-oder sagen dürfen, sondern uns zu einem Sowohl-Als-auch entschließen müssen. So bestreitet die Analytische Psychologie keineswegs den Wert und auch die Richtigkeit vieler Positionen Freuds, legt aber ihrerseits ihr Interesse bzw. die Beobachtungsrichtung mehr auf die prospektiven Entwicklungsmöglichkeiten, die dem Bewußtsein vom Unbewußten angeboten werden.

Durch die unseres Erachtens erwiesene Struktur des kollektiven Unbewußten und ihre Wirkung auf das Bewußtsein wird das Psychische aus der Sphäre des rein Subjektiven herausgerückt und wird zu einer objektiven Realität, mit der das Ich genauso rechnen und umgehen lernen muß wie mit der äußeren Realität. Damit wird die innere, objektiv psychische Welt der äußeren Welt gleichwertig gegenübergestellt, und unbewußte Äußerungen wie der Traum werden nicht nur als Reaktion auf das Außen hin verstanden, sondern als die Äußerungen einer autonomen inneren Welt, die allerdings ganz selbstverständlich mit der äußeren Welt in bestimmten Verbindungen steht. Die Beurteilung und Deutung der Träume wird also nicht ausschließlich auf das Bewußtsein bezogen und von daher interpretiert. Es wird dem Unbewußten diese Autonomie zugeschrieben, und es steht in der Fülle seiner Erlebnisformen und -möglichkeiten dem Bewußtsein zumindest gleichwertig gegenüber, wenn es nicht sogar als der Ursprung des Bewußtseins selbst diesem überlegen ist und sein Sinngehalt den des Bewußtseins übersteigt. Es gibt die sehr skurril erscheinende Anekdote eines chinesischen Weisen, der sich einmal die Frage vorlegte: »Heute nacht träumte ich, ich sei ein Schmetterling und flöge auf einer Wiese voller Blumen. Nun, da ich aufgewacht bin, weiß ich nicht recht, bin ich nun ein Mensch, der geträumt hat, ein Schmetterling zu sein, oder bin ich ein Schmetterling, der jetzt träumt, ein Mensch zu sein?« Wir sind zunächst geneigt, über diese etwas einfältig scheinende und irreale Frage zu lächeln. Erst bei längerem Nachdenken merkt man aber dahinter die ganze Tiefgründigkeit eines komplizierten Problems. Wir müssen ja zugeben, daß wir nur dann wirklich »erleben«, wenn wir sinnlich erleben, d. h. die Kenntnis der Realität unserer Umwelt wird uns in letzter Konsequenz immer nur durch unsere Sinne überliefert. Wir sind zwar in der Lage, durch die Zwischenschaltung von komplizierten Apparaten zwischen uns und das zu erfassende Objekt dieses wie z. B. mit einem Mikroskop extrem zu vergrößern und damit Dinge zu sehen, die wir mit bloßem Auge nicht sehen können, wie etwa Bakterien und Viren. Als letztes Beweismittel für die Existenz eines Objekts steht aber hinter jeder Apparatur, und sei sie noch so fein, der entsprechende menschliche Sinn, wie in unserem Beispiel das Auge.

Jeder, der schon einmal in seinem Leben geträumt hat, wird bestätigen können, daß Träume eine vollständige sinnliche Realität besitzen. In der Regel herrscht zwar in ihnen, jedenfalls soweit wir uns an unsere Träume nach dem Erwachen erinnern, das optische Element vor. Es kommen jedoch auch alle anderen sinnlichen Qualitäten wie die gustatorischen, die olfaktorischen, die akustischen und die taktilen vor.[3] Die Tatsache, daß man zeitweise im Traum weiß, daß man träumt, besagt auch nicht viel mehr, als daß man sich dessen bewußt ist, in welcher spezifischen Erlebniswelt man sich bewegt. Über die Wirklichkeit dieser Erlebniswelt wird dagegen hierdurch nichts ausgesagt, es sei denn, man einigt sich vorher darüber, daß man als wirklich nur das gelten lassen wolle, was sich im Wacherleben abspiele. Natürlich soll damit nicht die Behauptung aufgestellt werden, daß es sich bei Traum und Wacherleben um identische Realitaten handelt, sondern der äußeren Realität wird eine innere, dem Makrokosmos ein Mikrokosmos gegenübergestellt, der einen gleichwertigen Wirklichkeitscharakter und die gleiche Fülle der Phänomene enthält. Der Traum und die innere Welt des Menschen sind damit nicht mehr lediglich ein Adnex der wachen und

[3] Qualitäten des Geschmacks-, Geruchs-, Gehör- und Tast-Sinnes.

bewußten Persönlichkeit bzw. das Reservoir der Verdrängungen früherer Außenweltwahrnehmungen. So ist die Auffassung C. G. Jungs weiter und umfassender als diejenige Freuds, wenn er 1931 schreibt (13): »Daß Träume bloß verdrängte Wunscherfüllungen sind, ist ein längst überholter Standpunkt. Gewiß gibt es auch Träume, die erfüllte Wünsche oder Befürchtungen manifest darstellen. Aber was gibt es nicht alles sonst noch? Träume können unerbittliche Wahrheiten, philosophische Sentenzen, Illusionen, wilde Phantasien, Erinnerungen, Pläne, Antizipationen, ja sogar telepathische Visionen, irrationale Erlebnisse und Gott weiß, was sonst noch sein. Wir dürfen nämlich eines nicht vergessen: Fast die Hälfte unseres Lebens spielt sich in einem mehr oder weniger unbewußten Zustand ab. Die spezifische Bewußtseinsäußerung des Unbewußten ist das Träumen. Wie die Seele eine Tagseite, das Bewußtsein, hat, so hat sie auch eine Nachtseite, das unbewußte psychische Funktionieren, das man als traumhaftes Phantasieren auffassen könnte. Wie es nun auch im Bewußtsein nicht nur Wünsche und Befürchtungen, sondern noch unendlich viele andere Dinge gibt, so besteht auch die allergrößte Wahrscheinlichkeit dafür, daß unsere Traumseele über einen ähnlichen, vielleicht sogar noch viel größeren Reichtum an Inhalts- und Lebensmöglichkeiten verfügt als das Bewußtsein, dessen essentielle Natur Konzentration, Einschränkung und Ausschließlichkeit ist.«

Dieser Satz über den »größeren Reichtum an Inhalts- und Lebensmöglichkeiten« stimmt nachdenklich über die Relativität unseres bewußten Standpunktes. Man bekommt ein erheblich besseres Gefühl für das, was sich in dem anderen Menschen abspielt, wenn man seine innere Welt für ebenso real und wirksam hält wie die seines Wacherlebens. So ist es auch ein gutes Mittel der Therapie, wenn vor jedem Verständnis- und Deutungsversuch von dem Arzt der Schritt vollzogen wird, den Traum des Patienten gleichsam miterlebend nachzuvollziehen und sich mit allen emotionalen Konsequenzen in die Lage und die Situation des Traum-Ichs hineinzuversetzen. Eine derartige partielle Identifikation mit dem Träumer und die lebendige Teilnahme an seiner Innenwelt führt einerseits zu einem besseren und vertieften Verständnis für das innere Erleben des anderen als auch zu einer verstärkten Empathie, die sich in der therapeutischen Situation fruchtbar auswirken kann. Es ist an sich nur unser consensus gentium, wenn wir den größeren Wertakzent auf die Realität der Außenwelt legen. Einen Wahrheitsbeweis für einen überlegenen Wert der Außenwelt und des Bewußtseins gegenüber der Innenwelt und dem Unbewußten gibt es wissenschaftlich nicht, genausowenig wie für das Umgekehrte.

Wenn wir wissen, was wir tun, indem wir die Welt der Träume auf das Bewußtsein beziehen und sie zu Erkenntniszwecken und zur Bereicherung in unser Tagerleben einbeziehen, dann können wir dies grundsätzlich ruhig machen. Man sollte sich aber bei diesem Prozeß doch immer darüber klar sein, daß man jeden Traum in mehr oder minder großem Umfang verstümmelt, wenn man ihn in ein vom Bewußtsein erfundenes Schema oder in eine entsprechende Theorie preßt. An die Möglichkeit, in jedem Traum etwas finden zu können, das in dem bewußten Schema oder der Theorie nicht vorgesehen ist, sollte man stets denken.

Es ist natürlich keineswegs so, daß die beiden Wirklichkeiten, die äußere und die innere Realität, beziehungslos nebeneinander existieren. Wieviel an Tagesresten und Erinnerungen aus der äußeren Welt in den Traum übernommen wird, sieht schon der Laie, der seine Träume beobachtet. Es ist ja der gleiche Mensch, der da träumt und wacht. Jeder eigene Traum, den wir uns vom Bewußtsein her betrachten, so als wäre er ein Objekt, mit dem man sich beschäftigt, bleibt deswegen doch der eigene Traum. Beobachter und beobachtetes Objekt sind im Grunde genommen eine recht enge Einheit. Die Tatsache dieser Einheit bedingt natürlich auch, daß es zwischen Bewußtsein und Traum Beziehungen und Regeln gibt. So können wir denn auch im Traumerlebnis derartige Beziehungen, Regeln, Strukturen und einen Sinn finden, der uns nicht nur wichtige Hinweise auf die Persönlichkeit des Träumers geben kann, sondern der sich auch, dem Bewußtsein angegliedert, heilend auswirken kann, wenn er von diesem verstanden und benutzt wird.

Jacobi (14) unterteilt die Träume nach der Art ihrer Beziehungen zum Bewußtsein in drei verschiedene Typen:

1. Der Traum erfolgt als eine Reaktion des Unbewußten auf eine bestimmte bewußte Situation, indem er die letztere ergänzt oder kompensiert. Hierher gehören alle jene Träume, die mehr oder minder deutlich die Vortagserlebnisse enthalten oder auf diese hinweisen. In dem Betrachter erweckt ein derartiger Traum den Eindruck, daß er ohne das Erlebnis des Vortags nicht zustande gekommen wäre.

Ein typischer Traum dieser Art würde etwa so lauten:

»Ich war mit meinem Auto zu Hause. Ich stand auf dem Hof und wollte meine Sachen einpacken. Der Wagen war hinten völlig leer. Meine Mutter legte sich hinten in den Wagen und wollte wohl mitfahren. Ich wollte das aber nicht und habe gesagt, sie solle aussteigen.«

Der Traum stammt von einer 35jährigen Patientin, deren Eltern in einer anderen Stadt wohnen. Sie legen großen Wert darauf, daß ihre Tochter sie möglichst an allen Feiertagen besucht, was die Patientin aber nur höchst unwillig tut. Am Vorabend des Traumes war Muttertag. Die Patientin findet dieses Fest an sich blödsinnig. Sie war nicht nach Hause gefahren, hatte aber, im Gegensatz zu früheren Jahren, wenigstens dort angerufen. Ein Geschenk hatte sie dagegen nicht gemacht. Es ist deutlich ersichtlich, daß der Traum auf diese Situation Bezug nimmt und in ihm der Ambivalenzkonflikt enthalten ist: Soll ich nach Hause fahren oder nicht, und soll ich auf die Wünsche meiner Mutter Rücksicht nehmen oder nicht. Ausgelöst wurde der Traum mit seiner Problematik ganz offensichtlich durch das Telefongespräch vom Vortag. Dessen Inhalt ging um das Nachhausekommen.

2. Der Traum ist das Produkt einer Spontaneität des Unbewußten und fügt zu einer bestimmten bewußten Situation einen ganz anderen, unbewußten Aspekt hinzu. Zwischen beiden entsteht hierdurch eine Gegensatzspannung und ein Konflikt. Im ersten Beispiel verläuft das Energiegefälle vom Bewußtsein zum Unbewußten, während hier mehr oder weniger ein energetisches Gleichgewicht zwischen beiden besteht.

Ein hierfür typischer Traum ist der eines 43jährigen Bankbeamten:

»Ich sitze mit drei anderen Männern in einem Auto mit laufendem Motor, das an der Ecke vor unserer Bank steht. Wir sind Gangster und haben schwarze Tücher vor dem Gesicht und Pistolen in den Händen. Wir planen einen Raubüberfall auf meine Bank, und ich bin innerlich noch etwas hin und her gerissen, ob ich da mitmachen soll oder nicht.«

Hier gab es kein deutliches Vortagserlebnis, an das der Traum, der im übrigen für den korrekten Bankbeamten recht erschütternd war, hätte anknüpfen können. All den riesigen Geldsummen gegenüber, die täglich durch seine Hand gingen, hatte er die Ideologie entwickelt, es sei wertloses, neutrales Papier, das keinerlei Begierden in ihm hervorrufe. Der Traum zeigt ihm plastisch und deutlich seine eigene unterdrückte Schattenseite, den Gangster, und damit das genaue Gegenteil seiner bewußten Einstellung. Das ist das Problem, mit dem er sich jetzt auseinanderzusetzen hat. Auch der innere Konflikt, der jetzt ins Bewußtsein kommt, ist am Ende des Traumes bereits enthalten.

3. Der Traum ist das Produkt unbewußter Prozesse, wobei die ganze Aktivität vorwiegend oder ausschließlich beim Unbewußten liegt und eine Beziehung zum Bewußtsein und dessen Positionen aus dem Trauminhalt selbst nicht mehr erkennbar ist. Diese Träume haben einen eigenartigen, schwer deutbaren Charakter, sind aber inhaltlich sehr wichtig und bedeutsam, da sie unter Umständen eine bewußte Haltung völlig verändern oder umkehren können. Das energetische Gefälle verläuft hier vom Unbewußten zum Bewußtsein, wobei der erheblich größere Libido-Betrag hier auf der Seite des Unbewußten liegt.

Auch hierfür soll wieder ein typisches Beispiel gegeben werden. Der Traum stammt von einem 30jährigen Mann und lautet folgendermaßen:

»Ich stand auf einer hohen Brücke. Unten tief unter mir sah ich einen großen Fisch im klaren Wasser jagen. Ein Adler stürzte sich auf den Fisch, der sich gerade verbergen wollte, und holte ihn heraus. Aus Fisch und Adler war dann plötzlich ein alter, unheimlicher Mann geworden, eine Art Urmensch. Er war tot, naßkalt und wurde aufrecht stehend von einem anderen Mann ausgehäutet. Er war lederhäutig und wie ein Seeungeheuer.

Beim Häuten schnitt der andere ein Loch in den Nackenteil, und dadurch schien es dann, als ob Licht in seinen sonst farblosen und düsteren Körper käme. Dieser andere Mann erklärte mir auch, was es mit diesem Wesen auf sich hatte.«
Der doch recht beunruhigend wirkende Traum schien zunächst gar keine Beziehung zu dem bewußten Wacherleben des Träumers zu haben und war diesem völlig unverständlich. Zu der Zeit des Traumes bahnte sich aber bei ihm eine erhebliche Einstellungsänderung an, die bis in große seelische Tiefen ging. Der Traum stellt Symbole dieser archaischen Tiefenschichten heraus und gibt so dem Bewußtsein die Möglichkeit dazu, überhaupt erst einmal zu diesen Kontakt aufzunehmen.

Ohne auf Einzelheiten der Deutung einzugehen, sollen hier nur diese drei verschiedenen Traumtypen nebeneinandergestellt werden, wobei wir vom manifesten Traumtext und der Kenntnis der Bewußtseinssituation des Träumers ausgehen. Die drei verschiedenen Bilder verdeutlichen zunächst lediglich verschiedene Formen der Beziehung zwischen der Welt des Bewußtseins und der des Unbewußten.
Um nun zu dem Problem der Einorientierung der inneren Welt in das Ganze des Lebens zurückzukommen, so gibt es im Gegensatz zu unserer Kultur, die immer den besonderen Wertakzent und die Orientierung auf die äußere Welt gelegt hat, andere Kulturen, die den eigentlichen Wertakzent des Lebens auf jene andere Wirklichkeit der inneren Welt legten und die das äußere Leben auch jener unterordneten. So berichteten Jesuiten 1636 (15) von den Huronen: »Der Traum ist das Orakel, welches von allen diesen Völkern befragt und befolgt wird, der Prophet, welcher ihnen zukünftige Dinge voraussagt, die Kassandra, welche ihnen das Unglück ankündigt, was sie bedroht, der gewöhnliche Arzt für ihre Krankheiten, der Äskulap und der Galen des ganzen Landes; er ist der absoluteste Herrscher, den sie haben. Wenn ein Häuptling auf der einen Seite befiehlt und ein Traum auf der anderen, so kann der Häuptling schreien, bis ihm der Kopf platzt, dem Traum wird zuerst gehorcht. Er ist ihr Merkur auf Reisen, ihr Ökonom in der Familie; der Traum

leitet oft ihre Versammlungen; der Handel, der Fischfang, die Jagd werden gewöhnlich mit seiner Einwilligung unternommen und sind beinahe nur da, um ihn zufriedenzustellen; es gibt nichts, und sei es auch noch so kostbar, dessen sie sich nicht gern auf Grund irgendeines Traumes berauben ... Er ist wirklich der Hauptgott der Huronen.«

In Neu-Guinea, in Borneo und bei den Lenguas vom Großen Chaco ist nach Lévy-Bruhl (15) die Wirklichkeit der Träume sogar so real, daß die im Traum begangenen Handlungen die Verantwortlichkeit ihrer Urheber nach sich ziehen und diese deswegen zur Rechenschaft gezogen werden können. Das geht so weit, daß der Mensch für das verantwortlich ist, was er im Traum eines anderen getan hat. So berichtet Roth (15): »In Muka (Borneo) traf ich Janela ... er gab mir als Grund seines Kommens an, daß seine Tochter in Luai mit einer Buße belegt werden sollte, weil ihr Mann geträumt hatte, daß sie ihm untreu war. Janela hatte seine Tochter mitgenommen.«

Lévy-Bruhl zitiert noch eine ganze Reihe ähnlicher Berichte. Für unsere Ohren klingt das geradezu unvorstellbar. Wir sehen den Ehebruch einer Frau, von dem ein Mann träumt, als dessen eigene Wunsch- oder Angstvorstellung an, die vielleicht sehr wenig oder gar nichts mit den wirklichen Intentionen der Frau zu tun hat. Für die Menschen dieser Kulturen ist es aber die wirkliche Seele des anderen, die dem Träumer erscheint. Sie ist genauso real wie der Mensch auch und wie dessen Handlungen im Wacherleben. So ist es nur folgerichtig, daß diese wirkliche Seele auch für das verantwortlich gemacht wird, was sie tut. Die dortige Kultur funktioniert auf dieser Basis und löst sich keineswegs in ein Chaos von gegenseitigen Verdächtigungen auf. Für uns erscheint es äußerst merkwürdig, daß derartige Kulturen überhaupt existieren können. Unsere negativ-moralisierend-abwertende und repressive Einstellung zur Triebwelt, zur Natur in uns und zu unserem »inneren Schweinehund«, der überwunden werden muß, läßt jeden von uns befürchten, daß mit einer Einführung dieses Verfahrens unsere Zivilisation sich sofort in ein Chaos gegenseitiger Verdächtigungen, Prozesse, Racheakte usw. auflösen würde. Es wäre aber nützlich und sogar wichtig, einmal darüber nachzudenken, ob vielleicht in der Bewußtseinseinstellung unserer Kultur und in ihrer Bewertung des Unbewußten einschließlich des menschlichen Triebgrundes einiges nicht in Ordnung ist.

Ein weiteres Beispiel für die Akzentverschiebung der äußeren Realität auf die innere sind die Indianerkulturen an der Westküste Nord-Amerikas, die einen stark orgiastischen Zug an sich hatten und z. B. eine für unsere Ansicht höchst merkwürdige Praxis der »Berufsberatung« ausübten. Die jungen Leute dieser Stämme trafen nach Benedict (16) ihre »Berufswahl« etwa in folgender Weise:

»Der junge Mann wurde zunächst von seinen Angehörigen und seinem Stamm getrennt und allein in die umgebenden Wälder geschickt. Dort hatte er sich allerlei Kasteiungen und Fastenriten zu unterwerfen, die teilweise den Charakter schrecklicher Folterungen annahmen. Man schnitt sich Streifen aus der Haut der Arme, hackte sich Finger ab oder ließ sich Lederriemen unter den Schultermuskeln durchziehen, daran an einer Art Galgen aufhängen und im Kreise herumdrehen. Oder man fastete extrem lange Zeit hindurch. Auf alle mögliche Arten suchte man nach höherer Erkenntnis außerhalb der Sphäre des Alltags. Auf der Prärie jagten erwachsene Männer hinter dem Wunschbild einer Vision her. Sie standen regungslos mit gebundenen Händen, manchmal durch um sie herum in den Boden gerammte Pfähle an jeglicher Bewegung gehindert, und warteten auf ›ihre‹ Vision. Bei anderen Stämmen wieder unternahm man weite Wanderungen durch Gelände, in welchem Gefahren drohten, saß tagelang auf steil abfallenden Klippen usw. Unter allen Umständen ging man allein; wenn ein Mann seine Vision durch Qualen erzwingen zu können glaubte und infolgedessen jemand mitgehen mußte, der ihn an den Riemen emporzog, damit er daran schaukeln konnte, so ließ ihn dieser Helfer nach getaner Arbeit stets allein.«

Das Ziel all dieser Manipulationen war immer die Erlangung einer persönlichen Vision, eines Bildes aus dem Unbewußten, von dem man erwartete, daß es dem Leben eine bestimmte Richtung geben würde. Auch die Erlangung übernatürlicher

Kräfte hoffte man aus einem solchen Bild zu schöpfen. Diejenigen Männer, denen keine Vision zuteil wurde, fürchteten, für immer im Leben ein Versager zu bleiben. Je nach dem Inhalt einer solchen Vision wurde dann auch der Lebensweg des Betreffenden in eine entsprechende Richtung gelenkt: Bezog sie sich auf Krankenheilung, so hatte man Heilkräfte damit erlangt und wurde Medizinmann, während Kampf die Berufung zum Krieger bedeutete. Das Erscheinen der sogenannten Doppel-Frau bestimmte den Betroffenen zum Transvestiten. Er zog Weiberkleider an und übernahm die Gewohnheiten und Arbeiten einer Frau. Das Erscheinen der mythischen Wasserschlange verlieh übernatürliche Kräfte des Bösen, und der Indianer, dem diese Vision zuteil wurde, zögerte nicht, Frau und Kinder zu verkaufen, um seine Ausbildung als Zauberer zu erschwingen.

Vom tiefenpsychologischen Standpunkt aus erscheint diese Methode gar nicht so unklug. Die Erfahrung hat uns gelehrt, daß der Mensch nur zu einem kleinen Teil bewußte Persönlichkeit ist und die Psyche sehr weitgehend von den Inhalten gesteuert und gespeist wird, die aus dem Unbewußten auftauchen. Die Vision stellt eine bedeutungsvolle, häufig übermächtige Bildkonzentration des Unbewußten dar, gewissermaßen die Meinung dieses größeren Teils der Psyche, die man sinnvollerweise in der Gestaltung seines Lebens nicht übergehen sollte. Die Indianer scheuen offenbar kein Opfer und keine Mühe, um diese wertvolle Meinung des Unbewußten zu erfahren. Es handelt sich natürlich um eine Extremvariante, wenn von diesen Naturvölkern ausschließlich der »Meinung« des Unbewußten gehorcht wird. Diese Extremvariante ist für den Europäer mit seinem stärker ausgeprägten Ich-Bewußtsein nicht akzeptabel. Es scheint fast, als ob wir mehr dem anderen Extrem verfallen und uns nur vom Bewußtsein steuern lassen. Es sollte eigentlich die Auffassung gelten, daß die Psyche beides ist, Bewußtes und Unbewußtes, wobei zwischen diesen beiden ein gültiger Kompromiß zu finden wäre, ein Mittelweg, der beide Seiten berücksichtigt.

Es ist nun keineswegs so, daß wir die Ansicht von der Dominanz der Innenwelt nur bei den sogenannten Primitivkulturen antreffen. Es gibt auch Hochkulturen, die diese Meinung teilen, wie z. B. Hinduismus und Buddhismus. Für diese ist unsere reale Wirklichkeit des Wacherlebens, das Sansara, eine Scheinwirklichkeit, hinter der sich die eigentliche Wirklichkeit erst verbirgt, eine Wirklichkeit, die nur intrapsychisch gefunden werden kann. Wie vielfach die Wege dazu sind, zeigt das Buch von Hauer über den Yoga (17), unter dem ja sehr viel anderes zu verstehen ist als die hierzulande üblichen, nachgemachten Freiübungen. Der Begriff des Sansara bedeutet aber nicht, wie es so oft falsch interpretiert wird, daß etwa die Realität des Wacherlebens geleugnet wird, sondern nur, daß der eigentliche Wertakzent des Lebens auf die andere Wirklichkeit gelegt wird, die hinter dieser liegt. Wir haben auch nicht den mindesten Grund, derartige Lebensformen als eine Flucht vor der Realität, als pathologische Tagträumerei zu interpretieren. Der pathologische Tagträumer ist etwas anderes als derjenige, der seine innere Welt aktiv erlebt und gestaltet, und genauso, wie es eine Flucht vor der realen Welt in die des Traumes gibt, so gibt es auch eine Flucht in die Welt der Realitäten vor dem Traum bzw. ein Ausweichen vor dem eigenen Innern, das dem Bewußtsein angsterregend und gefährlich erscheint.

Es gibt auch in unserer Welt immer einzelne, die diese Probleme gesehen haben und sich mehr der inneren Welt zuwandten. Ein typisches Beispiel unserer Zeit stellt hierzu die Aussage des Malers Marc Chagall dar. Die starke Hinwendung auf die eigene Innenwelt in seinen Bildern ist diesem Maler selbst sehr deutlich bewußt. Chagall lebt in den Bildern seines Innern wie in einer zweiten Realität und äußert sich dazu auch entsprechend:

»Meine Bilder enthalten keine Märchen, keine Geschichten, keine Volkserzählungen. Ich bin gegen die Ausdrücke ›Phantasie‹ und ›Symbolismus‹[4] eingenommen. Unsere ganze Innenwelt ist Wirklichkeit – vielleicht sogar wirklicher als die sichtbare Welt.

[4] Unter Symbolismus ist hier eine Kunstrichtung zu verstehen, in der das Symbol mehr als Zeichen oder Allegorie benutzt wird. Der Symbolbegriff C. G. Jungs, auf den im 2. Kapitel eingegangen wird, umfaßt mehr.

Alles, was unlogisch zu sein scheint, als Phantasie oder Märchen zu bezeichnen, bedeutet nichts anderes als zuzugeben, daß man die Natur nicht versteht. Ich habe Kühe, Milchmädchen, Hähne und russische Architektur auf dem Lande als Formquellen gebraucht, weil diese ein Teil des Landes sind, dem ich entstamme, und zweifellos haben sie in meinem visuellen Gedächtnis einen tieferen Eindruck hinterlassen als alle anderen Eindrücke, die mir zuteil wurden.

Jeder Maler ist an irgendeinem Ort geboren, und wenn er auch später auf die Einflüsse anderer Umgebungen reagiert, werden eine gewisse Essenz, ein gewisses Aroma seiner Heimat immer am Werk bleiben.«

Man sieht in dieser Aussage deutlich, wie zwar Formquellen, visuelles Gedächtnis, Aroma und Essenzen aus der Umwelt entnommen werden; genauso wichtig aber ist die innere Welt, die diesem Menschen sogar noch wirklicher erscheint als das Außenerlebnis.

Zum Abschluß dieses Abschnittes wären noch einige Worte zu den praktischen Konsequenzen in der Therapie zu sagen, die sich aus der Auffassung des Unbewußten in der Analytischen Psychologie ergeben. Jede therapeutische Analyse im Bereich der Tiefenpsychologie arbeitet natürlich mit dem Unbewußten, aber es ergeben sich hier noch gewisse Akzentverschiebungen. Die beiden großen Bereiche, in denen sich das Unbewußte manifestiert, sind auf der einen Seite die Welt der Träume und Phantasien, auf der anderen die Phänomene der Übertragung und Gegenübertragung. Die Psychoanalyse Freuds akzentuiert sich in ihrer praktischen Arbeit mehr auf das letztere, während die Analytische Psychologie mehr auf das erstere ausgerichtet ist, d. h. im Vordergrund der therapeutischen Arbeit steht das Verständnis, die Deutung und Verarbeitung der aus dem Unbewußten auftauchenden Träume und Phantasien, die als ein dynamisch-autonomer Prozeß aufgefaßt werden, der als solcher schon die Regenerationstendenzen der gestörten Individuation enthält. Es gilt hier der alte Satz aus der Medizin: »Natura sanat, medicus curat.« Diese Akzentuierungen schließen aber die andere Seite nicht aus. Genauso, wie die Psychoanalyse über eine umfangreiche Literatur der Traumdeutung, von Freud angefangen, verfügt, existiert das gleiche in bezug von Übertragung und Gegenübertragung innerhalb der Analytischen Psychologie, beginnend mit dem Werk C. G. Jungs (18) über dieses Thema. Es steht an dieser Stelle nicht zur Diskussion, was nur am Rande vermerkt werden soll, daß auch auf diesem Gebiet der Übertragungsphänomene die Begriffe anders gefaßt sind.

Rein praktisch, innerhalb des therapeutischen Vorgehens, wird nun der Arzt, der die Methode der Analytischen Psychologie anwendet, zunächst versuchen, bei seinem Patienten eine Beziehung des Bewußtseins zum Unbewußten herzustellen. Die weitaus meisten Patienten kommen ja ohne eine derartige Beziehung zu uns. Sie haben eine Symptomatik und wollen von dieser geheilt werden, wobei das Unbewußte von ihnen keineswegs immer als wertvoll oder hilfreich erlebt wird, sondern als angsterregend und dämonisch. Häufig ist es ein erster und wichtiger Schritt, der sich bis weit in die Analyse hineinzieht, diese Angst abzubauen und dem Patienten ein Verständnis für die positiven und prospektiven Aspekte seiner Traumwelt zu vermitteln, d. h. ihm zu verdeutlichen, in welchem Umfang diese ein Teil seiner Persönlichkeit ist, der weitgehende Einwirkungen auf seine Lebensgestaltung hat.

Man kann im allgemeinen zwei Typen von Patienten unterscheiden: Der eine träumt wenig und kurz, im Extremfall behauptet er, gar nicht zu träumen. Der andere Typ bringt gleich am Anfang der Behandlung viele Träume, die sich durch Länge und Farbigkeit auszeichnen. Manchmal füllt er ganze Stunden nur durch die Erzählung von Träumen aus. Man könnte in übertragenem Sinne hier davon reden, daß das Unbewußte einmal den Charakter einer Wüste angenommen hat, im anderen Fall den einer Überschwemmung. Obwohl beiden Typen gemeinsam ist, daß ihnen die richtige Beziehung zum Unbewußten fehlt, liegt es auf der Hand, daß die therapeutische Technik hier unterschiedlich sein muß.

Auf der einen Seite, dort, wo Wüste ist, muß der Analytiker die Haltung einnehmen, sorgsam jeden möglichen Quell zu suchen und fördern. Wie REM- (Rapid Eye Movement-)Untersuchungen in Amerika ergeben haben, träumt jeder Mensch in der Nacht. Die Träume setzen sich, wie Jung sagt, fort, »wie ein Monolog unter der Bewußtseinsdecke«. (19) Blockiert ist in diesen Fällen also lediglich die Erinnerungsfähigkeit, bzw. es besteht eine Sperre zwischen Bewußtsein und Unbewußtem. Die Aufgabe der Analyse ist es demnach zunächst, diese Sperre oder Blokkade aufzuheben und einen ausreichenden Fluß unbewußter Inhalte in das Bewußtsein herzustellen. Auf welchem Wege dies im einzelnen vor sich geht, ist natürlich in jedem Falle unterschiedlich, da die unbewußten Hintergrundsmotivationen, die eine derartige Sperre aufrechterhalten, individuell bedingt sind. Sie können im Einzelfall sogar ihre tiefe Berechtigung haben, wenn ein zu schwaches Ich einer gefährlichen unbewußten Dynamik gegenübersteht, die es noch nicht bewältigen kann. Hier muß zunächst einmal jene Ich-Sicherheit hergestellt werden, die es dem Unbewußten erlaubt, zu kooperieren. Nach unserer Auffassung können derartige Widerstände durchaus ihre gute und tiefe Berechtigung haben (18) und müssen respektiert werden. Jedes gewaltsame Eindringenwollen in das Unbewußte ist meist von Übel, denn

»geheimnisvoll am lichten Tag
läßt sich Natur des Schleiers nicht berauben,
und was sie deinem Geist nicht offenbaren mag,
das zwingst du ihr nicht ab
mit Hebeln und mit Schrauben.«
(Goethe, Faust I)

Bei dem anderen Extremfall, der Überschwemmung durch das Unbewußte, ist gerade das Gegenteil der Fall. Die gesunde Grenze zwischen Bewußtsein und Unbewußtem ist fortgefallen, und die unbewußten Inhalte strömen wie eine Überflutung in das Bewußtsein ein. Die Aufgabe des Analytikers ist es hier, das von der anderen Seite her gestörte Gleichgewicht wiederherzustellen und den Fluß des Unbewußten zu bremsen und einzudämmen. Es liegt nahe, hier zunächst verdrängende Maßnahmen zu ergreifen, das Unbewußte nicht zu beachten oder zu berücksichtigen, was in dem einen oder andern Falle auch notwendig sein wird. In der Regel kommt man aber weiter, wenn man, wie es auch M.-L. v. Franz an einem Fallbeispiel ausführt (20), die Träume richtig versteht, da das Unbewußte in ihnen selbst einen Weg aufzuweisen pflegt, wie man dieser Überflutung Herr werden kann. Auch hier sind die Hintergründe der Überschwemmung individuell so verschieden, daß es nicht möglich oder sinnvoll ist, ein technisches Rezept anzugeben, das der Analytiker generell im Einzelfall anwenden könnte. Zwischen diesen beiden Extremen gibt es dann die Vielzahl der möglichen Übergänge, wobei für den günstigen Verlauf der Analyse keineswegs die Quantität oder die Art des Traummaterials ausschlaggebend ist, sondern vielmehr der richtige Umgang, die richtige Einstellung und die entsprechende Verarbeitung. Ein sogenannter idealer Normpatient, der jede Stunde einen mittellangen Traum mitbringt, ist meist tiefer und schwerer gestört als einer, bei dem die Träume zeitweilig fehlen oder als Überschwemmung auftreten.

# II. Das Symbol

In seiner Einleitung zur ersten Auflage der »Collected Papers on Analytical Psychology« (21) bezeichnet C. G. Jung den Standpunkt seiner Schule als symbolistisch im Gegensatz zu dem kausal-reduktiven Verfahren der Freudschen Psychoanalyse. Hierbei ist das Symbol für Jung nicht »bloß ein Zeichen von etwas Verdrängtem oder Unterdrücktem, sondern gleichzeitig ein Versuch, die weitere psychische Entfaltung des Menschen zu erfassen und aufzuzeigen«. Aus diesem Standpunkt heraus gewinnt das Symbol insbesondere in der Traumdeutung eine zentrale Wichtigkeit. Es ist in der Theorie unendlich viel über das Symbol geschrieben worden, was hier im einzelnen nicht berücksichtigt werden kann. Ich möchte nur versuchen, die Auffassung Jungs von diesem Begriff und seinen Funktionen in der Analytischen Psychologie darzustellen.

Es wird vielleicht am günstigsten sein, wenn wir an einem lebendigen Traumbeispiel die Bildung und Entstehung eines derartigen Symbols erleben und nachvollziehen können, um dann daran die theoretische Auffassung der Analytischen Psychologie zu verstehen. Ich wähle hier den an anderer Stelle (12) bereits mitgeteilten Traum einer 37jährigen Patientin. Sie träumte:

»Ich bin bei meinem Arzt in der Behandlungsstunde, und wir verabreden einen Termin für die nächste Sitzung. Wir befinden uns in einem Nebenzimmer des Behandlungsraumes. Dann hielten wir uns bei den Händen. Ich wurde aktiv und drückte sie zärtlich, habe aber dabei Schuldgefühle. Dann kam die Frau des Arztes plötzlich herein und sagte: ›Es ist ja hier eine furchtbare Luft, so, als ob die Höhensonne gebrannt hätte‹, und sie öffnete das Fenster. Dann war ich auf einmal in dem richtigen Behandlungszimmer, und es war so, als ob dieses ein See wäre. In diesem See schwamm der Kopf des Arztes in einer gläsernen Schale, und er sagte, ich müßte mir darüber klarwerden, daß es kaum noch zu erwarten wäre, daß ich einen Mann bekäme, weil ich nicht attraktiv, nicht jung genug sei und nicht genug Anstrengungen mache. Dann verwandelte sich der Kopf und wurde wie eine Unterwasserpflanze, die sich völlig mit Wasser aufsaugte. Es waren dann noch zwei junge Töchter meines Arztes dabei, und wir schwammen zu dritt um diese Pflanze herum, hoben sie feierlich und vorsichtig auf unseren Händen aus dem Wasser und stellten sie in die Sonne, damit sie sich wieder ausbreite. Das Ganze war von mehr religiösen Gefühlen erfüllt, so, als ob es sich bei der Pflanze, die blumenartigen Charakter hatte, um etwas Göttliches handelte.«

Es ist an diesem Beispiel sehr deutlich zu erkennen, daß innerhalb des Traumprozesses am Schluß ein Symbol entsteht, das aus diesen drei um die Unterwasserblume herumschwimmenden Nymphen besteht. Sie tragen diese an die Sonne, um sie zur Entfaltung zu bringen. Betrachten wir zunächst diesen Prozeß der Symbolentstehung innerhalb der Traumarbeit:

Am Anfang des Traumes befindet sich die Patientin in einem Nebenzimmer des Behandlungsraumes offenbar in größerer Nähe zu der Person des Arztes, als es der wirklichen Behandlungssituation entspricht. Ihre psychische Energie, die Libido, geht nun auf diese Person zu. Tiefe Sehnsucht nach Nähe, Wärme, Zärtlichkeit und Geborgenheit tauchen auf, und das Traum-Ich versucht, sie zu realisieren. Das scheint offenbar nicht möglich zu sein, denn in diesem Moment tritt eine Störung auf: Die Frau des Arztes betritt das Zimmer und macht eine Bemerkung, die sich auf die Künstlichkeit und Unnatürlichkeit der Situation bezieht. In tiefenpsychologischen Begriffen ausgedrückt, würde man sagen, daß die Patientin extravertiert, d. h. ihre Libido wendet sich dem anderen Menschen, dem äußeren Objekt zu und versucht, diese Extraversion progressiv zu entwickeln. Diese Progression aber wird gestört und stößt auf ein Hindernis, das nicht mehr mit dieser psychischen Einstellung zu bewältigen ist.

Jetzt erfolgt ein erneuter Ansatz, die Szene wechselt, sie ist nicht mehr das Vorzimmer, sondern das eigentliche Behandlungszimmer, in dem sich das weitere Geschehen abspielt. Die eigentliche analytische Behandlung aber ist ein Prozeß, in dem der Patient mit seinem eigenen Unbewußten konfrontiert wird, nicht mehr mit dem äußeren, sondern mit dem inneren Objekt, und ist dementsprechend ein Introversionsvorgang. Es erfolgt also eine Einstellungsänderung der psychischen Energie, sie wendet sich einer magisch-mythologischen inneren Tiefenschicht zu und löst die Figur des Arztes auf. In der Fachsprache heißt das, daß eine Regression auf den eigenen psychischen Hintergrund erfolgt und dort Inhalte mobilisiert werden, die bislang von der Anpassung und dem Lebensprozeß ausgeschlossen waren und sich daher in einem archaischen Zustand befinden. Sie sind für das Bewußtsein unverständlich, nicht zu verwörtern und nicht oder noch nicht in eine rational faßbare Form zu bringen und können sich dementsprechend zunächst nur als ein ergreifendes Bild von hoher emotionaler Aufladung äußern. Trotz der Unverständlichkeit und Fremdartigkeit des Bildes scheint dieses aber besser geeignet zu sein, das Problem der Träumerin zu lösen, denn es tritt diesmal keine Störung auf, und sie erwacht mit einem gelösten und erfüllten Gefühl.

Wir finden hier eine Reihe von Charakteristika, die im Sinne der Analytischen Psychologie das Wesen des Symbols ausmachen: Das Bild ist offensichtlich die Form, in der das Unbewußte einen noch unverstehbaren, nicht rational erfaßbaren Inhalt auszudrücken und auszusagen vermag. Es ist mit einem hohen Gefühlswert aufgeladen und fasziniert das Bewußtsein, das sich von ihm angezogen und stark bewegt fühlt, und es mobilisiert Ahnungen von dem, was wohl als Sinn hinter diesem Geschehen stecken mag. Goethe hat es einmal in seinen Maximen und Reflexionen so ausgedrückt, daß die Symbolik die Erscheinung in Ideen verwandelt, »die Idee in ein Bild, und so, daß die Idee im Bild immer unendlich wirksam und unerreichbar bleibt und selbst in allen Sprachen ausgesprochen, doch unaussprechlich bliebe!« (22) Ähnlich ist die Auffassung von Bachofen, der sagte: »Das Symbol erweckt Ahnung, die Sprache kann nur erklären ... Bis in die geheimsten Tiefen der Seele treibt das Symbol seine Wurzel, die Sprache berührt wie ein leiser Windhauch die Oberfläche des Verständnisses. Nur dem Symbol gelingt es, das Verschiedenste zu einem einheitlichen Gesamteindruck zu verbinden ... Worte machen das Unendliche endlich, Symbole entführen den Geist über die Grenzen des Endlichen, Werdenden, in das Reich der unendlich seienden Welt. Sie erregen Ahnungen, sind Zeichen des Unsagbaren, unerschöpflich wie dieses ...« (23)

Diese hier zitierten Elemente sind offensichtlich in unserem Traumbeispiel enthalten, und das Wesen des Symbols besteht darin, daß das herausgehobene Bildelement nicht mehr nur sich selbst bedeutet, in unserem Fall also irgendeine Unterwasserpflanze, als ein Teil unserer visuellen Wirklichkeit, sondern immer auch etwas anderes. Es ist, wie Jung es formuliert hat, ein spontan entstandener Bedeutungsträger, der die Vergegenwärtigung von Inhalten erlaubt, die auf andere Weise nicht darzustellen sind.

Wie Stein von den linguistischen und historischen Wurzeln des Wortes Symbol her aufgewiesen hat, vereinigt es in seiner ursprünglichen Bedeutung kontradiktorische Aktionen von Festhalten und Wegwerfen und lautet in einer etwas erweiterten Übersetzung »solche Dinge zusammenzuwerfen, die irgend etwas gemeinsam haben«. (24) Es leitet sich ja aus dem griechischen Wort »symballein« ab, wobei »ballo« die Bedeutung von werfen, treffen, wohin bewegen, wenden, treiben, und in übertragenem Sinne einflößen, einprägen hat, die Vorsilbe »sym« aber zusammen heißt. Als die alten Griechen dieses Wort zuerst benutzten, verbanden sie es mit den zwei korrespondierenden Hälften einer Münze, eines Ringes, Knochens oder irgendeines anderen Objektes, die zum Ausweis der Identität von zwei einander sich fremden Menschen dienten und wobei die lückenlose Zusammenfügung dieser beiden Hälften den Beweis erbrachte, daß es sich tatsächlich um den gemeinten anderen handele. So bildet hier das Symbol eine Brücke zwischen dem Bekannten und dem Unbekannten und stellt die Vermittlung zwischen zwei Fremden her, die etwas Gemeinsames verbindet.

Jung hat den Begriff des Symbols scharf abgegrenzt von den Begriffen des Zeichens und der Allegorie. So ist z. B. die Signalflagge eines Schiffes lediglich ein Zeichen für eine bestimmte Botschaft. Übersetzt man diese, ist der Inhalt des Zeichens erschöpft, und es bedeutet nichts anderes und nichts darüber oder dahinter. Das gleiche gilt natürlich auch für die im Traum auftretenden Motive und Bilder. Träumt sich z. B. eine Frau mit einem Stock und steckt hinter diesem Bild nicht mehr als der infantile Wunsch, auch einen Penis zu besitzen, so handelt es sich nach der Übersetzung dieses Bildes um ein Zeichen, dessen Sinn damit vollständig erfaßt ist. Eine Allegorie, die wir besonders aus den im vorigen Jahrhundert so beliebten Scharaden kennen, hat dagegen den Charakter einer absichtlichen Umschreibung einer ebenfalls bekannten Tatsache und hat auch keine andere Bedeutung über diese hinaus. Eine solche allegorische Darstellung, die wir auch heute alle noch kennen, ist das Bild der Justitia als einer Frau mit einer Binde vor den Augen und einer Waage in den Händen. Wenn wir diese drei Begriffe Zeichen, Symbol und Allegorie einmal in einer Definition zusammenfassen, wie Jung es in seinem Typenbuch getan hat (6), so würden wir sagen: »Jede Auffassung, welche den symbolischen Ausdruck als Analogie oder abgekürzte Bezeichnung einer bekannten Sache erklärt, ist semiotisch (zeichenhaft). Eine Auffassung, welche den symbolischen Ausdruck als bestmögliche und daher zunächst gar nicht klarer oder charakteristischer darzustellende Formulierung einer relativ unbekannten Sache erklärt, ist symbolisch. Eine Auffassung, welche den symbolischen Ausdruck als absichtliche Umschreibung oder Umgestaltung einer bekannten Sache erklärt, ist allegorisch.«

Erich Fromm spricht in seinem Buch »Märchen, Mythen, Träume« (25) von drei verschiedenen Arten von Traumsymbolen und unterscheidet konventionelle, akzidentelle und universelle Traumsymbole. Unter den konventionellen Symbolen versteht er eindeutig das vorher als kollektiv gültiges Zeichen Ausgeführte, z. B. die Fahne eines Landes, deren Farben oft in keiner Beziehung zu dem Lande selbst stehen und die lediglich ein Zeichen dafür darstellt, daß dieses bestimmte Land gemeint ist und kein anderes. Die akzidentellen Traumsymbole Fromms sind eigentlich individuelle Zeichen. So kann ein Mensch mit einer bestimmten Stadt ein bestimmtes trauriges oder freudiges Ereignis, das ihm in der Vergangenheit in dieser Stadt geschehen ist, verbinden. Taucht diese Stadt im Traum auf, so ruft sie die

Erinnerung an dieses bestimmte Ereignis wach und mobilisiert die entsprechenden Gefühle. Nur bei den universellen Traumsymbolen wird ein größerer und breiterer Hintergrund angesprochen. Hier treten auch die Gegensätze in einem Bild vereinigt auf. So kann das Bild des Tales sowohl die Gefühle von Geborgenheit als auch von Eingeschlossensein gleichzeitig hervorrufen. Bei diesen Symbolen entsteht eine Verbundenheit von Gefühl und Gedanke mit dem sinnlichen Eindruck. Im Sinne der Analytischen Psychologie C. G. Jungs würden nur die letzteren, also die universellen Traumsymbole Fromms als eigentliche Symbole verstanden werden.

Nach der Auffassung Melanie Kleins (26), die unseren Vorstellungen hier sehr nahekommen würde, ist die Symbolik die Grundlage aller Sublimierungen und Begabungen, indem Dinge, Tätigkeiten, Interessen auf dem Wege der symbolischen Gleichsetzung Gegenstand libidinöser Phantasien werden. Da nach der Auffassung Freuds der gesamte Kulturprozeß auf der Grundlage der Sublimierungen beruht, wird so die Symbolbildung auch die Grundlage jeder Kultur. Entsprechend der Sublimationstheorie führt M. Klein die Symbolbildung auch auf die Objektangst zurück. Nach ihr lösen Zerstörungswünsche gegen die die Objekte vertretenden Organe – Penis, Vagina, Brust – Angst vor den Objekten aus, und diese Angst treibt zur Gleichsetzung mit anderen Dingen, die immer weiter weg von den Angstobjekten zu immer neuen und anderen Gleichsetzungen führen. Diese sind dann die Basis für ein mit den neuen Gegenständen verknüpftes Interesse und für die Symbolbildung. Der Dichter Kafka hat in einer sehr genialen Studie, dem Vortrag vor einer Akademie, den Vorgang der Menschwerdung aus einem Affen aus der Angst und Not heraus dichterisch beschrieben.

Auch in unserem vorher zitierten Traumbeispiel ist nicht zu übersehen, daß der Faktor der Angst, hier ausgelöst durch das Eintreten der Ehefrau in die erotisch getönte Situation, einen wesentlichen Anstoß zur Symbolbildung liefert. Trotzdem muß man konstatieren, daß die Phantasie der Träumerin ja auch die Freiheit besessen hätte, die Ehefrau einfach auszulassen und die

Liebesszene auszuträumen. Es wird zunächst eine wissenschaftlich offene Frage bleiben, die jeder für sich entscheiden muß, ob es wirklich nur der Trieb ist und die mit ihm verbundenen Ängste, die diese Prozesse in Gang bringen und ihre Grundlage in genuiner Beziehung bilden, oder ob, wie Jung meint, das Geistige, die Suche und die Lust an der kreativen Gestaltung von Welt und Leben, der Drang nach Erkenntnis nicht eine ebenso große genuin im Menschen veranlagte dynamische Kraft darstellen wie der Trieb selbst und damit zu seinem natürlichen Gegenspieler werden. Aus der Überbetonung des einen oder des anderen erklärt sich ja auch der ganze Streit zwischen idealistischen und materialistischen Positionen, der sich seit Plato und Aristoteles durch die europäische Geistesgeschichte zieht und im Mittelalter seinen Ausdruck in dem Konflikt zwischen Nominalismus und Realismus fand. Akzeptiert man beides im Sinne eines großen und bedeutenden Gegensatzproblems, so ergibt sich zwar ein schwieriger Weg der Mitte bei sorgfältiger Berücksichtigung des Spannungszustandes zwischen diesen beiden Gegensätzen; er scheint aber der Wahrheit näher zu kommen als das monistische Prinzip, das das eine nur von dem anderen her erklären will. Für unser Traumbeispiel wieder würde das heißen, nicht nur die Angst zwingt die Patienten, ihre Triebbedürfnisse auf eine andere Ebene zu verschieben und das Symbol zu bilden, sondern auch das kreative Bedürfnis nach Gestaltung und Erkenntnis der inneren Situation setzt sich gegenüber der einfachen Triebbefriedigung durch und erschafft das Symbol. Sieht man den Traum und seine Symbolik nur durch die Brille der klassischen Psychoanalyse Freuds, so würde man ihn als den gescheiterten Versuch der Patientin ansehen, eine Beziehung zu der Vaterfigur aufzunehmen. Als sie versucht, dem Vater näherzukommen, bricht die Mutter ein, gegen die sie der Vater offensichtlich nicht verteidigen kann, und dieser Einbruch ist mitprovoziert durch die Angst, daß die Zärtlichkeit in Sexualität übergeht (die Angst vor dem latenten Inzestwunsch). Die Unmöglichkeit, die richtige Beziehung zum Vater und damit zum Mann zu finden, und die Abwehr des Inzestwunsches führten dazu, daß die Patientin in eine sublime Welt der Nymphen und

Blumen flüchtet, in der die Gefährlichkeit der Sexualität, ja der Männer überhaupt, ausgeschaltet ist, denn der Mann wird ja zerstückelt und verwandelt. Es wäre hier genau das vorhanden, was M. Klein beschrieben hat: Die Angst vor dem gefährlichen Objekt treibt zu neuen und anderen Gleichsetzungen, die dann auch im Leben gesucht werden. Die Patientin ist eine begabte Künstlerin, und Flucht vor dem Leben und der Wirklichkeit in die sublimeren Bereiche der Kunst ist etwas Mögliches und durchaus nicht selten zu Beobachtendes. Nach der Lebensgeschichte der Träumerin trifft diese Deutung sogar zu und ist richtig, was hier im einzelnen nicht aufgerollt werden kann. Die offene Frage ist nur, ob das Symbol damit vollständig erklärt werden würde und so in unserem Sinne zu einem Zeichen wird, oder ob noch anderes und mehr dahintersteckt.

Das Symbol, das gewissermaßen das Ergebnis der Traumarbeit darstellt und mit dessen Bildung der Traum abschließt, ist ein mythologisches. Man denkt z. B. an den Seerosenteich, aus dem der Storch die ungeborenen Kinder holt, an das Märchen vom Däumelinchen von Andersen, das aus einer Tulpe geboren wird (10), oder an die Lotosgeburt eines Buddha, wie sie in »Leben und Lehren von Tibets großem Guru Padma-Sambhava« (27) beschrieben wird. Das Mythologische steht aber im Widerspruch zum Realitätsprinzip und zu seinem Versuch, die umgebende Objektwelt ihrer magisch-mythologischen Wirksamkeit zu entkleiden und ihr Sein auf einer rationalen Ebene zu erfassen. Im Zuge der psychischen frühkindlichen Entwicklungsstufen ist das Rationale die letzte und späteste Phase. Jedes Neue aber baut sich immer über der Wirklichkeit des Bisherigen auf, was auch für die menschliche Seele zutrifft, so daß wir gewissermaßen unterhalb und neben dem Bewußtsein des modernen, rational und wissenschaftlich-begrifflich denkenden Menschen ein Unbewußtes finden, in dessen Schichten alle die Bezüge der früheren Entwicklungsstufen noch vorhanden sind. (28)

Nach E. Cassirer (29) ist der Mythos der Ursprung des Geistes und eine besondere Form der Weltauffassung, die komplex denkt und die Identität der Grundgestalt erhält. Das mythische Welterleben rückt damit in die Sphäre jenes anschaulichen Den-

kens, das Jaspers (30) dem abstrahierenden Denken gleichwertig gegenüberstellt und dessen unterschiedliche Akzentuierung man auch in den verschiedenen tiefenpsychologischen Schulen wiederfinden kann. (31) So kann die »Überwindung« des Mythos letztlich nur durch seine Erkenntnis und Anerkennung erfolgen, d. h. durch seine Einordnung in das Ganze der Psyche.
Gebser (32) faßt das mythische Welterleben als eine Bewußtwerdung der Seele auf, mit der gleichzeitig auch das in der magischen Phase noch fehlende Zeitbewußtsein entsteht, das in unserem Traum ja auch enthalten ist. Der mythische Mensch hat ein imaginatives Bildbewußtsein, wobei die Mythen den Kollektivträumen der Menschen entsprechen. Die Prinzipien der Lebenserhellung, der Ich-Werdung und der Gestaltgebung treten in den Vordergrund, und es entsteht eine Polarität, in der das Objekt erstmals als das Andere und das Gegenüber erlebt wird.

Überträgt man diese Vorstellungen auf unser Symbolbeispiel, so treten hinter diesem mythologischen Bild andere Inhalte auf, die sich kaum noch als Verschiebung oder Flucht aus Angst erklären lassen. Das Unbewußte bietet diesem Menschen dann einen Ansatz zu einem Stück Ich-Werdung an, eine Geburt des natürlichen Menschen aus dem Rollenspiel der gelernten Konventionen und Beziehungssysteme heraus. Ein weiterer Sinngehalt auf einer ähnlichen Ebene läge dann darin, daß die Träumerin sich von der Person des Arztes abwenden und ihrem eigenen Unbewußten Interesse und Zuwendung geben sollte, denn aus diesem heraus könnte ja allein eine solche erneuerte Gestaltgebung erfolgen. Das Unbewußte entwirft gewissermaßen in dem Symbol eine Vorstellung und Ahnung dessen, was innerhalb des analytischen Prozesses als Vorgang der Individuation eigentlich gemeint ist. Das Bild wird zum Symbol einer Sehnsucht oder einer Begierde – nicht nur einer Angst – nach Bewußtwerdung, nach Entfaltung der eigenen und nach Gestaltung einer weiteren und freieren Persönlichkeit.
Wie so viele Patienten kam auch diese zunächst als eine Ratsuchende. Die Analyse wird dann in einer falschen Erwartungshaltung begonnen. Der Patient betrachtet bewußt oder unbe-

wußt den Analytiker als eine Art besonders intelligenter und erfahrener Briefkastentante, und unter dem Motto »Fragen Sie Frau Irene!« sucht er Trost und Rat, wie er es in bestimmten Situationen am besten machen soll und welche Verhaltensweisen für bestimmte Probleme und Konflikte die besten sind. Der erste analytische Schritt ist dann der, dem Patienten erst einmal überhaupt zu helfen, in eine Beziehung zu seinem eigenen Unbewußten zu kommen und eine Auseinandersetzung, einen Dialog mit sich selbst zu beginnen.

Genau dieses geschah auch hier. Das Bewußtsein der sehr intuitiven Patientin erfaßte mehr im Sinne einer Ahnung, als daß sie es rational hätte formulieren können, etwas von dem hintergründigen Sinn dieses Bildes, das sie sehr anzog und beschäftigte, und ihr Interesse begann sich nach dieser Sitzung ihrer eigenen Traumwelt und den in ihrem Unbewußten verborgen liegenden unentwickelten Persönlichkeitsanteilen zuzuwenden.

Ein weiterer Hintergrund dieses Symbols ist von der Typenlehre, wie sie von C. G. Jung in »Psychologische Typen« (6) beschrieben wurde, zu erschließen. Die Patientin hatte bisher vorwiegend extravertiert gelebt und diese Einstellung und Orientierung zu den äußeren Objekten überbetont. Der Traum weist sie, wie aus dem oben Angeführten deutlich hervorgeht, auf die notwendige Kompensation dieser einseitigen Einstellung, auf die Introversion und damit auf die Einstellung zur eigenen Innenwelt hin. Die bei ihr am meisten ausgebildeten Funktionen waren Intuition und Denken, während die Fühl- und Empfindungsfunktionen relativ undifferenziert und unbewußt geblieben waren. Ohne das im einzelnen an dieser Stelle ausführen zu wollen, ist deutlich, daß in dem Traumsymbol gerade diese beiden unentwickelten Funktionen, insbesondere das Fühlen (Zärtlichkeit, religiöse Gefühle, Blume als Gefühlssymbol), aber auch das Empfinden im Sinne sinnlich starker Wahrnehmungen enthalten sind. Auf die Bedeutung solcher typologischer Prozesse, d. h. der Bewußtmachung und Bewußtwerdung der unentwickelten Funktionen und der damit verbundenen Wiederherstellung einer Ganzheit oder Vollständigkeit der Persönlichkeit in-

nerhalb der Individuation hat besonders C. A. Meier (33) hingewiesen.
Zum Abschluß wollen wir unsere Aufmerksamkeit noch auf das merkwürdige Phänomen richten, daß die Träumerin das Symbol als etwas Religiöses erlebt. Offensichtlich hat das Bild sehr wenig oder gar nichts mit der konventionellen Religion unserer Kultur zu tun. Unterlegt man die christliche Interpretation des Wortes Religio als Rückbindung, ohne damit nur die Rückbindung an das konventionelle christliche Gottesbild zu meinen, sondern die weitere Rückbindung der menschlichen Seele an irgendeinen Glaubensinhalt und an die Transzendenz überhaupt, so ließe sich das Symbol schon eher verstehen. Der spanische Philosoph Ortega y Gasset (34) hat einmal die Glaubensgewißheiten den Ideen gegenübergestellt. Für ihn bilden die Glaubensgewißheiten, unabhängig davon, mit welchem Inhalt sie ausgefüllt sind, das Fundament unseres Lebens und den Schauplatz, auf dem es sich abspielt, da sie für uns als die Wirklichkeit selbst erlebt werden. Jeder Mensch basiert auf solchen Glaubensgewißheiten, selbst der Zyniker, der insofern ein Paradox darstellt, als seine Glaubensgewißheit darin besteht, daß er nichts glaubt. An dieser allerdings darf er nicht zweifeln, denn sonst würde er sich selbst in Frage stellen. Um zu dem Traumsymbol zurückzukehren, so könnte man nun natürlich annehmen, daß mit ihm das Auftauchen einer neuen Glaubensgewißheit verbunden ist, einer anderen, als sie dem im konventionellen Glauben befangenen Bewußtsein der Patientin entspricht.
Eine nähere und bessere Erklärung des religiösen Motives in diesem Traumsymbol scheint mir aber gegeben zu sein, wenn man die ursprüngliche Bedeutung des Wortes einsetzt. Religio leitet sich aus dem lateinischen Wort »relegere« her und bedeutet »sorgfältige Beachtung« im Gegensatz zu »neglegere«, dem vernachlässigenden Nichtbeachten. Man würde dann sagen, daß das Symbol eine »sorgfältige Beachtung« vom Bewußtsein der Träumerin erfordert, eine sorgfältige Beachtung nicht nur dieses einzelnen Bildes, sondern auch der ganzen mythologischen Hintergrundsschicht, die sich unter ihrem rational-mentalen Bewußtsein befindet.

Es ist unseres Erachtens ein grober Fehler, der sich an jedem einzelnen rächt wie auch an einem ganzen Kollektiv, diese vorrationalen Schichten unserer Psyche abzuwerten und als lediglich infantil zu deklassifizieren. Man verspielt sich damit die kreativen und produktiven Möglichkeiten, die innerhalb dieser Schichten liegen, die Erneuerungsmöglichkeiten und die Wandlungsvollzüge, die Lebendigkeit, die nur aus der sorgfältigen Beachtung und Beschäftigung mit diesen früheren Bereichen entstehen können. In jeder extremen Rationalisierung liegt eine Vergewaltigung der Psyche, wobei die Psyche sich in einer derartigen Situation dadurch zu rächen pflegt, daß die Ratio ihrerseits hintergründig durch die Psyche vergewaltigt wird und negativ-magisch-mythologische Züge bekommt. Die sorgfältige Beachtung des mythologischen Hintergrundes, zu dem das echte Symbol uns hinführt, ist natürlich nicht so zu verstehen, daß wir die Ratio beiseite legen sollten, um in mythologischer Verschwommenheit zu leben.

Ich hoffe, daß es mir an diesem Beispiel gelungen ist, darzustellen, um welchen tiefen und hintergründigen Sinn es bei diesem Symbol für die Träumerin und ihr Leben geht. Das Dahinterliegende, das in diesem Bild geahnt und angesprochen werden kann, ist so weit und umfangreich, daß es auch nach unseren Ausführungen praktisch unübersetzt bleibt und durch sie nur ein geringer Teil des Bildes rational verarbeitet wird. Damit bleibt dieses Symbol ein echtes Symbol, obwohl wir auf der anderen Seite meinen, etwas von seinem Sinn erfaßt oder verstanden zu haben.

Es erhebt sich damit die Frage, ob es überhaupt möglich ist, ein Symbol total zu übersetzen und das Dahinterliegende vollständig ins Rationale zu überführen. Als Tiefenpsychologen können wir uns mit dieser Frage nicht philosophisch, sondern nur psychologisch auseinandersetzen. Das würde bedeuten, daß wir uns auf das Problem der Beziehung zwischen Bewußtsein und Unbewußtem beschränken müssen. Wenn das Bewußtsein des Träumers vollständig in der Lage ist, den gesamten Sinn und Inhalt eines Traumsymbols zu verstehen und zu erfassen, dann wäre es total übersetzt, und dann verlöre es natürlich auch seinen Sym-

bolcharakter und würde zu einem Zeichen. Auf diesem Wege kann etwas, was zunächst Symbol war, durch den Prozeß einer vollständigen Verarbeitung zu einem Zeichen werden.
Eine entsprechende Einstellung des Bewußtseins kann auch dazu führen, daß ein Symbol degeneriert. Hierbei wird das Symbol nicht vollständig übersetzt und wird nicht zum Zeichen, sondern sein symbolischer Bedeutungsinhalt hört auf, dem Bewußtsein etwas zu sagen und es anzuziehen. Es wird gewissermaßen entleert und hat in seiner bisher existierenden Form für das Bewußtsein keine Bedeutung mehr. So begegnete im Traum einer 31jährigen Patientin eine Christusfigur, die vollständig aus Stroh bestand. In ihrer Kindheit und Pubertät hatte Christus für das sehr fromm erzogene Mädchen eine große Rolle gespielt, und sie hatte eine sehr nahe und innige Beziehung zu dieser Figur. Später hatte sie sich von der Kirche abgewandt, und sie konnte mit der Christusfigur nichts mehr anfangen. Der Strohchristus entsprach diesem Beziehungsverlust und ihrer Unfähigkeit, das Symbol Christus in der tradierten Form wieder aufzunehmen. Was hier beim Individuum geschehen ist, kann natürlich auch für ein ganzes Kollektiv einer Kultur zutreffen. Genauso, wie bereits vor Einbruch des Christentums die antiken Götterfiguren in ihrer lebendigen symbolischen Bedeutung entarteten und damit ihre Numinosität für den einzelnen und die breite Masse verloren, genauso findet heute eine zunehmende Degeneration der christlichen Symbole statt. Die Einstellung des modernen Bewußtseins zu Messe, Abendmahl etc. ist nicht mehr die einer echten Erlebnis- und Glaubenswirklichkeit, sondern höchstens die eines Schauspiels, dem man aus konventionellen Gründen bei der Taufe, Hochzeit oder Erstkommunion beiwohnt. Eine solche Degeneration ist natürlich nicht mit einer vollständigen Sinnerfassung zu verwechseln. Erstere schließt nicht aus, daß auf dem Wege weiterer Reifungs- und Entwicklungsvollzüge mit einer veränderten Einstellung des Bewußtseins auch eine Wiederbelebung des Symbols auf einer anderen Ebene erfolgt. Hierher gehört auch der Versuch C. G. Jungs, die christliche Symbolik von der metaphysischen Ebene der Glaubenswirklichkeiten auf die psychologische Ebene der Erlebnis-

wirklichkeiten zu überführen und sie von daher mit einem neuen Inhaltsverständnis zu erfüllen. Eine andere Möglichkeit eröffnet sich dadurch, daß die Libido der degenerierten Symbolik innerhalb des Unbewußten tiefere archaische Schichten eröffnet und wiederbelebt, so daß dann das gleiche Problem unter einer anderen und faszinierenderen Symbolbildung erscheint.

Unabhängig davon, ob wir einem Symbol in Traum, Mythos, Märchen oder in einer Initiationsrite begegnen, finden wir in der Praxis nie ein einzelnes Symbol alleinstehend. Das einzelne Symbol ist immer in einen größeren Zusammenhang eingebettet, in einen Zusammenhang, der sich aus einer Vielzahl verschiedener Symbole zusammensetzt. Dieses Symbolsystem wird von Sandner und Jongeward (35) als Symbos bezeichnet und ist von großer praktischer Wichtigkeit für die Deutung. Da es in der modernen Tiefenpsychologie keine kollektiv feststehenden Bedeutungen für die Symbole gibt, wie es im Traumbuch des Artemidor von Daldis (2) im Altertum der Fall war, muß der Zusammenhang der einzelnen Symbole innerhalb eines Traumes oder einer Traumserie sorgfältig beachtet werden, um zusammen mit den individuellen Assoziationen und Amplifikationen zu Deutung und Sinnverständnis mit herangezogen zu werden. Die heutige Traumdeutung in der Tiefenpsychologie basiert auf der individuellen Bedeutung des Symbols für diesen einen betreffenden Träumer in dieser einen bestimmten Lebenssituation und ist daher wesentlich darauf angewiesen, den Gesamtzusammenhang zu erfassen. Damit muß auch die Stellung eines Symbols innerhalb eines Traumes oder einer Traumserie bei der Deutung berücksichtigt werden.

Mit dem nachfolgenden Traum soll noch einmal ein Beispiel für die Gegensatzvereinigung im Symbol gegeben werden. Er stammt von einer 29jährigen Patientin, die die psychoanalytische Therapie wegen erheblicher Angstzustände und einer Reihe von psychosomatischen Beschwerden aufsuchte. Er lautet folgendermaßen:

»Es ist ein herrlicher, sonniger Frühsommertag. Die Ähren sind hoch und gelb, und hinter dem Kornfeld liegt ein Kiefernwald; fast schwarz gegen den blauen Himmel hebt er sich ab. Ich stehe vor einem Bauerngehöft an einer Chaussee und weiß, daß ich in Frankreich lebe und meinen Eltern (die nicht wie meine wirklichen Eltern aussehen) der Bauernhof gehört. Über die Straße rollen spanische Panzer, die das Land besetzen wollen. Vor den Panzern knien in demutvoller Haltung (etwa wie Chinesen im Schneidersitz) französische Polizistinnen, die sich bis zum Boden verneigen. Sie haben wunderschöne weiße Uniformen an und Schutzhauben auf dem Kopf. Mein Vater steht dann mit einigen Kommandanten der Panzer im Gespräch (ich bin inzwischen im Haus), und nun wird gesagt, daß jede Frau auf dem Gehöft, die nicht durch eine Ehe oder Verlobung gebunden sei und den Ehemann oder Verlobten nicht bei sich habe, mit Überfällen von Soldaten rechnen muß. Meine Schwester hat Glück. Sie hat einen Beschützer. Ich dagegen trage wohl einen Ring, aber bin nicht verlobt. Da erinnere ich mich, daß ja X. im Haus ist. Ich gehe zu ihm und sage: ›Du weißt, daß mein Freund in Deutschland ist. Ich will keine Ansprüche auf lange Sicht an dich stellen, vor allem sollst du mich nicht heiraten. Aber könntest du mir nicht den Gefallen tun, dich jetzt mit mir zu verloben. Ich wäre dann vor den Soldaten sicher.‹ Und er sagt: ›Das kann ich, zumal jetzt doch alle Wege in die Schweiz versperrt sind.‹ Und so gehen wir zu meinem Vater, und es begibt sich ein feierlicher Akt: Das ganze Gesinde kniet, und ganz vorn wir beide, X. und ich. Aber siehe da: als der Vater uns segnet, bin ich plötzlich an der linken Seite von X., und er kniet rechts. Ich trage einen wunderschönen Goldring mit drei schräggesetzten roten Rubinen am linken Ringfinger und bin sehr glücklich.«

Dieser Traum soll als Beispiel die »synthetische Funktion« des Symbols verdeutlichen. Er wurde von der Patientin vor Beginn der analytischen Behandlung geträumt, d. h. bevor sie Kontakt zu ihrem Analytiker aufgenommen hatte, aber nachdem sie sich innerlich bereits entschlossen hatte, sich einer psychotherapeutischen Behandlung zu unterziehen.

Das Kernstück des Traumes besteht in der magischen Hochzeit zur linken Hand auf dem Bauernhof, die für diese Patientin offensichtlich Schutz und Hilfe in der schweren Konfliktsituation bedeutet, die durch den Einbruch der spanischen Panzer

hervorgerufen worden ist. Obwohl diese Hochzeit zwischen der Patientin und einer ihr persönlich bekannten Figur (X. ist ein früherer Freund) durchgeführt wird, zeigt das Motiv doch deutlich archetypische Züge, was durch den besonderen Ring und die Tatsache, daß es eine Hochzeit zur linken Hand ist, noch unterstrichen wird. Zwar spricht der Traum von Verlobung, aber de facto wird am Schluß des Traumes eine sakrale Handlung vollzogen, die eher einer Hochzeit entspricht. Wir haben hier ein Motiv vor uns, das in der Alchimie als »Conjunctio oppositorum« oder als Ehe bezeichnet wurde und auch in Bilderserien wie dem Rosarium philosophorum (18) als Ehe zur linken Hand zwischen Rex und Regina (König und Königin) dargestellt wurde. Gemeint war hier die Verknüpfung der männlichen Form mit den weiblichen Elementen oder, in übertragenem, geistigem Sinne, die Verbindung des Sinnes als »integrierendem Bestandteil des erkennenden und formenden Bewußtseins mit dem Bild als inhaltlicher Rohstoff des schöpferischen Urschoßes des kollektiven Unbewußten, der eben durch die Verbindung mit ersterem seine Bedeutung und Gestalt erhält«, wie es Jolande Jacobi ausgedrückt hat. (36) Nur wenn diese beiden Entitäten miteinander verschmelzen und eine kreative Beziehung eingehen, wie in diesem Symbol, kann der Prozeß einen günstigen Verlauf nehmen und zur Bewältigung der Konfliktsituation führen. Natürlich wirft sich jetzt zunächst die Frage auf, ob es legitim ist, diesen Gedankengang einer symbolischen conjunctio auf dieses Traummotiv zu übertragen.
Die Patientin, die neben einer Reihe von psychosomatischen Symptomen wie bereits erwähnt an schweren Angstzuständen litt, war in dem Entwicklungsstand ihres weiblichen Bewußtseins zu Beginn der Therapie infolge eines Konfliktes mit ihrem derzeitigen Partner auf eine Phase regrediert, die von E. Neumann (37) als der Einbruch des patriarchalen Urobouros in das matriarchale Bewußtsein bezeichnet wird. Das Männliche tritt hier als der Vergewaltiger, der Räuber, der Einbrecher auf, eine Figur, hinter der als Mythologem etwa der Raub der Persephone (Kore) durch Hades steht. Diese Situation spiegelt sich in dem Einbruch der Panzer und der Vergewaltigungsgefahr durch

eine brutale Soldateska wider, eine kollektive Erfahrung, die die Patientin auch gegen Ende des Krieges in der Realität, allerdings noch als Kind, miterlebt hatte.
X. ist der erste intime Freund der Patientin, eine sehr erfüllte Jugendliebe, die ihr nicht nur die erste körperliche Beziehung zwischen Mann und Frau erschloß, sondern auch, da es sich um einen geistig sehr differenzierten und beweglichen Mann handelte, breite Erlebnisbereiche im musischen und geistigen Bereich, die ihr neu waren. Diesem Mann kommt von daher durchaus der Charakter einer Animusfigur zu, die in seelische Bereiche und Erfahrungen hineinführt, die bislang im Unbewußten verschlossen sind, so daß wir durchaus von einer Hochzeit zwischen dem Ich und dem Unbewußten sprechen können. Von dem Stellenwert und der Situation her ist der Traum ein deutlicher Entwurf auf die bevorstehende Analyse hin und wurde von der Patientin, die ihn in der ersten Stunde berichtete, auch so verstanden. Gegen die schweren Beängstigungen, die einerseits aus ihrem Unbewußten auftauchen, wird hier ein Symbol mobilisiert, das in der Lage ist, durch eine kreative, konstruktive und positive Beziehung den großen Gegensatz zwischen dem Bewußtsein und dem Unbewußten zu überbrükken. Es ist der Vorentwurf einer Synthese, die vom Unbewußten angeboten wird. Dies geschieht in der Form eines Symbols. Nur das Symbol ist in der Lage, die Fülle der verschiedenartigen und gegensätzlichen Inhalte in einem Bild zu vereinigen. Der Ring mit den drei farbigen Steinen, der das Paar verbindet, unterstreicht diese Situation noch, da er der Ausdruck der drei neben der Hauptfunktion nicht voll entwickelten anderen psychischen Funktionen ist. Es handelte sich bei der Patientin um einen intuitiven Typus. Fühlen, Denken und Empfinden waren unbewußter und mußten im Verlauf der Therapie entwickelt werden. Hierbei spricht auch im Sinne der Synthese, wie Jung es formuliert hat, das Symbol alle psychischen Funktionen an: »Das Ahnungsreiche und Bedeutungsschwangere des Symbols spricht ebensowohl das Denken wie das Fuhlen an, und seine eigenartige Bildhaftigkeit, wenn zu sinnlicher Form gestaltet, erregt die Empfindung sowohl wie die Intuition.« (6)

Jung hat die symbolbildende Funktion der Psyche, die Funktion, die in der Lage ist, eine Synthese zwischen Gegensatzpaaren durchzuführen, auch als transzendente Funktion bezeichnet. Es handelt sich hierbei nicht um eine Grundfunktion, wie beim Denken, Fühlen, Intuieren und Empfinden, sondern um eine komplexe Funktion, die aus mehreren Faktoren zusammengesetzt ist und die den Übergang von einer Einstellung in eine andere ermöglicht. Diese transzendente Funktion stellt sich zwar in der Synthese, die das Symbol durchführt, in dem obigen Beispiel bereits dar, man kann aber eigentlich erst davon sprechen, wenn das wache Bewußtsein in den Prozeß eintritt, das Symbol aufgreift und seine Verarbeitung tatsächlich zu einer Bewußtseinsveränderung führt. Der Traum selbst stellt nur einen Entwurf dar, der vom Bewußtsein aufgegriffen, aber auch verworfen werden kann. Das Bewußtsein des Träumers kann achtlos an der angebotenen Symbolik vorbeigehen und es versäumen, nach ihrem Sinn zu fragen, wodurch etwas entsteht, was Jung als die »Parsifal-Situation« bezeichnet hat. (38)
Dem erfahrenen Analytiker wird natürlich auffallen, daß in diesem Symbol der Hochzeit zur linken Hand auch eine Abwehr enthalten ist. Man kann auch sagen, daß die Träumerin sich von dem Konflikt in die Geborgenheit einer durch den Vater gesegneten Situation zurückzieht, in Anschauungen und Vorstellungen also, die den vom Vater bzw. von den Bewußtseinsdominanten erlaubten und gegebenen Vorstellungen entsprechen. So wichtig es sein mag, auch diesen Aspekt nicht zu übersehen, so erscheint doch hier gerade im Hinblick auf die beginnende und von der Patientin sehr ernstgemeinte Analyse der prospektive Entwurf der wichtigere zu sein und mehr der aktuellen Situation zu entsprechen.
Es kommt hinzu, daß bei dieser Patientin eine starke schizoide Komponente vorhanden war und sie von daher auf jede nahe, feste und enge Beziehung mit Angst reagierte und ihr auswich. Die im Traum geschlossene Ehe stellt so einen ersten Schritt zur Überwindung dieser Beziehungsangst dar. Auch das Eingehen der analytischen Bindung entsprach in diesem Falle einem eige-

nen und selbständigen Entschluß, der für sie Angstüberwindung und damit auch einen ersten Entwicklungsschritt bedeutete.

Fassen wir das über das Symbol Gesagte noch einmal zusammen:

1. Das Traumsymbol ist ein aus dem Unbewußten spontan entstandener Bedeutungsträger, der die Vergegenwärtigung von Inhalten erlaubt, die anders nicht besser und vollständiger dargestellt werden können als in einem derartigen Bild. Es übersetzt so die unanschauliche instinktive Triebwelt in ein anschauliches Bild und macht sie zu einem psychischen Ereignis. Das Symbol kann bewußt dem Verständnis nähergebracht werden, in seinem Sinn geahnt und empfunden sein und teilweise in das Ich integriert werden. Hierbei bleibt es aber als lebendiges Symbol erhalten und wird nicht völlig übersetzt. Geschieht das letztere und wird es vom Ich völlig integriert und assimiliert, verliert es seinen Symbolcharakter und wird zum Zeichen, zur Allegorie oder zu einem begrifflich definierten Bewußtseinsinhalt. Bleibt es dagegen völlig unverstanden und geht das Bewußtsein im Sinne der Parsifal-Situation ohne zu fragen daran vorbei, so kann es sich abspalten und dem Bewußtsein als autonomes Gegenüber feindlich eingestellt sein und Symptomcharakter bekommen. Z. B. äußert sich dann die Angst vor dem Einbruch des patriarchalen Urobouros, indem man den Hades abends unter dem Bett suchen muß, oder in einer Einbrecherfurcht.

2. Das Symbol kann als ein Transformator der psychischen Energie, der Libido, funktionieren. Die in einem Erlebnisbereich steckengebliebene Libido, die dort keine Realisierungsmöglichkeiten findet, wird durch das Symbol in einen anderen Erlebnisbereich überführt. Jung hat hierfür das Beispiel eines Kraftwerkes benutzt, das die Energien des strömenden Wassers in die elektrische Energie verwandelt. An dem ersten Traumbeispiel wurde ausgeführt, wie eine solche Transformation von einem psychischen Erlebnisbereich in einen anderen durch das Symbol als Brücke ermöglicht werden kann.

3. Das Symbol hat eine synthetische Funktion, da es logisch un-

vereinbare Gegensätze in einem Bild vereinigen kann und die großen Gegensatzpaare wie z. B. die Gegensatzkonstellation zwischen Bewußtsein und Unbewußtem in Form einer Synthese zusammenführt. Wie in dem letzten Beispiel ausgeführt, mobilisiert es hier auch die unentwickelten psychischen Funktionen und bringt sie in eine Beziehung zum Ich.

4. Wird das Traumsymbol vom Bewußtsein aufgegriffen und entsteht eine lebendige Beziehung zwischen Ich und Unbewußtem, die zu einer Integrierung und Assimilierung unbewußter Inhalte in das Bewußtsein führt, entsteht aus der symbolischen Fähigkeit der Psyche die transzendente Funktion, die die kontradiktorischen Gegensätze der Bedürfnisse des Selbst und des Ich in Beziehung setzt.

5. Innerhalb eines Traumes wie auch innerhalb eines Mythos oder Ritus steht das Symbol niemals allein. Es ist in einen größeren Zusammenhang, den Symbos, eingeschlossen, und seine Bedeutung bzw. seine Sinnerschließung kann nur unter Berücksichtigung dieses gesamten Gebildes erfaßt werden.

# III. Der archetypische Traum

In der Analytischen Psychologie wird eine Unterscheidung gemacht zwischen dem gewöhnlichen, einfachen Traum und dem archetypischen oder Großtraum. Man könnte auch sagen, daß es sich hierbei um eine Unterscheidung zwischen den Träumen handelt, deren Inhalt sich in persönlichen, alltäglichen Reminiszenzen und Begebenheiten erschöpft, und Träumen, deren Inhalt von dem Träumer als etwas Besonderes und Bedeutungsvolles erlebt wird. Infolge ihrer starken Gefühlsbetontheit üben sie eine nachhaltige Wirkung auf das Bewußtsein aus, ja sie geben sogar oft dem Leben des betreffenden Träumers bzw. seiner inneren Einstellung eine völlig andere Richtung. Im Gegensatz zu den persönlichen und alltäglichen Träumen, die in der Regel schnell und leicht vergessen werden, bleiben diese großen Träume dem Träumer oft ein Leben lang im Bewußtsein und gehören, wie Jung sagte, »zu den Kernstücken in der Schatzkammer seelischer Erlebnisse«. (39) Das Erlebnis eines solchen »Großtraumes« ist meist mit heftigen seelischen Erschütterungen verbunden, die bis tief ins Vegetativ-Körperliche gehen können.

Es hat sich gezeigt, daß man in ihnen häufig eine Besonderheit findet, die sie vor anderen Träumen auszeichnet. In ihnen kommen in der Regel symbolische Gebilde vor, die der kollektiven Geschichte des menschlichen Geistes entnommen sind. Vorwiegend handelt es sich hierbei um Mythologeme oder Märchenmotive. Aber auch archaische oder tradierte religiöse Motive, rituelle Vollzüge o. ä. sind in derartigen Träumen anzutreffen. Mitunter haben sie durchaus einen Offenbarungscharakter. Sie zwingen den betreffenden Träumer, über sie nachzudenken und zu meditieren, und werden für viele Menschen auch richtungweisend für die weitere innere und äußere Gestaltung ihres Lebens. Schwierig ist an ihnen oft auch ihre schwere Beschreibbarkeit, die in gar keinem Verhältnis zu der unvergleichlichen Wirkung steht, die sie auf den Träumer gemacht haben. Oft geht

von ihnen ein gewisser Zwang zur Mitteilung an andere aus. Der Träumer hat das Gefühl, er müsse sie mitteilen und mit anderen darüber sprechen, was durch die schwere Beschreibbarkeit behindert sein kann. Die gefühlsmäßige Komponente und das so sehr Beeindruckende an ihnen ist dem Zuhörer nur sehr schwer zu übermitteln.
Es gibt schon bei den Naturvölkern die Unterscheidung zwischen dem sogenannten kleinen und dem großen Traum; aber auch in unserem Kulturbereich sind viele derartige Großträume übermittelt worden und haben da und dort in der Literatur der Analytischen Psychologie eine erneute Bearbeitung gefunden, wie z. B. der Traum des Nebukadnezar bei Jung (39), der Traum des Hannibal vor der Eroberung Italiens bei Toni Wolff (40) oder als mehr modernes Beispiel der Traum von J. B. Priestley in seinem autobiographischen Buch »Rain upon Godshill« durch Gerhard Adler (41), um nur einige wenige Beispiele zu nennen. Die Kenntnis vieler dieser überlieferten bedeutungsvollen Träume ist allgemein verbreitet. Wohl jeder von uns kennt die Träume des Pharao, die von Joseph gedeutet werden, den Traum Jakobs von der Himmelsleiter, den Traum des Sokrates aus Platons Kriton, in dem er aufgefordert wird, Musik zu machen anstatt zu philosophieren, den Inzesttraum Caesars vor der Überschreitung des Rubikon, den Traum Konstantins des Großen auf seinem Zuge gegen den Gegenkaiser Maxentius mit der Vision des Kreuzes am Himmel und der Botschaft »In hoc signum vincis« oder die Träume Goethes, wie den Fasanentraum aus der italienischen Reise.

Ich möchte an dieser Stelle als Beispiel lediglich zwei dieser historisch überlieferten Großträume nebeneinanderstellen, die eine Übereinstimmung des Grundmotivs aufweisen, ohne allerdings einen ausführlicheren Deutungsversuch zu unternehmen, da der Ansatz dieser Ausführungen hier nur darin besteht, dem Leser die Charakteristika eines Großtraumes im Unterschied zu dem alltäglichen persönlichen Traum zu verdeutlichen. Es handelt sich um den bekannten Traum Jakobs von der Himmelsleiter und einen Traum Swedenborgs aus der Nacht vom 15. zum 16. April 1744.

Der Traum des Jakob ist mitgeteilt in der Genesis 28,10–22 und lautet folgendermaßen:

»Jakob zog aus von Ber-Schaba und wanderte nach Charan,
dann betrat er die Stätte.
Er mußte dort nächtigen, denn die Sonne war gegangen.
So nahm er von den Steinen der Stätte
und richtete daraus ein Lager für sein Haupt
und legte sich schlafen an jener Stätte.
Und ihm träumte:
Er sah eine Leiter gestellt auf die Erde,
ihr Haupt an den Himmel rührend,
und sah Boten Gottes steigen auf ihr empor, hernieder.
Sieh,
da stand ER über ihm
und sprach:
›ICH bin's,
der Gott deines Vaters Abraham und der Gott Jizchaks.
Das Land, auf dem du jetzt schlafend liegst,
dir gebe ich es und deinem Samen.
Dein Same wird sein wie der Staub der Erde.
Ausbrechen wirst du westwärts, ostwärts, nordwärts,
südwärts.
Gesegnet werden mit dir alle Sippen des Erdreichs
und mit deinem Samen.
Ich denn bin bei dir.
Ich will dich hüten, wo all hin du gehst,
und will dich heimbringen zu diesem Boden.
Nein, ich verlasse dich nicht,
bis ich vollbrachte, was ich dir geredet habe.‹
Jakob erwachte aus seinem Schlaf
und sprach:
›Wahrlich,
gegenwärtig ist ER an dieser Stätte,
und ich wußte es nicht!‹
Er erschauerte,
und er sprach:
›Wie schauervoll ist diese Stätte!
Hier ist nichts anderes als ein Haus Gottes,
und hier ist die Pforte des Himmels.‹
Frühmorgens stand Jakob auf,
er nahm den Stein, den er zum Lager für sein Haupt

gerichtet hatte,
und errichtete ihn zum Standmal
und schüttete Öl oben darauf.
Und er rief den Namen jener Stätte: Beth-El,
Haus Gottes ...«

Der Traum ereignet sich nach dem Aufbruch Jakobs aus seinem Elternhaus. Er hat den Segen seines Vaters Isaak erhalten und macht sich auf den Weg nach Mesopotamien, um dort die Töchter Labans zu heiraten. Es geht also dem Traum eine wesentliche Schicksalssituation im Leben Jakobs voraus: die Trennung vom Elternhaus, die bevorstehende Hochzeit, die lange Reise und eine sehr lange Abwesenheit, denn er wird in Mesopotamien zweimal sieben Jahre um die Töchter Labans dienen und werben müssen. Dieser Traum ist ein Inkubationstraum, der einen neuen Lebensabschnitt einleitet und ihm Kraft und Bestätigung für diesen Weg gibt. Er wird an einem geheiligten Ort geträumt, so wie es im Altertum allgemein üblich war, durch das Schlafen an geheiligten Orten Orakelträume zu erhalten. Legt man an diesen Traum die Kriterien der antiken Traumdeutung, wie etwa der des Artemidor von Daldis (2), an, so handelt es sich um einen günstigen Orakeltraum. C. A. Meier (42) hat derartige antike Kriterien der Traumdeutung zusammengestellt, und in dem Traummaterial des Artemidor finden sich sehr häufig Epiphanien von Göttern. Hierbei galt es als günstig, wenn der Gott kultgerecht, also mit seinen richtigen Attributen, so wie in seinem Kultbild, auftrat, was im Traum des Jakob, ein Gott ohne deutlich sichtbare bzw. beschriebene Figur in Begleitung der Engel, offenbar geschehen ist.
Die antike Traumdeutung hatte im Gegensatz zur heutigen ja vorwiegend mantischen Charakter, und insbesondere die Träume, in denen Epiphanien von Gottheiten stattfanden, wurden hauptsächlich auf zukünftige Ereignisse bezogen verstanden. Hierbei wurde angenommen, daß es Träume gab, die von innen, und solche, die von außen kamen. Alle Träume mit unerwarteten Ereignissen zählten zu den von außen stammenden, denn sie seien von den Göttern gesandt. Wenn wir heute in der modernen Tiefenpsychologie das Auftreten von Gottheiten auch

nach innen verlegen und in ihnen Imagines der archetypischen Struktur des kollektiven Unbewußten sehen, dann würden wir sagen, daß diese Träume aus einer besonders tiefen, bewußtseinsfernen Schicht des Unbewußten kommen. In dem Traum des Jakob ist auch sehr deutlich die tiefe emotionale Bewegtheit ausgedrückt, die dieser Traum bei ihm verursacht hat. Wir erfahren von dem heiligen Schauer, der ihn zutiefst erfaßt hat, der Errichtung des Standmals und der Weihung der Stätte mit Öl und ihrer Umbenennung.

Nun zu dem Traum Swedenborgs aus dem Jahre 1744 (43), der folgendermaßen lautet:

»Ich glaubte eine Leiter in eine große Tiefe hinabzusteigen; hinter mir kamen einige Frauen, die ich kannte; ich stand still und erschreckte sie, absichtlich, stieg dann hinauf, kam auf eine grüne Wiese und legte mich hin, die Frauen kamen mir nach, ich begrüßte sie. Sie legten sich neben mich, eine junge und eine etwas ältere; ich küßte ihnen beiden die Hände und wußte nicht, welche ich lieben sollte.«

Wie M. Lamm (44) berichtet, war Swedenborg ein sehr sinnlich veranlagter Mann, der auch keineswegs von sich selbst verschweigt, daß er starke sinnliche Regungen kannte. Auch in seinem Traumtagebuch gibt er zu, daß die Neigung zu Weibern seine Hauptleidenschaft gewesen sei. Im Dezember 1744 hätte die Neigung aber plötzlich aufgehört, und er hätte keinerlei Gefallen mehr am weiblichen Geschlecht gefunden. Er hatte dann später immer noch eine Reihe von erotischen Träumen, wie wir aus seinem Traumtagebuch wissen, und zu denen in gewisser Weise auch der oben erwähnte Traum gehört. Nach Swedenborgs eigener Interpretation sind diese Träume aber an sich rein, und die in ihnen auftretenden Frauengestalten stellen himmlische Offenbarungen dar. Der Sexualverkehr mit ihnen bedeute dann seine Liebe zur Weisheit o. ä. Zuweilen träumt er auch, daß er einer Frau entweicht, die sich in sein Bett gedrängt hat, und er bringt diesen Traum dann damit in Verbindung, daß es sich bei dieser Frauenfigur um eine Darstellung seiner weltlichen Schriftstellerei handele, die er aufgeben solle. Es ist sicher bedeutsam, daß sich relativ kurze Zeit nach diesem Traum, nämlich im Oktober 1744, ein sehr beeindruckender Traum einer Begegnung mit Christus ereignet, der in der Aufforderung gipfelt, fortan nur an geistigen Dingen zu arbeiten und der weltlichen Gelehrsamkeit zu entsagen.

Swedenborg war zu dieser Zeit ein Mann in der Lebensmitte und bereits über fünfzig Jahre alt. Die Bedeutung dieses Lebensabschnittes ist von mir an anderer Stelle ausführlich behandelt worden. (137) Sie entspricht durchaus einer ähnlich einschneidenden Lebenssituation wie derjenigen Jakobs, des jungen Menschen, der in das Leben hinausgeht. Swedenborg hatte sich bis zu diesem Zeitpunkt als ein hervorragender Gelehrter und Naturwissenschaftler hervorgetan. In die Jahre 1743 bis 1745 fällt die Zeit seiner Berufung. Nach einer Reihe von Visionen, die er im April 1745 in London hatte, schrieb er in vielen Werken das, was ihm durch seine Erleuchtung klargeworden war, nieder. Er teilte seine Erkenntnisse über die materielle und die übersinnliche Welt und über den Sinn des Seins und der Dinge mit.

Die Parallelen sowohl in den Traummotiven als auch in den Lebenssituationen der beiden hier dargestellten historischen Figuren sind sehr deutlich und kaum zu übersehen. Beide befinden sich am Beginn eines völlig neuen Lebensabschnittes, der radikal mit allem Bisherigen bricht und es verändert. Beide suchen auch, wie wir es heute ausdrücken würden, eine Beziehung zu der Stimme ihres Unbewußten auf. Jakob, indem er an einer geheiligten Stelle schläft und einen von Gott gesandten Traum erwartet. Swedenborg, indem er über längere Zeit ein Traumbuch führt und diese Träume auf das kommende Geschehen seiner Berufung und den neuen Lebensweg hin versteht und interpretiert. Auch innerhalb der Träume ist das gleiche Motiv der in eine andere Dimension führenden Leiter enthalten, mit den auf- und absteigenden Figuren bei Jakob die Engel, bei Swedenborg die beiden Frauengestalten. Dieser begegnet hier noch nicht Gott, was erst kurz darauf in einem anderen Traum geschieht, sondern inspiratorischen Animafiguren, die auch noch deutlich den Konflikt widerspiegeln, der sich bis zur endgültigen Entscheidung in seinem Unbewußten abspielt. Es ist interessant, daß bei Swedenborg die Leiter in die Tiefe und nach abwärts führt, was wohl damit zu tun haben dürfte, daß sein späterer Weg von der kollektiv gültigen und dogmatischen Religiosität seiner Zeit abweicht und er einen »descensus ad inferos« durchführt. Jakob geht in das biologische Leben der ersten Lebenshälfte hinein und erhält die Bestätigung von oben für seinen schwierigen Weg; bei Swedenborg findet dagegen eine Transposition der Libido statt, die sich aus dem erotisch-sinnlichen Bereich in den geistig-mystischen hineinentwickelt. So erscheinen die verschiedenen Richtungen der Leiter durchaus sinnvoll, wobei das Unbewußte die Verhältnisse allerdings im Vergleich zum kollektiven Bewußtsein umkehrt und den Prozeß der Vergeistigung als einen nach unten gehenden darstellt.

Es erschien mir wesentlich, am Beispiel dieser zwei Träume drei verschiedene Merkmale deutlich herauszustellen:

1. Der sehr starke und tiefe Eindruck, den das betreffende Traumerlebnis auf den Träumer hatte und der auch dazu führte, daß Haltungen und Handlungen, die nachfolgten, von dem Erlebnis des Traumes beeinflußt wurden. Gleichzeitig mit dem Auftreten eines solchen inneren Bildes treten hier auch Wandlungsvollzüge in den Menschen auf.

2. Das Auftreten von mythologischem Material, hier der »Himmelsleiter«. Das gleiche mythologische Motiv, wenn auch in gewissen Abwandlungen, kann in ganz verschiedenen Alters- und Entwicklungsstufen und höchst verschiedenartigen Lebenssituationen vom Unbewußten benutzt werden, da beiden Situationen offensichtlich in letzter Tiefe ein gleichartiges psychisches Grundmuster zu Grunde liegt.

3. Das Auftreten dieser Träume in besonders kritischen und lebensentscheidenden Situationen, die eine vollständig neue Einstellung und Umorientierung des Bewußtseins erfordern. Hiermit kommen wir zur Frage der Kriterien und der Struktur der Großträume, von denen schon gesagt wurde, daß sie aus der Schicht des kollektiven Unbewußten stammen und archetypischen Charakter haben.

Es entspricht nicht dem Rahmen dieses Buches, eine ausführliche Darstellung der beiden letztgenannten Begriffe zu geben. So möge eine kurze Definition genügen, und der interessierte Leser sei auf die entsprechenden Schriften C. G. Jungs hingewiesen, insbesondere auf seine 1916 erschienene grundlegende Arbeit »De la structure de l'inconscience« (45), die überarbeitet in deutscher Sprache unter dem Titel »Die Beziehungen zwischen dem Ich und dem Unbewußten« (46) erschienen ist. In seinem Typenbuch (6) definiert Jung das kollektive Unbewußte im Gegensatz zum persönlichen Unbewußten wie folgt:

»Wir können ein persönliches Unbewußtes unterscheiden, welches alle persönlichen Akquisitionen der persönlichen Existenz umfaßt, also Vergessenes, Verdrängtes, unterschwellig Wahrgenommenes, Gedachtes und Gefühltes. Neben diesen persönlichen unbewußten Inhalten gibt es aber andere Inhalte, die nicht aus persönlichen Akquisitionen, sondern aus der ererbten Möglichkeit des psychischen Funktionierens überhaupt, nämlich aus der ererbten Hirnstruktur stammen. Das sind die mythologischen Zusammenhänge, die Motive und Bilder, die jederzeit und überall ohne historische Tradition oder Migration neu entstehen können. Diese Inhalte bezeichne ich als kollektiv unbewußt. So gut wie die bewußten Inhalte in einer bestimmten Tätigkeit begriffen sind, so sind es auch die unbewußten Inhalte, wie uns die Erfahrung lehrt. Wie aus der bewußten psychischen Tätigkeit gewisse Resultate oder Produkte hervorgehen, so gehen auch aus der unbewußten Tätigkeit Produkte hervor, z. B. Träume und Phantasien.«

Die Archetypen sind nun die Inhalte des kollektiven Unbewußten. Sie sind keine persönlichen Inhalte, sondern Bereitschaften, d. h. überindividuelle Formen, deren Inhalt durch das persönliche Erleben des einzelnen ausgefüllt wird. Jung hat sie in die Beziehung zu den Instinkten gestellt, wobei die Instinkte typische Formen des Handelns sind als regelmäßig sich wiederholende Formen des Reagierens. Die Archetypen entsprechen dagegen typischen Formen des Auffassens und des Erlebens, und überall da, wo es sich »um gleichmäßige und regelmäßig wiederkehrende Auffassungen handelt, handelt es sich um einen

Archetypus, gleichviel, ob dessen mythologischer Charakter erkannt wird oder nicht«. (47)
Archetypische Bilder werden nun immer dann in den Träumen mobilisiert, wenn das bisherige persönliche Erfahrungsmaterial zur Bewältigung einer bestimmten Lebenssituation nicht mehr ausreicht. Es gibt bestimmte Schwellen- oder Krisensituationen im menschlichen Leben, wo der Mensch vor grundsätzlich neuen Gegebenheiten steht, für die es in dem persönlich erlebten Erfahrungsgut keine entsprechenden Vorbilder gibt und auf die kollektiven patterns of behaviour (Verhaltensmuster) zurückgegriffen werden muß. In diesen Situationen präsentiert das Unbewußte derartige patterns dem Bewußtsein, die zur Bewältigung oder zum Verständnis der Situation beitragen können. Zu solchen Situationen gehören z. B. die Übergänge von einer Lebensphase in eine andere. In seiner Schrift über »Die Lebenswende« (48) teilt C. G. Jung die 180 Grade des menschlichen Lebensbogens in Perioden ein, von denen die erste die Kindheit und die zweite das Jugendalter bis zur Lebensmitte (etwa 35 bis 40 Jahre) umfaßt. Die dritte Periode umfaßt dann die mittleren Lebensjahre, in denen der Mensch oft auf der Höhe seiner Schaffenskraft steht, während die vierte und letzte dem Alter entspricht. Im Grunde genommen erfordert jede dieser vier Phasen vom Menschen eine andere Bewußtseinseinstellung, die eine Vielzahl von veränderten Haltungen und Orientierungen gegenüber der Umwelt und der eigenen Person mit sich bringt. In den Übergang von einer derartigen Lebensphase in eine andere gehören auch die beiden vorher zitierten archetypischen Träume mit hinein. Aber nicht nur bei den Übergängen solcher großen Lebensphasen pflegen archetypische Träume im Normalleben aufzutreten, sondern auch in allen anderen Krisen- und Übergangsphasen von Reifung und Entwicklung. Hierher gehören unter anderem der Eintritt in das Schulalter, die Aufnahme erster sexueller Beziehungen, Heirat und Geburt der eigenen Kinder, Übergang in den Beruf und wichtige Lebensentscheidungen. In allen diesen Abschnitten und Situationen ist der einzelne Mensch der grundlegenden Problematik des Lebens in einem nicht entziehbaren Ansturm ausgesetzt, einer Problema-

tik, die in Babylon und Hellas genauso bekannt war wie bei uns. In diesen schicksalsentscheidenden Abschnitten des Lebens tauchen Träume auf, die sich mit den üblichen Gegebenheiten der individuellen, persönlichen Psychologie nicht mehr erklären lassen, und die tiefen Schichten des Unbewußten werden mobilisiert. Es ist nicht verwunderlich, daß dabei immer wieder die gleichen Grundfiguren, nur in individuell verschiedener Kleidung, auftauchen. Es handelt sich ja hierbei eben um ein bestimmtes, sich unendlich wiederholendes menschliches Problem, und der Traum benutzt zur Darstellung kollektive Figuren, die wir aus Sagen, Märchen, Mythen und Religionen aller Völker kennen.

Wir finden in diesen Träumen gefährliche Abenteuer und Bewährungsproben an Riesen, Drachen und Dämonen, wie wir auch hilfreiche Tiere, Feen, Götter oder Heroen finden. Es tritt der alte Weise auf, die wissende alte Frau, der verborgene Schatz, der Wunschbaum, der Brunnen, die Höhle, der ummauerte Garten und die Wandlungsprozesse und Substanzen der Alchimie, um nur einige wenige dieser Motive zu nennen. Alles dieses sind Dinge, die das alltägliche Leben nicht berühren, einfach aus dem Grunde, weil diesen Lebenssituationen ein Persönlichkeitsteil entspricht, der erst im Begriff steht zu werden und vorher noch gar nicht bewußt existierte.

Hierfür ein Beispiel: Der hier zitierte Traum stammt von einer 30jährigen Frau, die ihn unmittelbar nach der Geburt eines unehelichen Kindes träumte. Sie befand sich nicht in analytischer Therapie und hatte auch nicht die Absicht, sich einer Behandlung zu unterziehen:

»Ich bin mit meiner Schwester zusammen in meiner Heimatstadt, und wir gehen zusammen eine tiefe, schluchtartige Straße entlang. Dann sind wir in einem Hause, und es klingelt an der Tür. Ich habe Angst, aufzumachen, und meine Schwester öffnet schließlich die Tür. Dann sitzen an der Stelle des Raumes, wo wir uns vorher befanden, zwei Schauspieler, die etwas darstellen, und man sagt mir, sie spielen Orpheus und Eurydike. Ich sehe dabei das ganze Schauspiel von oben. Darauf gehen wir dann die Hauptstraße entlang, und es kommen uns furchtbar viele Dirnen entgegen. Wir kommen dann zu dem Haus einer alten Frau und treten dort ein. Sie empfängt uns, und während wir dort sind, höre ich mein Kind im Nebenhaus schreien. Ich muß über einen dunklen Speicher gehen, um hinüberzukommen, und wir suchen eine Kerze. Ich finde sie schließlich und gehe dann trotz Angst mit dem Licht, das ich angezündet habe, über den Speicher ins Nachbarhaus.«

Archetypische Motive in diesem Traum sind die tiefe, schluchtartige Straße, die der Stadt einen magischen Charakter verleiht, das Schauspiel von Orpheus und Eurydike, die Dirnen, die alte Frau, der gefährliche Weg durch die Dunkelheit als Übergang zur Vereinigung mit dem Kind, und schließlich auch das Licht, das von ihr entzündet wird. Der Übergang zur Mutter und die Realisierung der eigenen Mütterlichkeit außerhalb der Konventionen ist hier der neu auftretende Persönlichkeitsanteil, der akzeptiert werden muß.

Am Beispiel dieses Traumes kann nun gleich noch etwas Theoretisch-Strukturelles gesagt werden. Im Gegensatz zu den beiden zuerst beschriebenen Träumen mischen sich in diesem Fall persönliche und archetypische Motive. Es taucht die Schwester auf, die Heimatstadt, die reale Hauptstraße dieser Stadt etc. Das ist eigentlich die Regel, und es ist in praxi doch recht selten, daß ein Großtraum auftritt, der nur archetypische Motive enthält. Der archetypische Traum ist keineswegs immer streng abgegrenzt von dem gewöhnlichen Traum, der aus dem persönlichen Unbewußten kommt. In der Regel sind dem archetypischen Traum mehr oder weniger Inhalte des persönlichen Unbewußten angegliedert, und wie bei allem Lebendigen finden sich fließende Übergänge zwischen dem reinen imponierenden archetypischen Bild und den Träumen, deren Bedeutung sich in der persönlichen Sphäre erschöpft. Das wird verständlich, wenn man sich den strukturellen Aufbau der menschlichen Psyche, wie er von der Analytischen Psychologie angenommen wird, verdeutlicht.

Die menschliche Psyche ist danach zusammengesetzt aus gefühlsbetonten Vorstellungsgruppen, die durch den Affekt zu höheren Verbänden ausgelesen und gruppiert werden. Wir nennen solche Verbände Komplexe. Auch das bewußte Ich ist in diesem Sinne ein solcher Komplex, der mit den anderen unbewußten Komplexen mehr oder weniger in Assoziation treten kann. Das Kernelement oder der Bedeutungsträger, um den herum sich beim Komplex die Assoziationen gruppieren, ist aber jeweils, mit Ausnahme der Komplexe, die rein und allein dem persönlichen Unbewußten entstammen, ein Archetypus. Dieser Archetypus gibt nun seinerseits allen um ihn herum gruppierten Assoziationen einen bestimmten Akzent bzw. eine mehr oder minder deutliche sensorische oder gefühlsmäßige Tönung, die seinem eigenen Sinn entspricht. Auch das Traumbild oder Traummotiv ist eine sensorische, meist optische Darstellung solcher Assoziationsgruppen, die zu einem Komplex gehören. Dementsprechend kann man aus jedem Traumbild auf den dahinterliegenden Archetyp schließen und gegebenenfalls auch deutend auf diesen hinweisen. Persönliches und kollektives Unbewußtes sind in praxi nie streng voneinander getrennt, sondern sind immer gleichzeitig vorhanden. Wir sprechen zwar immer von diesen verschiedenen Schichten des Unbewußten. Man darf aber nie vergessen, daß wir zu Erkenntniszwecken die Natur zerteilen müssen und in dem praktisch vorkommenden Traumbild noch das Ganze erhalten haben.

Ganz allgemein ist die Häufigkeit des Übertritts von Träumen in das Bewußtsein bei den einzelnen Menschen unterschiedlich. Auf der einen Seite gibt es Menschen, die behaupten, daß sie niemals träumen und auch keine Träume berichten könnten, und im anderen Extrem gibt es Menschen, die fast regelmäßig ihre Träume behalten und sich oft intensiv mit ihnen beschäftigen. Diese unterschiedliche Durchlässigkeit der Bewußtseinsschwelle für Träume ist, wie wir heute wissen, nicht identisch mit der Häufigkeit der Traumtätigkeit selbst. Im Jahre 1953 entdeckte der Physiologe Kleitmann mit seinem Mitarbeiter Aserinsky (49), die die Augenbewegungen schlafender Versuchspersonen untersuchten, daß neben den üblichen, langsam gleitenden Augenbewegungen im Schlaf auch phasenweise schnelle, ruckartige und gleichgerichtete Augenbewegungen auftauchten. Wenig später konnte Dement (50,51), der sich dieser

Forschergruppe anschloß, nachweisen, daß die schnellen Augenbewegungen immer nur dann auftraten, wenn die Hirnaktionsströme des Schläfers ein besonderes Muster aufwiesen, das schnell und flach war. Bis heute gelten diese beiden Merkmale zusammen als eine verläßliche Anzeige für das Auftreten von Traumperioden innerhalb des Schlafes. Aus diesen Untersuchungen geht hervor, daß der Mensch durchschnittlich während eines etwa 7stündigen Schlafes vier bestimmte Schlafzyklen durchläuft, wobei innerhalb jedes Zyklus eine derartige REM-(Rapid Eye Movement-)Phase vorhanden ist. Das würde bedeuten, daß der Mensch durchschnittlich vier Träume innerhalb einer Nacht hat. Das Unbewußte führt also, wie Jung es lange vor diesen Entdeckungen vermutet hat, einen kontinuierlichen »Monolog« (19), von dem allerdings nur geringe Teile dem Bewußtsein zur Kenntnis kommen.

Die unterschiedliche Durchlässigkeit der Bewußtseinsschwelle für Traumerlebnisse überhaupt gilt auch für die archetypischen Träume. Es gibt durchaus Patienten, bei denen selbst in einer längeren Analyse gar kein oder nur sehr geringfügiges archetypisches Traummaterial auftritt. Andererseits gibt es Menschen, die auch außerhalb der Analyse relativ häufig archetypische Träume berichten. Dies gilt insbesondere für eine Reihe von Künstlern und schöpferisch tätigen Leuten, die eine besonders starke Durchlässigkeit für das Material des kollektiven Unbewußten ins Bewußtsein zu besitzen scheinen. Dieses Material geht dann oft in entsprechender Verarbeitung in ihr Werk ein, wobei es infolge seiner kollektiven Gültigkeit einen größeren Kreis von Menschen ansprechen kann.

Ein Beispiel für einen derartigen Traum eines Dichters, der in einer engen Beziehung zu seinem Werk steht, gibt G. Adler (41) mit dem Traum von J. B. Priestley. Dieser berichtet in seinem autobiographischen Buch »Rain upon Godshill« folgendes:

»Gerade bevor ich zum letztenmal nach Amerika fuhr, während der anstrengenden Wochen der Beschäftigung mit meinen Zeit-Stücken, hatte ich einen derartigen Traum, und ich glaube, er machte auf mich einen tieferen Eindruck als jedes frühere Erlebnis, im Wachen oder im Träumen, und er sagte mir mehr über dieses Leben als je ein Buch. Der Hintergrund des Traumes war ganz einfach und beruhte zum Teil auf dem Umstand, daß meine Frau kurz vorher den Leuchtturm hier in St. Catherine besucht hatte, um Zugvögeln Ringe anzupassen. Ich träumte, ich stand auf der Spitze eines sehr hohen Turmes, allein, und blickte auf Tausende von Vögeln hinab, die alle in einer Richtung flogen; jede Art Vogel war vertreten, alle Vögel der Welt. Es war ein stolzer Anblick, dieser weite himmlische Vogelfluß. Aber dann wurde auf mysteriöse Weise geschaltet, das Tempo wurde schneller, so daß ich Generationen von Vögeln sah, beobachtete, wie sie aus dem Ei krochen, flügge wurden, sich paarten, schwächer wurden, abnahmen und starben. Flügel wuchsen, nur um zu zerbrechen; Körper waren schlank und dann, mit einem Schlage, verbluteten sie und verschrumpelten; und der Tod schlug zu, überall, jeden Augenblick. Wozu der ganze blinde Kampf ins Leben hinein, das eifrige Erproben der Flügel, das eilige Paaren, das Fliegen und Aufschwingen, die ganze gigantische, sinnlose biologische Anstrengung? Als ich hinunterstarrte, anscheinend die unwürdige Geschichte jeder Kreatur fast mit einem Blick erfassend, blutete mir das Herz. Es wäre besser, wenn kein einziges von ihnen allen, wenn kein einziger von uns allen geboren wäre, wenn der Kampf für immer aufhörte.

Ich stand auf meinem Turme, verzweifelt, unglücklich, immer noch allein. Aber dann wurde wieder geschaltet, die Zeit lief noch schneller ab, sie stürzte so schnell, daß die Vögel keinerlei Bewegung mehr zeigen konnten, sondern wie eine ungeheure, mit Federn besäte Ebene aussahen. Aber durch diese Ebene, aufleuchtend durch die Körper selbst, lief jetzt eine Art weißer Flamme, zitternd, tanzend, dann vorwärtsstürzend; und sobald ich sie sah, wußte ich, daß diese weiße Flamme das Leben selbst war, die reine Quintessenz des Lebens; und dann ging mir auf, in einer raketenartigen Ekstase, daß es auf nichts ankam, daß es nie auf irgend etwas ankommen könnte, weil nichts wirklich war außer diesem vibrierenden, eilenden Glanze des Daseins. Vögel, Menschen oder Geschöpfe, noch ungeformt und ungefärbt, sie alle hatten Bedeutung nur, soweit diese Lebensflamme durch sie zog. Keine Trauer blieb zurück; was ich für Tragik gehalten hatte, war nur Leere oder ein Schattenspiel; denn jetzt war alles wirkliche Gefühl beschlossen und verklärt in der weißen Flamme des Lebens und tanzte in Ekstase weiter mit ihr.«

G. Adler bezieht diesen Traum sowohl auf den Übergang in die zweite Lebenshälfte (Priestley war damals gerade 42 Jahre alt) als auch auf die Beschäftigung mit den erwähnten Zeit-Stücken und der damit verbundenen Meditation über das Problem der Zeit überhaupt.

Ein weiteres Beispiel für eine derartige Beziehung zwischen archetypischem Traum, künstlerischem Werk und krisenhafter Lebensphase findet sich bei dem Maler Marc Chagall. Chagall, der im jüdischen Ghetto von Witebsk geboren wurde, setzte es als 20jähriger gegen den Widerstand seiner Familie durch, Maler zu werden, und kam mit wenigen Rubeln in der Tasche nach Petersburg. Nun gab es damals in Rußland eine Bestimmung, daß die Juden bestimmte angewiesene Wohnbezirke hatten, die sie ohne besondere Genehmigung nicht verlassen durften. Chagall befand sich daher in Petersburg in einem dauernden Versteckspiel vor der Polizei, bis er dann doch einmal geschnappt und für kurze Zeit eingesperrt wurde. Hinzu kam, daß er sich zunächst bei der Ankunft in Petersburg um Aufnahme in eine erstklassige Malschule bemüht hatte und dort bei der Prüfung durchgefallen war. Der Besuch dieser Schule hätte ihm auch gleichzeitig das Recht gegeben, in Petersburg zu leben. Die recht drittklassige Malschule, die er dann besuchen mußte, schloß eine solche Aufenthaltsgenehmigung nicht ein. Diese Jahre in Petersburg sind dann eine sehr harte und entbehrungsreiche Zeit für ihn gewesen. Ein eigenes Zimmer zu haben, war ein unvorstellbarer Luxus. Er konnte im besten Fall irgendeine Zimmerecke für sich mieten, und lange Zeit reichte das Geld nicht einmal zu einem eigenen Bett, sondern er mußte dieses mit einem Arbeiter teilen.

In diese Zeit fällt ein für das Sicherheitsgefühl seiner Berufung sehr wichtiges Erlebnis. Es ist ein Traum: »Ich befinde mich in einem großen Zimmer, in der Ecke steht ein einzelnes Bett, und ich liege darin. Es wird duster. Plötzlich öffnet sich die Decke, und ein geflügeltes Wesen steigt mit Lärm und Getöse herab. Ein Rauschen von schleppenden Flügeln. Ich denke: Ein Engel! Ich kann die Augen nicht öffnen. Es wird zu klar, zu hell. Nachdem er alles durchstöbert hat, erhebt er sich und verläßt das Zimmer durch die Ritze der Decke und nimmt alles Leuchtende, Himmlische mit sich. Es wird von neuem dunkel, und ich erwache.« (52)

Chagall hat dieses Erlebnis 1922 dann auch in einem Bild »L'apparition« dargestellt, und der Engel ist danach ein häufig wiederkehrendes Motiv in seinen Gemälden geblieben. Es handelt sich hier ohne Zweifel um einen fast reinen archetypischen Traum, ein relativ seltenes Erlebnis von großer innerer Bedeutsamkeit, das auch im weiteren Leben nicht mehr vergessen wird. Das Auftreten dieses Bildes stellt eine numinose Erfahrung aus dem Bereich des Außer-Ich dar, das dem Ich gegenübergestellt wird. Nach Allenby (53) enthält der Archetyp des Engels zwei komplementäre Funktionen: Er ist Überbringer der Energie vom Göttlichen, d. h. psychologisch vom Selbst zum Menschlichen, also zum Ich, und auch vice versa. Als Drittes kommt hinzu, daß die Engel den Bund zwischen Mensch und Gott symbolisieren, der nicht verletzt werden darf. Engel symbolisieren damit den Fluß unbewußter Inhalte, die ins Bewußtsein eindringen wollen, den Energiefluß zwischen dem Menschlichen und dem Transzendenten, und die Bedingungen, unter denen dieser zustande kommt.

Dem Engel können einerseits als einem geflügelten Wesen der oberen Geistsphäre die inspiratorischen Kräfte einer Animafigur zugrunde liegen, die dann ihrerseits Anteile des Wandlungscharakters (54) der Imago der Magna Mater enthält; andererseits ist der Engel aber auch ein männliches Wesen, eine Verkörperung des Vaterarchetyps und der hierarchischen Ordnung des Gott-Vater-Geistes. Nach der rabbinischen Tradition, dem Glauben Chagalls, sind, wie auch im Islam, die Engel männlich. »Inklusive Satan wurden sie am zweiten Schöpfungstag geschaffen und waren in bezug auf die Schöpfung des Menschen sofort geteilter Meinung. Deshalb habe Gott den Adam im geheimen erschaffen, um das Mißfallen der Engel zu vermeiden.« (55)

»Auch soll nach der jüdischen Tradition Adam schon vor Eva ein dämonisches Weib namens Lilith besessen haben, mit welcher er um die Herrschaft rang. Dieses Weib erhob sich durch den Zauber des Gottesnamens in die Luft und verbarg sich im Meer. Adam aber zwang sie zurück mit Hilfe von drei Engeln. Lilith wurde zu einem Mar oder einer Lamia, welche die Schwangeren bedrohte oder neugeborene Kinder raubte. Hierin ist vielleicht das Motiv der Vogelhilfe zu erkennen. Engel sind eigentlich Vögel.« (56) Sie vertreten das volatile Element, das pneuma und werden unter dieser Funktion auch in der Symbolik der Alchimie benutzt. So stellen psychologisch solche Vögel in der Regel Phantasien oder intuitive Ideen dar, geistige (geflügelte!) Möglichkeiten, die geahnt werden. (57)
Der Engel Chagalls, so wie er uns in seinen Bildern entgegentritt, knupft auch weniger an die lieblichen Puttendarstellungen an, wie sie seit Giotto in der abendländischen Kunst üblich geworden sind. Chagall ist sicher mehr von der russischen Ikonenmalerei her beeinflußt, in deren Darstellungen wir, ähnlich wie in der romanischen Periode oder den byzantinischen Mosaiken, den strengen und hoheitsvollen Engel des Alten Testaments wiedertreffen, der den Hirten bei seinem Erscheinen zurufen muß: »Fürchtet euch nicht!« Bei Chagall behält der Engel das hoheitsvolle und überirdische Moment, und er bleibt eine religiös durchaus tief und ernst empfundene Figur.
Nun sendet das Unbewußte dem Bewußtsein des Menschen in Krisensituationen, in Not und Gefahr keineswegs immer nur wohltuende und bestätigende Bilder zu. Wenn das Bewußtsein sich zu weit von dem Kern des eigentlichen Wesens der Persönlichkeit entfernt hat, treten aus dem kollektiven Unbewußten auch Bilder von grausamem und schrecklichem Charakter auf. Der russische Dichter Dostojewski hat eine derartige Situation im Rodion Raskolnikoff in unnachahmlicher Weise dargestellt. (58) Es ist ein erschütterndes Bild dessen, was unter zu hochgestochenen intellektuellen Ideologien liegen kann.
Als Raskolnikoff sich noch innerlich mit der »furchtbaren Idee« auseinandersetzt, die alte Frau zu ermorden, hat er folgenden Traum:

»Er ist sieben Jahre alt und geht an einem Feiertag gegen Abend mit seinem Vater außerhalb der Stadt spazieren. Es ist schon leicht dämmrig, der Tag drückend, die Gegend genauso, wie sie in seiner Erinnerung lebt ... Und nun träumte ihm, er gehe mit dem Vater zum Friedhof, und sie kommen an der Schenke vorbei; er hält die Hand des Vaters und blickt ängstlich zur Schenke hin. Ein besonderer Umstand fesselt seine Aufmerksamkeit: Diesmal scheint hier ein Volksfest zu sein, eine Gruppe geputzter Kleinbürgersfrauen, Weiber, Männer und allerhand Gesindel steht da herum. Alle sind betrunken, alle singen, und vor der Treppe der Schenke hält ein Wagen, aber ein seltsamer Wagen. Es ist ein großer Wagen, vor den sonst große Lastpferde gespannt werden und auf dem man Waren und Weinfässer befördert ... Jetzt aber war seltsamerweise vor solch einen großen Wagen ein kleines, mageres, braunes Bauernpferdchen gespannt, eines von jenen, die – wie er's oft gesehen hatte – sich mit hochbeladenen Wagen voll Holz oder Heu abquälen mußten ... Plötzlich erhebt sich ein Lärm: Aus der Schenke kommen mit Geschrei und Gesang zu Balalaikenmusik betrunkene, richtig besoffene, seltsam große Bauern heraus, in blauen und roten Hemden, mit übergeworfenen Mänteln ... ›Setzt euch, ich fahre euch alle zusammen hin!‹ ruft Mikolka, springt als erster auf den Wagen, ergreift die Zügel und pflanzt sich in seiner ganzen Größe vorne auf. ›Mit dem Braunen ist Matwei vorhin losgezogen‹, schreit er vom Wagen herab, ›aber die Schindmähre hier treibt mir bloß die Galle ins Blut, ich könnt' sie totschlagen, frißt umsonst das Futter! Ich sage euch: Setzt euch alle! Ich lasse sie im Galopp laufen! Galoppieren soll sie!‹ und er nimmt die Peitsche in die Hand und bereitet sich voll Wonne vor, das rehbraune Stutchen zu peitschen ...

Alle springen mit Gelächter und Witzen in den Wagen. An die sechs Mann sind schon hinaufgeklettert, und noch ist Platz da. Sie ziehen noch ein dickes und rotbäckiges Weib hinauf, ein Weib in einem roten Kattunkleid mit einem Kopfputz aus Glasperlen und ledernen Bauernschuhen an den Füßen; sie knackt Nüsse und lacht. Ringsum in der Menge lacht man auch, und in der Tat, warum sollte man auch nicht lachen: so eine abgemagerte Mähre soll solch eine Last im Galopp ziehen! Zwei Burschen im Wagen nehmen je eine Peitsche, um Mikolka zu helfen. ›Los!‹ ruft er, die Mähre zieht aus Leibeskräften an, aber von Galoppieren kann nicht die Rede sein, sie kann nicht mal im Schritt losgehen, sie trippelt bloß auf einem Fleck, schnauft und knickt nieder unter den Hieben der drei Peitschen, die wie Hagel auf sie niederprasseln. Das Gelächter auf dem Wagen und in der Menge wird stärker, Mikolka aber wird wütend und peitscht immer heftiger, als glaube er wirklich, sie zum Galopp antreiben zu können ... ›Komm, komm, laß uns gehen!‹ sagt der Vater. ›Betrunkene Dummköpfe treiben ihren Unfug; laß uns gehen, sieh nicht hin!‹ und er will ihn fortführen, der Knabe aber reißt sich los und läuft zum Pferdchen hin. Dem aber geht es schon schlecht. Es schnappt nach Luft, steht still, zieht von neuem an und fällt beinah hin ...

›Daß dich der Teufel hole!‹ brüllt der rasende Mikolka. Er wirft die Peitsche weg, bückt sich und zieht vom Boden des Wagens eine lange und dicke Deichselstange hervor, ergreift sie mit beiden Händen und schwingt sie mit gewaltiger Anstrengung ... ›Es ist mein Eigentum!‹ brüllt Mikolka und läßt die Stange mit voller Wucht auf das rehbraune Pferdchen niedersausen. Ein dumpfer Schlag ertönt ... ›Zum Teufel mit dir! Geht alle aus dem Wege!‹ brüllt Mikolka, wirft die Deichsel fort, bückt sich von neuem und holt eine Eisenstange hervor. ›Nehmt euch in acht!‹ ruft er und läßt sie mit voller Kraft auf das arme Pferdchen niedersausen. Dieser Schlag kracht; das Pferdchen taumelt, krümmt sich und will wieder anziehen, aber die Eisenstange saust wieder auf seinen Rücken herab, und es stürzt zu Boden, als wären ihm mit einem Mal alle vier Beine abgeschlagen. ›Schlagt zu!‹ schreit Mikolka und springt wie toll vom Wagen herab. Einige Burschen, ebenso rot im Gesicht wie er und betrunken, ergreifen, was ihnen in die Hände kommt – mit Peitschen, Stöcken, der Deichselstange laufen sie zu dem verendenden Stutchen. Mikolka stellt sich auf der einen Seite hin und fängt an, sinnlos mit der Eisenstange auf den Rücken zu schlagen. Die Mähre streckt den Kopf vor, holt schwer Atem und verendet ...

Der arme Knabe aber ist außer sich. Mit einem Schrei durchbricht er die Menge, läuft auf das Pferdchen zu, umarmt den blutüberströmten toten Kopf und küßt ihn, küßt die Augen, die Lefzen ... dann springt er auf und stürzt sich voller Wut mit seinen kleinen Fäustchen auf Mikolka. In diesem Augenblick ergreift ihn der Vater, der ihm nachgelaufen ist, und trägt ihn fort.«

Mit dem ganzen Einfühlungsvermögen der großen Dichter hat Dostojewski hier beschrieben, wie eine geschwächte und kranke Instinktsphäre, symbolisiert durch das schwache Pferdchen, von einer brutalen, ziellos wütenden Aggression zu Tode geschlagen wird, während das ebenfalls schwache und noch kindliche Ich diesem Geschehen hilflos zuschauen muß. Fast in der gleichen Form geschieht nachher der Mord. Auch hier muß das Ich des Raskolnikoff hilflos zusehen, wie ein brutaler Schatten von ihm Besitz ergreift und eine furchtbare Metzelei veranstaltet. Wenn solche Träume vom Bewußtsein richtig verstanden werden, dann können sie als Warnung dienen und müssen zu einer entscheidenden Änderung der Bewußtseinspositionen führen, andernfalls treibt der Mensch unweigerlich in ein dunkles Geschehen und Handeln oder in Krankheit hinein.

Mit diesem Beispiel stehen wir auch am Übergang zu der Frage, welche Bedeutung und welche Stellung dem archetypischen Traum innerhalb der psychogenen Erkrankungen zukommt, an welchen Stellen er hier aufzutreten pflegt und wo er mit dem therapeutischen Prozeß der Analyse verbunden ist.

Archetypische Träume treten zunächst relativ häufig beim Beginn einer psychogenen Erkrankung auf. Das ist nicht verwunderlich, da am Beginn einer Neurose und auch bei einer ganzen Reihe von Psychosen immer eine auslösende Lebenssituation steht, die von Freud als die Versuchungs- und Versagungssituation bezeichnet worden ist. Diese auslösende Situation muß so beschaffen sein, daß sie mit dem bereits präexistenten Komplex korrespondiert und infolge der genetischen Wurzeln jeder Neurose, die bis in die Kindheit hinabreichen, auch die psychische Struktur des Betreffenden erschüttern bzw. in Bewegung bringen kann. Die Situation selbst kann äußerlich sehr dramatisch sein oder sehr geringfügig und für den Patienten selbst kaum erkennbar. Wesentlich ist nur, daß sie genau in die Komplexsphäre hineingeht und damit unbewußtes, verdrängtes Material mobilisiert. Es ist verständlich, daß bei einer so tiefgreifenden Erschütterung der psychischen Situation auch das kollektive Unbewußte angesprochen wird und in den Träumen archetypisches Material zutage tritt. Hierfür ein Beispiel von einer 28jährigen Patientin, deren Symptomatik ein halbes Jahr vor Beginn einer Analyse innerhalb eines Beziehungskonfliktes ausbrach und die in dieser Zeit folgenden Traum hatte:

»Ich träumte, daß ich an einem Fluß stehe, aus dem meine Schwester zerstückelt herausgefischt wird. Ich weiß, daß sie vorher vergewaltigt und dann umgebracht wurde. Später muß ich dann in einem großen, schwach erleuchteten Raum über den Täter zu Gericht sitzen. Meine Schwester sitzt neben mir (jetzt wieder lebendig) und plädiert dafür, daß man gnädig mit ihm umgehen soll. Ich aber bin unbarmherzig und bestimme, daß er neben den Kachelofen auf eine Bank gestellt wird. Diese Bank schiebt sich allmählich mit kleinen Rucken näher an die Zimmerdecke, bis der Mann schließlich ganz zusammengestaucht und breiter als lang ist. Damit ist er natürlich erledigt. Plötzlich befinde ich mich allein in dem Raum, laufe hinaus auf einen spärlich erleuchteten Flur, voller Entsetzen, weil der Geist des getöteten Mannes über mir in einem langen heulenden Ton pfeift. Ich laufe und laufe, weil ich ins obere Stockwerk des Hauses will, in dem meine Eltern schlafen. Da wache ich auf.«

Auch in diesem Traum ist wieder persönliches und kollektives Unbewußtes stark vermischt. Archetypische Motive sind hier der Fluß, die Zerstückelung und die Verfolgung durch den Geist des Getöteten. Wie der Traum der Patientin zeigt, ist sie eigentlich nur eine halbe Person, als sie in die Analyse kommt, denn ihr Schwestern-Schatten ist zerstückelt worden, und die Verdrängung einer dunklen, männlich-verbrecherischen Seite durch ein strenges Gerichtsurteil ist offensichtlich nutzlos, denn diese verwandelt sich in einen angsterregenden Heulgeist. Die Schwester der Patientin ist in diesem Fall sehr deutlich eine Schattenfigur. Sie hat charakterlich ganz entgegengesetzte Eigenschaften entwickelt als die Patientin selbst, die diese von der Schwester repräsentierten Seiten in sich verdrängte.

Als sie diesen Traum in der Analyse erzählte, hatte sie kurz zuvor von dem Film von Cocteau »Orphée« gehört, in dem auch das Motiv von Tod und Wiedergeburt enthalten ist. In der zugrundeliegenden Mythe von Orpheus und Eurydike steht ebenfalls im Beginn des Geschehens die Überwältigung des Weiblichen durch ein vergewaltigendes Männliches. Eurydike, die Personifikation einer Mondgöttin, stirbt auf der Flucht vor der Vergewaltigung durch Aristaios. (59) Ebenso enthält auch die Mythe das Zerstückelungsmotiv, und in den orphischen Mysterienkulten dominiert das Motiv der Wiederauferstehung des Zerstückelten. Auch der Fluß spielt eine zentrale Rolle im Mythos, sowohl bei der Vergewaltigung und dem Tod der Eurydike als auch dadurch, daß die zerstückelten Glieder des Orpheus in einen Fluß geworfen werden. Dieses Motiv der Zerstückelung kennen wir nicht nur in vielen Mythologien wie z. B. in dem ägyptischen Osirismythos (60) oder dem griechischen Dionysos, sondern auch in vielen Märchen, von denen uns wohl »Fischers Vogel« und das Märchen vom »Machandelboom« am bekanntesten sind. (61) In ritualisierter Form finden wir es auch in den Initiationsriten der Naturvölker, wobei offenbar von der Erkenntnis ausgegangen wird, daß Reifung nur über Leid, Schmerzen und Qual erfolgt. Eine nächsthöhere Reifungsstufe kann nur nach Auflösung und Zerstörung der vorangegangenen erreicht werden. Die Mannbarkeitsweihen der sogenannten Primitivkulturen fügen die Schmerzen dem Initianden ja noch de facto zu und verfügen ebenfalls über einen uns nicht verständlich erscheinenden Katalog von Grausamkeiten. In den höheren Formen solcher Initiationsweihen, die bekanntlich bis zu den höchsten geistigen Prozessen gehen können, treten sie dagegen nur noch in symbolischer Form auf. Ihre Bilder zeigen aber durchaus den gleichen Charakter, den wir vom Märchen oder den primitiven Riten her kennen. (62)

So bietet dieser Traum zwar auf der einen Seite das Bild einer psychischen Dissoziation, wie sie durch den Konflikt und den

Ausbruch der Neurose hervorgerufen wurde. Auf der anderen Seite aber kann man unter Verständnis der archetypischen Analogien im tiefen Hintergrund auch etwas Prospektives ahnen, da sich im Durchschreiten dieser archetypischen Bildwelt die ersten Ansätze von Reifung und Entwicklung anbieten. Wesentlich und entscheidend ist hierbei wieder nicht das Bild allein, sondern die Reaktion und die Einstellung, die das Bewußtsein zu ihm einnehmen kann, die Fähigkeit, es aufzunehmen, es zu verstehen und es zu integrieren. Die Natur besitzt starke Selbstheilungstendenzen, die aufgegriffen und unterstützt werden können, worin bekanntlich ein wesentlicher Teil der Medizin besteht.

Eine weitere Häufung für archetypische Träume ist die Initialphase einer Behandlung. Schon im eigentlichen Initialtraum, worunter hier der erste Traum verstanden sein soll, der nach der ersten Begegnung mit dem Analytiker in der Behandlung auftritt, ist das Erscheinen von archetypischen Motiven relativ häufig. Auf das Problem der Übertragung und Gegenübertragung und dessen Einfluß auf den Inhalt der Träume, das hier sicher eine gewisse Rolle spielt, soll an späterer Stelle eingegangen werden. Nach eigenen Untersuchungen fanden sich in einem Zeitraum von 5 Jahren unter 84 analytisch behandelten Patienten bei 37 bereits archetypische Motive im Initialtraum. Bei einer Erweiterung der Untersuchung auf die ersten drei Träume, die ja auf jeden Fall noch in die frühe Initialphase der Therapie fallen, erhöht sich diese Zahl auf 60, d. h. wesentlich mehr als zwei Drittel aller Patienten haben in diesem Zeitraum archetypische Motive in ihren Träumen.

Der Beginn einer psychotherapeutischen Behandlung, besonders wenn es sich um eine sogenannte große Analyse handelt, ist auf jeden Fall ein sehr einschneidendes Erlebnis im Leben eines Menschen. Der größere Teil der Patienten weiß heute, daß sie sich einer Persönlichkeitsveränderung, einem psychischen Entwicklungs- und Reifungsprozeß unterziehen, wenn sie sich in eine analytische Behandlung begeben. Wo das zunächst nicht der Fall ist, wird der Patient doch in der Regel im Erstinterview darauf aufmerksam gemacht bzw. macht dabei selbst die

Erfahrung, daß es sich um etwas Derartiges handelt. Von hier aus wird es wiederum verständlich, daß die seelischen Tiefenschichten in dieser Phase stark angesprochen werden und besonders beeindruckende Träume auftreten. Es ist ja auch die erste echte Begegnung zwischen Bewußtsein und Unbewußtem, die hier gesucht wird, denn üblicherweise geht der Mensch unserer Zeit und unseres Kulturkreises an den Äußerungen seines Unbewußten, vor allem an seinen Träumen und Phantasien, recht achtlos vorüber und hat zum Teil sogar eine abwehrende und mißachtende Einstellung ihnen gegenüber.

Obwohl Jung von gewissen Motivhäufungen in den Träumen der Initialphase einer Analyse, z.B. Reise über ein großes Wasser, Überquerung von Fluß und Grenze, gesprochen hat (13), glaube ich kaum, daß sich solche Aussagen, die für sein Patientenmaterial gestimmt haben, generalisieren lassen. Infolge der bereits vorher erwähnten Übertragungs- und Gegenübertragungssituation ist das Unbewußte des Patienten nicht reines Objekt, sondern reagiert innerhalb der Subjekt-Objektbeziehung, die sich von Anfang an zwischen dem Analytiker und dem Patienten herstellt. Diese Reaktion des Unbewußten ist so mitbestimmt von der Persönlichkeit des Analytikers, so wie der Patient sie in der ersten Unterredung erfährt, wie auch von der Art des Erstinterviews, der Form der Fragestellung, der angewandten Methode und von dem sich in dieser Situation konstellierenden Problem. Da bis heute keine umfangreichen Vergleichsuntersuchungen verschiedener Analytiker auch aus verschiedenen Schulrichtungen vorliegen, ob und wo es bestimmte Motivhäufungen gibt, muß diese Frage zunächst offenbleiben. Auch in meinem Material finden sich Träume von Reisen in ferne, unbekannte Länder und von gefährlichen Übergängen, die den Weg ins Unbewußte symbolisieren; sie stehen aber an Häufigkeit nicht unbedingt an der Spitze der archetypischen Initialträume. Hierfür ein Beispiel von einem 38jährigen Patienten mit einer Herzneurose:

Dieser Patient träumte in der zweiten Analysenstunde: »Ich gehe mit meiner Mutter an einem Fluß mit sehr starker Strömung spazieren. Am Ufer liegt ein Kahn, der einem der in Port Said gesehenen ›harbour-launshes‹ gleicht. Die ganze Landschaft sieht teilweise wie Ägypten aus, teilweise ist sie aber auch mitteleuropäisch. Wir steigen dann in den Kahn ein, in dem aber keine Ruder vorhanden sind. Trotzdem fahren wir mit ihm auf den Fluß und wollen auf die andere Seite übersetzen. Plötzlich sehe ich, daß die Ruder unweit des Kahnes in einem Strudel treiben. Ich bemühe mich, an die Ruder heranzukommen, aber es gelingt mir nicht. Das Boot treibt an eine Insel, nachdem es sich ziemlich schnell im Kreise gedreht hat. Ich steige aus und setze mich hin, aber plötzlich sehe ich Brennesseln dicht bei mir.«

Der Traum enthält sicher archetypische Motive mit der Flußüberquerung, der Zusammenziehung von zwei kulturell verschiedenen Landschaftsmotiven, der Kreisdrehung des Bootes und der Insel, obwohl er einen nicht ganz ausgesprochen mythologischen Charakter hat. Es kommt hinzu, daß der Patient in Ägypten in Kriegsgefangenschaft war, so daß dieses Land auch symbolisch gesehen das Land seiner inneren Gefangenschaft, aber auch seines lebhaften Interesses war. Er hatte sich während dieser Zeit und auch noch nach seiner Entlassung sehr intensiv mit der ägyptischen Kultur und Religion beschäftigt. Die Intention, den Fluß zu überqueren und auf die andere Seite, d. h. ins Unbewußte zu kommen, gelingt hier noch nicht, wohl infolge der Labilität und Schwäche des Ich, das nicht in der Lage ist, die Ruder zu ergreifen und Steuerungsvorgänge zu vollziehen, um aus dem Stadium der Getriebenheit herauszukommen. Daß in diesen Traummotiven die klassische Archetypik eines Mutterkomplexes liegt, beweist aber auch ein etwas späterer Traum, in dem das Unbewußte das gleiche Motiv wieder aufgreift und diesmal die Mythologeme erheblich deutlicher in den Vordergrund rückt. Auch dieser tritt noch in einem sehr frühen Stadium der Analyse, in der 23. Stunde, auf und behandelt die ersten Bewußtwerdungsvorgänge und Auseinandersetzungen im Bereich seiner Mutterbindung. (63) Er lautete:

»Ich bin mit meiner Mutter in Ägypten. Wir gehen auf einem künstlichen Steg an einem Kanal oder Fluß entlang. Der Steg wird an manchen Stellen eng, daß man sich an links angebrachten Stäben festhalten muß, um nicht ins Wasser zu fallen. Ich gehe hinter meiner Mutter, und mir kommt dabei der Gedanke, daß sie nicht mehr so behende wie ich ist und daher leicht ins Wasser fallen könnte. Ich erzähle ihr beim Gehen, daß der Fluß oder Kanal als Seitenarm des Nils ins Mittelmeer mündet. Nach einer Weile sehe ich einen großen Vogelkopf aus dem Wasser ragen, dahinter sind noch mehrere zu sehen. Bei diesen Fabeltieren soll es sich um Seelöwen handeln. Dann geht der Steg nicht weiter, man muß sich an dieser Stelle irgendwie hochziehen, um weiterzukommen. Zwischen Steg und Wasser ist jetzt ein Stück Sandboden zu sehen. Die Fabelwesen, die jetzt wie Menschen aussehen, wollen auf den Steg, um sich auch weiter nach oben zu ziehen. Da sie harmlos sein sollen, versuche ich sie wie Hühner oder dergleichen wegzuscheuchen. Dies gelingt mir jedoch nicht; sie kommen jetzt als Menschen dicht heran, daß ich ihre Gesichter sehen kann. Ich lasse mich auf keine Handgreiflichkeiten ein, sondern lasse sie vorbei, nachdem ich meine Mutter etwas hochgehoben habe, damit sie sich in Sicherheit bringen kann. Sie sagt dabei, ich solle ihr nicht wehe tun. Ein Mann, der wohl nicht zu den Fabelwesen gehört, sagt: er wolle auch nach oben, ich solle niemand mehr vorbeilassen. Ich turne dann auch empor und sehe eine flache Landschaft vor mir, ähnlich wie in Ägypten. Ich glaube, der eben erwähnte Mann ist jetzt bei mir. Wir kommen an eine kleine Mauer, an der zwei Männer stehen, der eine davon ist nackt oder halbnackt. Auf der Mauer steht ein Topf mit Wasser. Ich greife nach dem Topf, um zu trinken, und sage den beiden Männern, ich hätte Durst.«

In diesem Traum geht der Träumer jetzt einen Weg nach oben, also zum Bewußtsein hin, der zunächst immer am Wasser des Unbewußten entlang beschritten wird. Er geht zunächst als ein von der Mutter Geführter, was er bis zu diesem Zeitpunkt im Leben auch de facto war. Erst als der Weg nach oben geht, verschwindet die Mutter, und an ihre Stelle tritt der unbekannte Mann als Psychopompos[5]. Hier strömen nun auch die als Fabel-

[5] Psychopompos wird am besten übersetzt mit: der Seelenführer. Tiefenpsychologisch handelt es sich hierbei um eine innerseelische Instanz, die für

tiere symbolisierten Inhalte ins Bewußtsein ein. Sie sind, wie M.-L. von Franz es einmal bezeichnet hat (64), gleichsam »Tier-Menschen-Götter«. In diesen Gestalten ist zu erkennen, daß unsere geistigen und gefühlsmäßigen Innenvorgänge ursprünglich völlig unseren instinktiven, animalischen Verhaltensweisen zugeordnet waren. Diese Figuren sind gleichsam die geistige Innenansicht unserer animalischen Instinkte, die Jung als die Archetypen bezeichnet hat. Wenn im Laufe der Kulturentwicklung sich aus diesen ältesten Tier-Menschen-Göttern allmählich eher rein menschengestaltige Gottheiten entwickelt haben (im alten Ägypten haben die größten Götter noch Tierköpfe), so spiegelt sich darin eine Bewußtseinsentwicklung wider, in deren Verlauf wir uns allmählich des spezifisch Menschlichen unserer Verhaltensweisen bewußt wurden. Das gleiche, was hier in der »Phylogenese«[6] der Kulturentwicklung geschieht, findet auch in der Ontogenese[6] der Bewußtseinsentwicklung statt, was bei unserem Träumer einer zunehmenden Bewußtwerdung unbewußter Inhalte entsprechen würde. Der »fromme« Gedanke, daß Mutter eventuell vom Steg fallen könnte, entspricht hintergründig typischen zwangsneurotischen Ängsten, die er auch im Bewußtsein hat, z. B. sie könne überfahren worden sein, wenn sie ein paar Minuten zu spät aus dem Kino kam.

In prospektivem Sinne steckt eben gerade darin die Tendenz, das Ich aus der zu engen Mutterbindung zu befreien, und im Zusammenhang mit diesem Traum durchbrach der Patient zum ersten Mal eine dichte Mauer von Pietät, die er um die Mutter errichtet hatte. Er berichtet, wie schrecklich es doch in der Kindheit mit ihrer Ängstlichkeit gewesen wäre. Niemals hätten sie bei Ausflügen dahin laufen dürfen, wo es interessant war, und sie hätten dauernd ihren jugendlichen Entdeckerdrang unterdrücken müssen. Zu den Fabelwesen assoziiert er noch den Papageno aus der Zauberflöte von Mozart und die griechischen Kentauren. Es handelt sich hier also offensichtlich um ein Stück

den Ich-Komplex eine richtung- und wegweisende Funktion hat. Ein solcher Seelenführer ist z. B. in der griechischen Mythologie der Gott Hermes, der die Seelen der Abgeschiedenen zum Orkus führt bzw. die Botschaften der Götter an die Menschen vermittelt.

[6] Stammesentwicklung, bzw. Entwicklung des einzelnen Lebewesens.

ganz primitiv-archaischer Männlichkeit, die nicht so recht in der Zivilisation unterzubringen ist und wie die Kentauren auch gefährlich-zerstörerische Kräfte besitzt. Man denke hier an deren Verhalten bei der Hochzeit des Peirithoos. Auf der anderen Seite leben in ihnen auch tiefere natürliche Heilkräfte, die sich in der Figur ihres Königs Cheiron, dem Erzieher des Herakles, verkörpern. In diesem Sinne setzt sich der Patient in dieser Stunde auch mit wilden Zerstörungsdurchbrüchen auseinander, die in der Pubertätszeit bei ihm aufgetreten waren. Am Schluß des Traumes gewinnt er dann doch einen gewissen Anschluß an eine primitive Schattenfigur: Die beiden Männer an der Mauer sind, wie er näher ausführt, recht verwahrlost aussehende Eingeborene gewesen, und dort bekommt er nun zu trinken.

Eine andere Motivwahl zeigt der Initialtraum einer 45jährigen Patientin. Er lautet: »Ich suchte mit meinem Mann das Haus auf, in dem ich ihn ledig kennenlernte. Zusammen wollten wir dann in ein Zimmer gehen, um ungestört beisammensein zu können. Mein Mann lud mich zu sich ein, und ich überlegte noch, soll ich, kann ich, darf ich dort mit ihm zusammensein? Wir bestiegen miteinander die Treppe zum oberen Stockwerk seines Vaterhauses. Dann kam ich statt in das Zimmer meines Mannes in eine Wohnung, deren Anblick mich sehr überraschte. Zuerst betrat ich einen Raum, der die Schlafkammer einer ganzen Reihe von Kindern darstellte – es stand Bettchen an Bett. In dem einen schlief ein Kind tief, neben ihm weinte ein anderes herzzerbrechend vor sich hin, es drückte sich schluchzend in die Kissen. Ein weiteres schrie nach jemandem – alle waren allein, und es hörte sie niemand. Dann stieß ich die Tür zum nächsten Raum auf. Dort bot sich mir ein trauriger Anblick. In der Mitte des Zimmers, ich weiß nicht, war es die Stube oder Küche, saß ein Mann an einem kahlen, ungedeckten Tisch, seinen Kopf schwer auf die Arme gestützt. Er sah ganz traurig aus, richtig verlassen und wahnsinnig allein und einsam. Tränen kullerten ihm über die Wangen auf seine müden, abgekämpften Hände und auf das Brot, das unangerührt vor ihm lag. Um ihn herum waren auch noch Kinder, schon größere, die aber auch alle den Eindruck tiefster Verlassenheit erweckten. Ich sah auf den ersten Blick: Da ist niemand, der zu diesen allen hinschaut, da fehlt die Mutter und die Frau des Mannes. Jemand Fremdes hantierte flüchtig am Herd, aber machte sich dann wieder davon. Richtig gekocht wurde nicht für die Familie. Ich fragte mich voller Entsetzen, ob die Mutter hier wohl gestorben sei oder sonst aus irgendeinem anderen Grund den Mann und die Kinder verlassen habe. Da war doch so viel Arbeit zu tun. Ich faßte das nun als meinen Beruf und meinen Platz auf und legte mir gleich eine Schürze um und fing unverzüglich an, die Arbeit anzupacken, die sich mir so vor die Füße legte. Dabei sah ich, daß ich mich nun ja wieder in meiner Heimat befand, und ich war sehr glücklich darüber, nun doch wieder an meinem Ort gelandet zu sein, da, wo ich hingehörte, nicht in der Welt meines Mannes, sondern bei dieser armen Familie, die dringend meine Hilfe brauchte.«

Diese Patientin hatte bis zum Beginn der analytischen Behandlung in einer extremen Opferhaltung und einem hochgradigen Anpassungszwang ihr ganzes Leben nur in den Dienst ihres Mannes und ihrer fünf Kinder gestellt. Dabei wurde ihre eigene Persönlichkeit und deren Entwicklung völlig behindert und unterdrückt. Der Traum führt ihr diese Situation deutlich vor Augen. Sie geht hier bis in ihre Verlobungszeit, also an den Beginn der Beziehung zu ihrem Mann zurück und gelangt nun auf magische Weise in dem Elternhaus ihres Mannes in diesen anderen Bereich, der ihrem eigenen Ort entspricht. Das Bild zeigt das ganze Ausmaß der unterentwickelten und vernachlässigten Eigenpersönlichkeit. Der Mann entspricht einer Animusfigur, d. h. den eigenen, bisher nicht gelebten Aktivitäten, Anschauungen und Meinungen, die vernachlässigten Kinder entsprechen den infantilen, aber im Grunde genommen entwicklungsfähigen Persönlichkeitsanteilen. Der Traum entwirft gleichzeitig die notwendige Richtung des analytischen Prozesses, nämlich sich in diesem Bereich zu engagieren und den hier eingetretenen Notstand zu beheben. Küche und Herd entsprechen hier auch einer Wandlungssymbolik, da sie der Ort der Nahrungsverarbeitung und -zubereitung sind. Deren mythologische Entspre-

chung ist die Hexenküche oder Alchimistenküche, in denen auch Wandlungsvorgänge vollzogen werden.
Das nachfolgende dritte Beispiel eines archetypischen Initialtraums zeigt ein religiöses Problem und stammt von einer 21jährigen Patientin: »Zusammen mit meiner Freundin gehe ich in eine sehr große katholische Kirche. Wir laufen den Mittelgang nebeneinander her, an einer Gruppe von Leuten, die rechts und links sitzen, vorbei. Dann sind die Bänke wieder leer, und ich sehe ganz am Ende des Ganges einen Papst vor dem Altar erhöht hinter der üblichen hölzernen Abgrenzung stehen. Er sieht uns kommen, und im Hintergrund neben ihm sind wohl noch mehrere Personen sehr undeutlich. Dann weiß ich, daß zwei Männer, die vorn rechts und links stehen, die Meßbuben sind; sie tragen normale Anzüge. Nur der Papst hat ein prächtiges, leuchtend goldgelbes Gewand an. Ich trage einen Strauß dunkler Rosen, die in grobem Papier schlecht eingewickelt sind, und bin froh, als ich sie vor mir auf den Teppich legen kann. Wir knien, und meine Freundin sieht mir zu, wie ich mich bekreuzige, und tut es auch. Ich fühle mich sehr unbehaglich. Der Papst spricht mit meiner Freundin.«
Die Patientin stammt aus einer sogenannten Mischehe, in der der Vater streng katholisch war und die Mutter evangelisch. Die Mutter war in der Ehe sehr dominierend, und so wurden auch die Kinder evangelisch erzogen. Unter dem Druck der sehr ehrgeizigen Mutter hatte meine Patientin sich bereits während der Schulzeit stark überzogen und war dann auch in einen Beruf gegangen, der gar nicht ihren Wünschen entsprach und ihr sehr wenig lag, der aber gute Karrieremöglichkeiten bot. Bereits im 14. Lebensjahr entwickelte sie unter dem Druck dieser Verhältnisse die Zwangsphantasie, wenn die Eltern einmal stürben, entweder ins Kloster zu gehen oder als Schwester in ein Krankenhaus. Der Vater, ein an sich sehr fleißiger Mensch, war im Gegensatz zur Mutter nicht von Ehrgeiz und hochfliegenden Plänen gejagt. Er hatte sogar mehrere Beförderungen ausgeschlagen, um an seinem alten, von ihm geliebten Arbeitsplatz zu bleiben. Bis zum Ausbruch ihrer Symptomatik, die in einem Suicidversuch bei schweren depressiven Verstimmungszuständen

bestand, war meine Patientin vorwiegend mit der Mutter identifiziert und versuchte deren Ansprüche zu erfüllen. Bis zu diesem Zeitpunkt war sie auch in konventionellem Sinne streng religiös evangelisch gewesen und hatte an verschiedenen Jugendorganisationen der Kirche aktiv teilgenommen. Danach waren ihr religiöses Gefühl und ihre religiöse Bindung vollständig verschwunden, und sie konnte an gar nichts mehr glauben.
Der Traum zeigt deutlich, daß das aus dem Bewußtsein verdrängte religiöse Motiv im Unbewußten äußerst aktiv ist. Dabei wendet sich das Traum-Ich der väterlichen Religion, der katholischen Kirche, zu, und der Papst als Ausdruck der archetypischen Vaterimago trägt die gelbe Sonnenfarbe der Bewußtwerdung. Es besteht also offensichtlich eine unbewußte Tendenz, aus der Identifikation mit der Mutter herauszugehen und den Schritt zum Vaterbild zu vollziehen, wobei es auch zu einer tiefgreifenden Auseinandersetzung mit der überehrgeizigen Mutter, deren Lebenslinie nicht für sie paßte, kam, und wobei auch im Verlauf der Analyse ein Berufswechsel vollzogen wurde in Richtung auf den ursprünglichen eigenen Berufswunsch. In die Kirche hinein trägt sie im Traum den großen Strauß roter Rosen, für die Patientin ein Symbol irdischer naturhafter Liebe zwischen Mann und Frau. Offensichtlich sucht hier das Unbewußte eine Verbindung zwischen dem geistig-religiösen Bereich und dem naturhaft-instinktiven, wobei der letztere unter einer sehr puritanischen Erziehung stark unterdrückt worden war.
Die Kombination dieser Symbolik erinnert stark an die des Rosenkreuzes, einer Bewegung, die nach dem 30jährigen Krieg eine neue christliche Weltsynthese suchte, eine Synthese von Wissen und Glauben. Damals drang die junge Naturwissenschaft mit Macht herauf, und der beginnende Rationalismus bedrohte die Kräfte des Glaubens. Die gesamte damalige Menschheit stand in dem beginnenden Konflikt zwischen Wissen und Glauben, der in der kritischen Krankheitssituation auch in der Seele dieser Patientin beginnt. Das Rosenkreuz stellt ein vereinigendes Symbol dar, das zerspaltene Leben doch noch zu einen und die innere und äußere Welt, Glaube und Wissen in Christus zusammenzufassen. (65) Auch das Unbewußte der

Patientin versucht, durch das Einbringen der Natursymbolik und des alltäglichen Lebens, personifiziert durch die Rosen und die alltägliche Kleidung der Meßdiener, diesen Zwiespalt zu überwinden und zu einer neuen Vollständigkeit der Persönlichkeit zu kommen. Es geht hier um die Wiederherstellung einer Ganzheit, wobei Papst, mütterliche Kirche und Rosen sowie der Schattenaspekt der begleitenden Freundin zusammen das Selbst darstellen.

Es sei an dieser Stelle noch darauf hingewiesen, daß das, was hier recht fragmentarisch über die inhaltliche Bedeutung der archetypischen Träume gesagt wird, dem Leser nur einen gewissen Begriff dafür geben soll, welchen Stellenwert der Traum an dieser Stelle des inneren Entwicklungsprozesses hat. Das eigentliche Deutungsverfahren mit ausführlicheren Beispielen wird an späterer Stelle erörtert. Es geht hier mehr darum, einen Eindruck über die Phänomenologie, die Unterscheidung zu den Träumen aus dem persönlichen Unbewußten und die typischen Häufungen von archetypischen Träumen zu vermitteln. Die hier gegebenen Interpretationen beziehen sich natürlich auf die Einfälle der Patienten und eine Kenntnis ihrer Bewußtseinssituation, ohne daß dieser Hintergrund an dieser Stelle ausführlich dargestellt wird.

Kehren wir aber zu unserem ursprünglichen Thema, der Häufung archetypischer Träume, zurück. Es ist zu beobachten, daß gerade an den Stellen des analytischen Prozesses vermehrt archetypische Träume auftreten, wo sich Wandlungen und wichtige Entwicklungsschritte vollziehen. Hierbei können die archetypischen Träume derartige Wandlungsprozesse antizipieren bzw. einleiten oder aber synchron mit einer derartigen Wandlung verlaufen und bereits von den ersten Änderungen von Verhaltens- und Erlebnisweisen begleitet sein. Auch hierfür soll wieder ein Beispiel gegeben werden. Aus der Analyse eines 41jährigen Patienten seien zwei Träume zitiert, von denen der erste relativ frühzeitig am Beginn der Therapie (27. Stunde) die ersten Änderungen von Verhaltens- und Erlebnisweisen einleitet und der zweite gegen Ende der Behandlung erfolgte und von einer gleichartigen Änderung begleitet war. Der Patient suchte die Therapie wegen pathologischer Rauschzustände auf, d. h. bei ihm traten gehäuft schon nach Einnahme kleiner Dosen von Alkohol Dämmerzustände auf, in denen er seine Persönlichkeit stark veränderte und die im längsten Fall über einen Zeitraum von drei Tagen anhielten. Jede Erinnerung an das, was er innerhalb dieser Dämmerzustände getan hatte, war bei ihm vollständig ausgelöscht.

Der Traum des Patienten aus der 27. Behandlungsstunde lautete folgendermaßen: »Ich befand mich zu Hause im Bett und fühlte in Oberkörper, Brust und Rücken einen gleichmäßig starken Schmerz, so als hätte ich einen Panzer um oder wäre eingeschnürt. Es war weder ein ziehender noch ein stechender Schmerz zu verspüren, eher ein gleichbleibender Druck. Dann sah ich mich im Spiegel, nur das Gesicht. Meine Augen waren verklebt und nahezu geschlossen, und außerdem hatte ich über der Nasenwurzel noch ein kleines, ebenfalls beinahe verschlossenes Auge. Das Gesicht hatte seine natürliche Farbe, war aber pergamentartig von vielen kleinen Fältchen durchzogen. Ich stieg dann auf einen Stuhl, und plötzlich quoll aus meinem Munde eine weiß-gelbliche Masse, gallertartig, die nicht in Stükken, sondern ununterbrochen langsam herauskam. Unter mir stand eine Schüssel, in die diese Masse floß. Der Vorgang ähnelte in gewisser Weise der Arbeit eines Fleischwolfs. Dann nahm ich meine rechte Hand und zog die Masse weiter heraus. Plötzlich hatte ich eine weiße Schlange in der Hand. Der Druck wich von mir, ich sprang freudestrahlend vom Stuhl, schaute wieder in den Spiegel und stellte fest, daß mein Gesicht blühend und rosig aussah. Die Falten waren nicht mehr zu entdecken, auch das kleine an der Nasenwurzel befindliche Auge war verschwunden.«

Dem Traum vorausgegangen war eine Labilisierungsperiode mit stärkeren Trinkereien. Als Abschluß dieser Labilisierung erfolgte der Traum. Der Patient berichtete spontan und sehr verblüfft, daß er nach diesem Traumerlebnis eine deutlich erhöhte Aktivität und Leistungssteigerung erfahren hätte. Er selber hatte nach dem Traum das Gefühl, daß in ihm eine Persönlichkeitsveränderung vorging. Die Aktivität blieb in der nächsten Zeit, und er wagte es z. B., sich in der Bahn neben zwei junge Damen zu setzen, ohne wie sonst ausgesprochen verlegen zu sein. Auch geriet er auf einer Hauptstraße in eine Filmaufnahme und ließ sich ruhig mitfilmen, was früher ausgeschlossen gewesen wäre.

Wenn wir uns einige wenige Überlegungen zu diesem Traum und den ihm vorausgehenden und nachfolgenden Ereignissen machen wollen, so können wir sagen, daß der Patient beginnt, sich hier von einem psychischen Inhalt, von dem er unbewußt besessen war, zu befreien. Das dritte Auge auf der Stirn assoziiert er mit der Figur des Polyphem aus der Odyssee. Dabei erinnert er sich an eine schauervolle Buntzeichnung aus dem Sagenbuch seiner Kinderzeit. Mit diesem männlichen Riesendämonen weist das Bild auf die Figur einer chthonischen Vaterimago hin. Polyphem ist der Sohn des Poseidon, ein einäugiger Cyklop, der als Jüngling auf seiner Insel die Nymphe Galathea liebte. Da er von ihr nicht erhört wurde, verfiel er in rasende Wutanfälle und tötete ihren Geliebten Attis. Die Cyklopen verkörpern die blinden Elementargewalten von Sturm und Gewitter. Sie waren es auch, die Zeus Blitze und Donnerkeil als Waffe gegen Kronos gaben. Auf der anderen Seite waren sie diejenigen, die jedesmal hilfreich waren, eine alte Vaterherrschaft abzuschütteln. Sie halfen dem Kronos gegen Uranos und dem Zeus gegen Kronos. Der Polyphem der Odyssee ist der blindwütige, aber auch dumme Riese, der Schlächter und Menschenfresser, der die Gefährten zerreißt und frißt und noch geblendet dem Schiff des Odysseus riesige Felsblöcke nachwirft. Dieser Problematik entspricht, daß bei dem Patienten innerhalb seiner Dämmerzustände schwere Aggressionen und Autoaggressionen vorhanden waren, die auf einer Identifikation mit dem Schatten eines jähzornigen und gewalttätigen Vaters beruhten. Im Traum ist der Patient mit dieser Imago des Vaterarchetyps, die noch weit über den persönlichen Vater hinausgeht, zunächst identisch. Es gelingt dann aber, das Ich aus der Identifikation mit dem Archetyp herauszulösen. Damit können die positiven Seiten dieses Komplexes hervortreten, und die ekelerregende Masse wird zu einer weißen Schlange, die den Charakter einer Geist- und Weisheitsschlange hat, wobei hier nur an das Grimmsche Märchen von der weißen Schlange (61) erinnert sei. Dem entspricht, daß der Patient sich in dieser Behandlungsstunde darüber klar wird, daß er sich von dem Geist einer vom Vater aufgezwungenen sehr einseitigen Internatserziehung trennen muß und tatsächlich auch die Verbindung zu dieser Schule, die er noch immer aufrechterhalten hat, löst. Dafür wendet er sich mehr seiner eigenen, bisher doch recht vernachlässigten Familie zu.

Der zweite Traum desselben Patienten, den ich hier zitieren will, liegt etwa ein halbes Jahr vor Beendigung der insgesamt dreijährigen Behandlung. Dieser Traum lautet folgendermaßen: »Ich befand mich ganz allein in einem Ruderboot, das merkwürdigerweise von einem silbergrauen Tümmler oder Delphin gezogen wurde. Ich hatte richtige Zügel in der Hand, und das Boot glitt sanft durch das hellgrüne Wasser, vorbei an kleineren Felseninseln und Eilanden, auf denen sich nackte Mädchen sonnten, von den Klippen ins Wasser sprangen und im Reigen um mein Boot schwammen. Dann steuerte ich mit dem Tümmler auf eine kleine Insel zu, ging an Land und legte mich an den weißen Strand und ließ mich von den lauwarmen Wellen überspülen. Es war ein wohliges Gefühl, und neben mir lag ein nacktes blondes Mädchen mit langem Haar. Ich hielt es in meinen Armen, und wir küßten uns. Das Boot lag friedlich am Strand, und der Delphin ruhte aus, ohne sich zu bewegen.«

Der Patient steuert in diesem Traum sein Boot allein, indem er die Zügel in der Hand hält. Die triebhaft-animalische Sphäre ist in diesem Geschehen angejocht und den bewußten Intentionen des Ich unterworfen. Der Traum bringt ihm das Erlebnis einer männlichen Geistigkeit, in der der Trieb die Rolle der Zugkräfte spielt und seine Gefährlichkeit verloren hat. Von der Archetypik her klingt in diesem Traum das Gralsmotiv an, eine Entwicklung, die auf sein wahres Selbst und ein erstarktes männliches Ich zuführt. Sehr charakteristisch ist der Wandel der Position des Ich-Komplexes im Vergleich zu dem vorher beschriebenen Traum aus dem Beginn der Behandlung. Wir sehen dort, wie einem eher passiv-femininen Ich das Triebhafte der Überflutung durch den patriarchalen Polyphem einfach geschieht und ohne eigene Intention und Handlung die weiße

Schlange aus ihm geboren wird. Es ist damit im Traum eine Wandlung des Ich aus einem matriarchalen Bewußtseinszustand der reinen Wahrnehmung, der Identität und dem Geschehenlassen in ein patriarchal-aktives Ich eingetreten, das Steuerungsvorgänge übernimmt und aktiv planend und gestaltend handelt. Der Traum leitet hier eine Wandlung im Erleben der eigenen Sexualität des Patienten ein. Der auf der einen Seite recht prüde Patient wurde andererseits häufig von massiven sexuellen Phantasien überfallen und hatte dann eine Neigung zu äußerst primitiver Pornographie, die er mir teilweise mitbrachte und gewissermaßen hinter vorgehaltener Hand zeigte. Durch die Therapie hatte sich die körperliche Beziehung zu seiner Frau gebessert und verlebendigt, und er fing nun an, seine Sexualität und Erotik zu bejahen und auch gute erotische Literatur und Kunst lustvoll und ohne Schuldgefühle zu genießen. Auch hier leitete der Traum eine Wandlung der Einstellung ein.

Archetypische Träume finden sich weiterhin häufig in der Schlußphase einer Analyse. Meistens ist es nicht der letzte oder Abschlußtraum einer Behandlung, sondern die beginnende Ablösung von dem Therapeuten und der therapeutischen Situation wird durch einen derartigen Traum eingeleitet. Hierbei zeigt der Traum oft die Richtung an, in die der weitere Entwicklungs- und Reifungsprozeß tendiert.

Als Beispiel möchte ich hier den Traum eines 20jährigen Jugendlichen anführen, der zu Beginn des letzten Behandlungsmonats geträumt wurde. Er lautete: »Ich war mit meiner Schwester in eine kleine Universitätsstadt gefahren und stromerte allein in der Stadt herum. Ein Flugzeug war da notgelandet, auf einem Platz, der sich auf dem Dach eines Hauses befand. Viele Leute waren da. Unten war eine schmale mittelalterliche Straße wie in meiner Heimatstadt. Dann lief ich diese Straße entlang und kam auf eine schmale Straße, die etwas bergauf von rechts nach links führte. Ich blieb vor einer Zauber-Antiquitätenhandlung stehen. Ich ging rein. Die Besitzerin war etwas füllig und hatte Schleier im Haar. Sie zeigte mir sehr nett ihre wunderbaren Sachen. Hierbei merkte ich, daß sie eine

Hexe war, und überredete sie, mir Zaubern beizubringen. Sie führte mir Tricks vor und ließ eine Kugel verschwinden. Es machte mir große Schwierigkeiten, das nachzuahmen. Ich mußte die Kugel an einer Schnur straff ziehen, Simsalabim sagen und merkte, daß Zaubern schwierig ist. Sie brachte mir allerhand bei, und als ich schon perfekter war, brachte sie mich in ihre privaten Räume. Dort zauberten wir weiter, und der Trick mit der Kugel gelang mir jetzt gut, so gut, daß die Hexe die Kugel fast nicht wieder holen konnte. Wir entdeckten sie dann am Heizkörper, und ich mußte die Kugel fest mit der Schnur neu einwickeln. Als ich es fertig hatte, sagte sie mir, es wäre ein Stück Welt, was ich selbst erschaffen hätte. Ich zweifelte das an, aber sie ging zur Tagesordnung über und schrieb etwas in ihr Buch ein.«

Der Patient war in der Vorpubertät in eine recht schwerwiegende Schicksalssituation hineingeraten: Die an sich angesehene und wohlhabende Familie geriet in eine politische Verfolgungssituation, der Vater wurde verhaftet, die Mutter und die beiden Kinder mußten fliehen. Nach der Flucht gelang es der Mutter nicht mehr recht, mit der Erziehung der beiden Kinder und einem erneuten Existenzaufbau fertig zu werden, die Familie verarmte, und beide Kinder mußten oft weitgehend sich selbst überlassen bleiben. Der sehr intelligente, hochsensible und musisch sehr begabte Patient wurde innerlich und äußerlich mit dieser Situation nicht fertig und mußte wegen einer schweren Arbeitsstörung die Schule nach Wiederholung mehrerer Klassen vor dem Abitur verlassen. Sehr entmutigt und deprimiert, ergriff er einen einfachen handwerklichen Beruf, der ihm gar nicht lag. Innerhalb der Behandlung hatte er allmählich wieder zu sich selbst gefunden und war in die Lage gekommen, sich mit seinen schicksalsmäßigen Gegebenheiten auseinanderzusetzen und diese zu akzeptieren. Die Stadt im Traum ist die Stadt, in der seine ältere Schwester wohnt, und dort befindet sich eine Kunsthochschule.

Innerhalb der Therapie hatte mein Patient nun adaquatere Lebens- und Berufspläne entwickelt und zuletzt beschlossen, eine Ausbildung an dieser Hochschule durchzuführen, was er dann auch mit gutem Erfolg später getan hat. Das abgestürzte Flugzeug entspricht einem hochfliegenden, nicht realisierbaren Plan, den er zu dieser Zeit aufgab. Die Zauberhexe verkörpert als eine mütterliche Figur einen archetypischen Aspekt der Magna Mater, die über Kräfte und Fähigkeiten verfügt, die er noch nicht beherrscht und die sein Ich übersteigen. Sie beinhaltet so einerseits das äußere irdische Schicksal und ist die Herrscherin über die Materie, in die er hineingestellt ist. Andererseits ist sie auch der Repräsentant der Kräfte und Fähigkeiten, die sich in seinem eigenen Unbewußten befinden, durch dessen Analyse er geheilt wurde. Dieser Figur tritt er jetzt als ein Lernender gegenüber, der sich mit Interesse, Zuwendung, Fleiß und Enthusiasmus der Aufgabe zuwendet, neue Fähigkeiten und Möglichkeiten, die ihm von daher angeboten werden, zu entwickeln. Er hat die deprimierte und resignierende Haltung, in der er sich als ein vom Schicksal Verfolgter, als ein Unfähiger und auf andere Menschen Angewiesener erlebte, aufgegeben und findet einen Zugang zu den Schätzen und Möglichkeiten seiner eigenen Person. So symbolisiert diese gute Hexe auch den Zugang zu einer schöpferisch-künstlerischen Gestaltungsfähigkeit, die ja, wie der Traum es sagt, welterschaffenden Charakter hat und der er sich jetzt zu nähern beginnt. Der weitere Entwicklungsweg des Patienten, der mich von Zeit zu Zeit noch unterrichtete, bestätigte, daß er die Antizipation dieses Traumes aufgegriffen hatte und realisierte.

Zum Abschluß möchte ich noch einen Traum zitieren, an dem besonders deutlich die starke emotionale Komponente in den Vordergrund tritt, die archetypische Träume begleiten kann und sie dann zu einem unvergeßlichen Ereignis macht. Es ist der Traum einer 30jährigen Akademikerin, die im Rahmen der heute üblichen konventionellen Religiosität aufgewachsen war und nach ihrer Konfirmation sich überhaupt nicht mehr mit dem religiösen Problem beschäftigt hatte. Innerhalb der analytischen Therapie tauchte es dann mit dem nachfolgenden Traum in sehr dramatischer Form auf, und der Traum leitete bei ihr eine längere Phase der Auseinandersetzung mit den Fragen der Transzendenz ein. Der Traum lautete:

»Ich saß mit meiner Mutter auf dem Balkon unserer alten Wohnung. Der Balkon lag aber nach Südosten, und wir konnten bis weit ins Land hinein sehen. Mein Freund saß auch bei uns. Es war nachts, und am Himmel stand ein sehr helles Licht. Es war so hell, daß man lesen konnte. Ich konnte beobachten, wie das Licht am Himmel wanderte, genau nach Südosten. Es wurde dabei immer heller. Ich war wie erstarrt. Schließlich schien das Licht im Horizont zu versinken; aber plötzlich war es an dieser Stelle heller als taghell. Der ganze Horizont war so hell, daß es in den Augen schmerzte. Zweimal leuchtete es so für kurze Zeit auf, und beide Male sah ich einen alten Mann dort, wie auf einer Wolke, stehen. Ich war erstarrt und konnte mich nicht bewegen. Meine Mutter schien auch beeindruckt zu sein. Nach sehr kurzer Zeit aber hatte sie sich gefaßt und sagte zu mir: ›Hast du den alten Mann gesehen? Er sah genauso aus, wie man sich als Kind den lieben Gott vorstellt. Nun hole zwei Kristallgläser und eine Flasche Wein! Wir wollen auf diesen einmaligen Augenblick in unserem Leben trinken.‹ Als meine Mutter anfing zu sprechen, wachte ich aus meiner Erstarrung auf und bekam jetzt so etwas Ähnliches wie Schüttelfrost. Ich hatte das Gefühl, eine zentimeterdicke Gänsehaut zu haben, meine Zähne schlugen aufeinander, ich mußte fortwährend stöhnen, und mein Körper bebte so, daß ich mich nur mit aller Gewalt aufrecht halten konnte. Ich war nach diesem Traum auch so aufgeregt, daß ich nicht wieder einschlafen konnte. So hat mich noch nie ein Traum mitgenommen.«

Der Traum enthält das charakteristische Lichtphänomen, das wir sowohl aus der abendländischen als auch aus der orientalischen Mystik bei der Begegnung mit dem Göttlichen kennen, und erinnert in der Kraft der Erschütterung an die Bedrohung, die von der direkten Ansicht des Gottesbildes ausgeht. Semele, die Mutter des Dionysos und die Geliebte des Zeus, zwang den Gott durch ein Versprechen, sich ihr in seiner wahren Gestalt zu zeigen, und verbrannte daraufhin unter seinen Blitzen.

Der Traum ist ein besonders gutes Beispiel, wie hochgradig ein derartiges inneres Traumerlebnis mit Affektivität und Emotionalität aufgeladen sein kann. Es ist natürlich nicht so, daß wir eine derartige starke Emotion bei jedem archetypischen Traum erwarten müßten. Es gibt auch Träume aus dem persönlichen Unbewußten, die mit starken Affekten und Emotionen aufgeladen sind.

In einem weiteren Bereich der Psychopathologie, bei den Psychosen, kann es geradezu zu einer Überschwemmung mit archetypischem Material kommen. Bei einigen Psychoseformen finden sich ganze Serien von archetypischen Träumen, Phantasien und Halluzinationen, die das Ich und das Bewußtsein inflationiert haben. Durch die starke und hochgradige Abspaltung, die das Ich vom pathologischen Komplex in der Psychose erfährt, wächst auch die Anreicherung des Komplexmaterials mit mythologischen und bewußtseinsfremden Assoziationen. So kann durch eine solche Flut von archetypischem Traummaterial im Beginn oder während einer Analyse auch ein diagnostischer Hinweis auf Psychosegefährdung oder Psychoseäquivalente gegeben werden. Über die Technik, wie mit diesem Material umzugehen ist, bestehen verschiedene Anschauungen. Es ist auf jeden Fall gefährlich, diesen Prozeß durch Interesse, Aufmerksamkeitszuwendung und Bestätigung noch zu fördern. In Analytikerkreisen wird oft die Auffassung vertreten, daß in solchem Falle einer Überschwemmung der Therapeut sein Interesse von den Träumen fort und mehr der Realitätsbewältigung zuwenden sollte. Andere, wie M.-L. v. Franz (20), stehen auf dem Standpunkt, daß man auch in derartigen Fällen mit einem subtil richtigen Verständnis der Träume und einer entsprechenden Deutung mit Hilfe des Unbewußten selbst dieser Gefahr besser Herr wird, da auch der vom Unbewußten selbst vorgeschlagene Weg auf den Analysanden überzeugender zu wirken pflegt als jede technische Maßnahme, die der Analytiker von sich aus unternimmt. Die Erörterung dieses Problems geht aber bereits in den Bereich der Deutungsverfahren über, von denen ausführlicher an einer späteren Stelle gesprochen werden soll.

Fassen wir nun noch einmal zusammen, was im Verlaufe dieses Kapitels über die Häufung archetypischer Träume gesagt worden ist. Solche Häufungen finden sich:

A. Während des üblichen gesunden Lebensablaufes:

1. In allen Schwellensituationen des psychischen Entwicklungsprozesses, wobei nach einigen Autoren wie Jung, Wickes, Fordham u.a. (11, 66, 67) sich eine besondere Häufung in der Frühkindheit in Verbindung mit der Ichbildung findet.
2. In lebensentscheidenden Situationen und größeren Krisen.
3. In Verbindung mit schöpferischen und künstlerischen Prozessen, wo bei besonders schöpferisch veranlagten Menschen meist eine erhöhte Durchlässigkeit der Bewußtseinsgrenze gegenüber den Inhalten des kollektiven Unbewußten besteht.

B. Während einer psychischen Erkrankung oder eines analytischen Behandlungsprozesses:

1. Bei Beginn oder beim Ausbruch einer neurotischen Symptomatik oder dieser vorausgehend.
2. Innerhalb der Initialphase einer Therapie in der Gruppe der Initialträume.
3. Während der Krisen- und Wendepunkte einer Behandlung, in denen Wandlungsvorgänge des Erlebens oder Verhaltens einsetzen.
4. In der Abschlußphase einer Therapie in Zusammenhang mit der Ablösung vom therapeutischen Prozeß und der Person des Therapeuten.
5. Beim Hervortreten von manifesten oder latenten psychotischen Inhalten im Sinne einer Inflation des Bewußtseins.

# IV. Die kompensatorische Funktion

Der Dichter August Strindberg hat uns ein Beispiel hinterlassen, aus dem sehr deutlich das ersichtlich ist, was die Analytische Psychologie heute unter der kompensatorischen Funktion der Träume versteht. Strindberg berichtete (43):

»Eines Morgens erhielt ich einen Brief von 20 Quartseiten aus Amerika. Mir ist bange vor langen Briefen. Sie beginnen immer mit Schmeicheleien und enden mit Schelte. Ich las indessen, wie gewöhnlich, erst den Namen; der war mir unbekannt. Darauf blickte ich hier und dort hinein und sah, es war so einer, der mich beeinflussen wollte. Ein Wort stach mich wie eine Nadel, und ich riß den Brief in kleine Stücke, die ich in den Papierkorb legte.

In der Nacht träumte mir, der merkwürdige Mann, der noch nach seinem Tod meine Schritte zu leiten schien, zeigte mir eine alte Handschrift gegen das Licht; da sah ich wie in Wasserzeichen eine andere Schrift zwischen den Zeilen. Gleich darauf wurde mir ein abgerissener Draht aus Blei gezeigt; bei näherem Zusehen bestand die Bruchfläche aus Gold.

Als ich am Morgen erwachte, verstand ich den Traum in seiner ganzen klaren Symbolik. Ich ging zum Papierkorb, sammelte die Stücke von dem Manuskript des Unbekannten; brachte sechs Stunden damit zu, sie zusammenzufügen. Dann begann ich zu lesen.«

Das geschilderte Ereignis zeigte sehr deutlich, wie zunächst das von der Angst vor Aggression beeinflußte Bewußtsein des Dichters von dem Inhalt des Briefes keine Kenntnis nehmen will. Er lehnt die Nachricht im Vorurteil befangen ab und vernichtet das Schreiben. Es handelt sich hierbei offensichtlich um ein Verhalten, das falsch und gefährlich ist, weshalb sich in der Nacht das Unbewußte einschaltet. Es taucht eine »wissendere« Persönlichkeit auf, der »merkwürdige Mann«, der offenbar eine gewisse Führungsfunktion gegenüber dem Ich ausübt und es dahin leitet, sich die Schrift wirklich genau anzusehen. Es geschieht im Traum genau das Gegenteil dessen, was im Wachbewußtsein der Fall war, nämlich nicht ein flüchtiges Überfliegen der Schrift, sondern ein eher übergenaues minuziöses Hinsehen und Untersuchen, wodurch ein hintergründiger Inhalt sichtbar wird. Mit dem Draht, der nach Blei aussieht und doch aus Gold ist, taucht dann die Wandlungssymbolik auf. Dieses Motiv erinnert an den alchimistischen Prozeß mit der Suche nach der Verwandlung der unedlen in die edlen Metalle. Psychologisch gesehen, wird hier der Tatbestand angesprochen, daß gerade im Bereich dessen, was vom Bewußtsein als beängstigend, minderwertig oder negativ angesehen wird, das eigentlich Wertvolle und Heilsame liegen kann.

Die kompensatorische Funktion der Träume besteht darin, daß durch den Traum dem Bewußtsein diejenigen Seiten oder Anteile nahegebracht werden, die der bewußten Einstellung zu einem vollständigen Erleben und zu einer besseren Beurteilung der Situation fehlen. Dieses kompensatorische Element wird nun um so deutlicher und dringlicher, je weiter sich die augenblickliche Bewußtseinslage von den im Unbewußten herrschenden Gegenkräften entfernt. Jung (39) zitiert als ein besonders krasses Beispiel eines solchen Kompensationsversuches vom Unbewußten den bekannten Traum des Nebukadnezar aus dem Buch Daniel (IV/7), in dem der König mit einem Baum identisch ist, der aus der Erde gerissen und gefällt werden soll. Der Sinn dieses Traumes ist unmißverständlich ein Versuch zur Kompensation des beginnenden Cäsarenwahns beim König und wird auch von Daniel entsprechend gedeutet. Jung führt zu diesem Problem der Kompensation wörtlich aus:

»Je einseitiger und je weiter wegführend vom Optimum der Lebensmöglichkeit die bewußte Einstellung ist, desto eher ist die Möglichkeit vorhanden, daß lebhafte Träume von stark kontrastierendem, aber zweckmäßig kompensierendem Inhalt als Ausdruck der psychologischen Selbststeuerung des Individuums auftreten. So wie der Körper ebenfalls in zweckmäßiger Weise auf Verletzungen oder Infektionen oder abnorme Lebensweise reagiert, so reagieren auch die psychischen Funktionen auf unnatürliche oder gefährdende Störungen mit zweckmäßigen Abwehrmitteln. Zu diesen zweckmäßigen Reaktionen gehört m. E. der Traum, indem er zu einer gegebenen Bewußtseinslage das unbewußte, dazu konstellierte Material in einer symbolischen Kombination dem Bewußtsein zuführt. In diesem unbewußten Material finden sich alle diejenigen Assoziationen, die um ihrer schwachen Betonung willen unbewußt bleiben, die aber doch so viel Energie besitzen, um sich im Schlafzustande bemerkbar zu machen. Natürlich ist die Zweckmäßigkeit des Trauminhaltes nicht dem manifesten Trauminhalt ohne weiteres schon von außen anzusehen, sondern es bedarf der Analyse des manifesten Trauminhalts, um zu den eigentlich kompensatorischen Faktoren des latenten Trauminhaltes zu gelangen. Von dieser wenig offenkundigen, sozusagen indirekten Natur sind aber die meisten körperlichen Abwehrerscheinungen, deren zweckmäßige Natur auch erst durch vertiefte Erfahrung und genaue Untersuchung erkannt worden ist. Ich erinnere an die Bedeutung des Fiebers und an die Eiterungsvorgänge in einer infizierten Wunde.«

Aus diesen Ausführungen ist ersichtlich, daß die Kompensationslehre als eine Grundregel des psychischen Verhaltens überhaupt angesehen werden kann. In dem Verhältnis zwischen Bewußtsein und Unbewußtem besteht ein fein abgewogenes Beziehungssystem. Wo auf der einen Seite ein Zuwenig auftritt, da entsteht auf der anderen sofort als Ausgleich ein Zuviel und umgekehrt. Dieses kompensatorische Element ist von einer Wunscherfüllung dadurch unterschieden, daß es sich um eine ernst zu nehmende Tatsächlichkeit handelt, die als mitbestimmender Faktor in das Bewußtsein aufgenommen werden muß und nicht als illusionäre Erwartung verworfen werden kann. Auf der anderen Seite ist es natürlich auch nicht möglich, den kompensatorischen Inhalt, der vom Unbewußten angeboten wird, einfach an die Stelle des Bewußten zu setzen. Durch eine solche Manipulation entstünde lediglich eine Umkehrung der Verhältnisse, und der vorher im Bewußtsein liegende Inhalt würde jetzt ins Unbewußte abgedrängt. Sinn und Ziel der Kompensation kann nur darin bestehen, einen Ausgleich der existenten Gegensätze zu suchen und eine Integrierung des unbewußten Inhaltes in das

Bewußtsein in einer Form durchzuführen, die für dieses auch akzeptabel ist. Von dieser Überlegung her ist auch das sehr konkretistische Verhalten Strindbergs auf seinen Traum hin in bezug auf die Besserung seiner Erkrankung von wenig Erfolg gewesen.

Ich möchte zunächst dieses Problem an einem Beispiel erörtern. Eine 26jährige Patientin träumte etwa in der Mitte ihrer Behandlungszeit folgenden Traum: »Ich sah in der elterlichen Wohnung aus dem Fenster. Auf der Seite gegenüber war Sonnenschein. Da ging eine gleichaltrige Frau aus dem Hinterhaus mit ihrem Kind spazieren. Ich hatte ein Kind im gleichen Alter, das etwa 2 Jahre alt war, und ging dann auch mit diesem auf der Schattenseite spazieren. Sie rief mich hinüber, und ich ging zögernd auf die andere Seite. Dann war sie weg, und ich ging allein mit meinem Kind auf der Sonnenseite.«

Die Träumerin ist die Tochter eines sehr ordentlichen und korrekten Beamten, hatte selbst eine Beamtenlaufbahn eingeschlagen, aber einige Zeit vor Beginn der Analyse geheiratet und aufgehört zu arbeiten. Obwohl sie ein recht lebhafter und interessierter Mensch war, bemühte sie sich, immer äußerst solide zu sein. Sie war eine sehr fleißige, brave und eigentlich immer ordentliche Tochter gewesen und war bestrebt, in ihrer Ehe die gleiche korrekte Rolle auszufüllen. Die Frau, die sie auf der Sonnenseite der Straße spazierengehen sieht, ist eine nur geringfügig ältere Freundin aus der Kinderzeit, mit der sie zusammen eingeschult worden ist und mit der sie bis zu ihrem 17. Lebensjahr befreundet war. Diese war mit 14 Jahren erheblich weiter entwickelt als sie, bekam Interesse an Jungenfreundschaften, bestimmten Kinovorstellungen etc. Sie hätte ihrer Mutter auch Geld aus dem Portemonnaie geklaut, wäre abends in Parkanlagen zu sehen gewesen, und schließlich sei der Patientin der Umgang mit dieser Freundin verboten worden. Diese ganze Beziehung hätte so etwas Prickelndes für sie gehabt, einerseits habe sie sie beneidet, andererseits sei sie schon etwas verwahrlost gewesen, sie hätte eben gestohlen und sei aus verschiedenen Stellungen herausgeworfen worden. Inzwischen sei sie aber längst

verheiratet und hätte 2 bis 3 Kinder, während sie selbst noch immer ungeduldig auf das erste Kind warte.
Es ist sehr deutlich, daß diese Freundin, mit der sie äußerlich seit vielen Jahren keine Beziehung mehr hat, einen Schattenaspekt der Träumerin selbst darstellt. Zu dem persönlichen Schatten gehören ja alle diejenigen Inhalte unserer Psyche, die während des Lebens vom bewußten Ich bzw. dem kollektiven Bewußtsein als negativ und minderwertig erlebt werden und deshalb nicht zugelassen, verdrängt oder verworfen werden. Diese Freundin hat offenbar Triebansprüche, die sich hier vorwiegend auf Sexuelles, Orales und Aggressives beziehen, sehr viel weitergehend gelebt als meine brave und ordentliche Patientin, die mit einer Mischung aus Neid und Erschauern auf so viel Verworfenheit blicken mußte. Trotzdem erlebt sie nun im Traum, daß diese Freundin auf der Sonnenseite spazierengeht. Die Sonnenseite symbolisiert hier eine erfüllte Triebwelt, die das Leben mit Wärme und Lebendigkeit bereichert und auch zu einer größeren Bewußtwerdung führt. Das Erleben gerade dieser dunklen und abgewehrten Seite in ihr selbst fehlt meiner Patientin, und sie benötigt es zur Vervollständigung ihrer Persönlichkeit.
Eine bloße Übernahme dieses Bereiches und eine Identifikation des Ichkomplexes mit dieser Schattenfigur wäre aber für sie ganz sicher keine Lösung ihres Problems. Sie würde damit nur eine Verwahrlosungssymptomatik entwickeln, die sie wahrscheinlich in Konflikte brächte, mit denen sie nicht mehr fertig werden würde. So bleibt es in diesem Traum zunächst bei der distanzierten Begegnung mit der Freundin, die aber doch dazu führt, daß die Träumerin sich auf die andere Straßenseite begibt und nun selbst in der Sonne spazierengeht. Das kompensatorische Element dieses Traumes besteht einmal darin, dem Bewußtsein den verdrängten Bereich in der Personifikation der Freundin vor Augen zu führen, und zum anderen, das Ich zu veranlassen, sich diesem Erleben auszusetzen. Der Träumerin soll ihre Schattenseite bewußt werden, ohne daß sie sich mit ihr identifiziert. Die Patientin kann nach diesem Traum zum erstenmal bisher stark verpönte Neidgefühle zugeben und gleichzeitig be-

richten, daß sie starke unbestimmte Sehnsüchte und eine innere Unruhe verspürt. Sie habe sich in diesem Zustand schließlich dadurch geholfen, daß sie für zwei bis drei Stunden bastelte, etwas, das sie seit ihrem 14. Lebensjahr nicht mehr getan habe.

An diesem Beispiel wollte ich einen kompensatorischen Vorgang schildern, der gleichzeitig verdeutlichen kann, wie der Begriff der Kompensation gegenüber dem Begriff der Komplementarität abzugrenzen ist. Durch die Entdeckungen der heutigen Physik hat sich dieser Begriff der Komplementarität immer weiter in den Vordergrund gespielt. Die Atomphysik hat es, ähnlich wie die Psychologie, mit einem total unanschaulichen Forschungsobjekt zu tun. Bei beiden kann das Objekt durch anschauliche Bilder nur noch in der Art interpretiert werden, indem man mehrere derartige Bilder, die einander an sich widersprechen, jeweils zur Darstellung bestimmter Konstellationen benutzt. Ein klassisches Beispiel hierfür sind die verschiedenen anschaulichen Bilder des Atommodells.

So kann man z. B. das Bohrsche Atom als ein Planetensystem im kleinen beschreiben: In der Mitte ein Atomkern und außen Elektronen, die diesen Kern umkreisen. Für andere Experimente aber mag es zweckmäßig sein, sich vorzustellen, daß der Atomkern von einem System stehender Wellen umgeben ist, wobei die Frequenz der Wellen maßgebend ist für die vom Atom ausgesandte Strahlung. Schließlich kann man das Atom auch als einen Gegenstand der Chemie ansehen. Man kann seine Reaktionswärme beim Zusammenschluß mit anderen Atomen berechnen, aber dann nicht gleichzeitig etwas über die Bewegung der Elektronen aussagen. Diese verschiedenen Bilder sind also richtig, wenn man sie an der richtigen Stelle verwendet, aber sie widersprechen einander, und man bezeichnet sie daher als komplementär zueinander. Die Unbestimmtheit, mit der jedes einzelne dieser Bilder behaftet ist und durch die Unbestimmtheitsrelation ausgedrückt wird, genügt eben, um logische Widersprüche zwischen den verschiedenen Bildern zu vermeiden. (68)

Selbstverständlich ist eine derartige Komplementarität auch zwischen Traumerleben und Wacherleben aufzufinden. Der Kompensationsbegriff ist demgegenüber aber der weitere und der umfassendere. Er bedeutet, wie Jung es ausgedrückt hat, gewissermaßen eine psychologische Verfeinerung des Prinzips der Komplementarität. Er ist dies insofern, als er durch die Gegeneinanderhaltung und Vergleichung verschiedener Daten und Standpunkte zu einem Ausgleich oder einer Berichtigung zwingt. (13)

Ich hoffe, daß an dem vorangegangenen Beispiel diese Gegeneinanderhaltung und Vergleichung verschiedener Daten und Standpunkte deutlich geworden ist. Das Unbewußte greift hier zunächst auf den genetischen Aspekt von Kindheit und Pubertät zurück, indem es den Traum von der Kinderfreundin anbietet und gleichzeitig zu einer Auseinandersetzung mit der Vaterfigur und den kollektiven Moralvorstellungen zwingt. Erst nachdem das Ich der Patientin nicht mehr mit diesen Kollektivvorstellungen identisch ist und anfängt, sich eigene Urteile zu bilden und auch das Risiko der Verselbständigung und eines eigenen Weges auf sich nimmt, führt das Unbewußte im zweiten Traum die Träumerin selbst in diesen bisher verbotenen und tabuierten Bereich und läßt sie die eigene Triebwelt erleben. So bringt es die Patientin zu einem Ausgleich und zu einer Berichtigung des bisherigen Standpunktes, der ihrem wirklichen Wesen nicht entsprach.

Ich möchte nun doch ein weiteres Beispiel anführen, in dem das kompensatorische Element des Traumes innerhalb des assoziativen Prozesses einer Analysenstunde besonders deutlich wird. Auch hier handelt es sich wieder um einen Traum aus dem persönlichen Unbewußten. Ich habe in diesen Beispielen absichtlich mehr alltägliche und häufiger vorkommende Träume gewählt, obwohl die kompensatorische Funktion in den archetypischen Träumen oft sehr viel deutlicher erscheint. Dies hängt mit der starken Gegensatzspannung und der erheblich größeren Differenz zwischen dem bewußten und dem unbewußten Standpunkt zusammen, der beim Auftreten der Archetypik vorhanden ist. Die Träume aus dem persönlichen Unbewußten sind aber das tägliche Brot unserer Arbeit, und es erscheint außerdem wichtig, das kompensatorische Element auch da zu erkennen, wo es nicht

so deutlich auf der Hand liegt, sondern erst aus der Gesamtsituation und den Assoziationen erschlossen werden muß.
Der hier folgende Traum stammt von einem 33jährigen Kaufmann, der sich ein kleines Geschäft aufgebaut hatte, das allerdings in relativ enger Verflechtung mit der größeren Firma seines Vaters stand. Er hatte sich mit diesem erfolgreichen Vater stark identifiziert, und es bestand zu Beginn der Behandlung eine erhebliche innere und äußere Abhängigkeit zu diesem. Der Traum stammt aus einer Behandlungsphase, in der diese Abhängigkeit sich zu lockern und aufzulösen begann.
Er lautete: »Ich fuhr mit meinem Vater, der steuerte, im Auto eine große Einkaufsstraße entlang, und wir hielten rechts an einem Textilhaus. Ich ging hinein, um mir dort einen Anzug zu kaufen. Ich zog mir dort die Hose aus und griff mir was von den Regalen. Dann wollte mir eine Verkäuferin einen Sakko geben, der nicht zur Hose paßte. Die Hose war dezent gemustert, das Jackett grell und wirr. Ich gab alles zurück, zog meine alte Hose an und ging raus.« Der Patient teilte nun in der Stunde mit, daß er früher immer seine Anzüge zusammen mit dem Vater eingekauft hätte, und auch dieser hätte ihn mitgenommen, wenn er sich etwas kaufte. Jetzt ginge er aber in der Regel zusammen mit seiner Frau zu solchen Einkäufen.
Dann berichtet er, daß am Vortag ein Gesellschaftervertrag zwischen ihm und seinem Vater unterschrieben werden sollte, den er schon über längere Zeit sorgfältig in Zusammenarbeit mit einem Notar vorbereitet hatte. Dieser Vertrag sollte ihm eine größere Selbständigkeit gewähren, und sein Vater hatte sich mit ihm einverstanden erklärt. Als nun beim Notar die Unterschriften vollzogen werden sollten, weigerte der Vater sich plötzlich zu unterschreiben und verlangte noch zusätzliche Sicherheitsleistungen. Mein Patient bekam darauf einen Wutanfall und schrie seinen Vater an, der dann doch unterschrieb. Anschließend brauchte er, wie er sagte, einen doppelstöckigen Gin, um darüber hinwegzukommen, daß sein Vater wieder alles verdrängt hatte, was vorher ausgemacht worden war.
Zu der Verkäuferin fällt ihm seine Frau ein, die eigentlich nicht in einen Herrenbekleidungsladen gehöre. Es hätte ihn im Traum

aber nicht gestört, dort ohne Hose herumzustehen. Seine Frau könne seinen Vater gar nicht leiden. Sie wäre bei jedem Zusammentreffen mit ihm in sehr gereizter Stimmung, es gäbe fast immer Krach, wobei sie heftige Affektausbrüche hätte.

Ich deute nun dem Patienten an dieser Stelle, daß der Traum ihm offensichtlich sagen wolle, daß er in zu starkem Maße die affektive Haltung seiner Frau gegenüber dem Vater (symbolisiert durch das grelle und wirre Jackett) übernommen hätte, die zu der Situation und seiner Persönlichkeit anscheinend nicht recht passe.

Der Patient, der zunächst recht stolz darauf war, daß er es dem Vater so gegeben hatte, wurde daraufhin nachdenklich und meinte, daß er bereits ein untergründiges Gefühl gehabt habe, an der Situation gescheitert zu sein. Er hätte den alten Herrn besser durch den Urkundenwald leiten sollen, habe aber die Übersicht verloren, weil er sich zu stark mit ihm identifiziert habe. Auch sei es ihm vor dem Anwalt peinlich gewesen, daß der Vater nicht unterschrieben habe. Dadurch hätte sich seine ganze Wut auf die Einstellung des Vaters entladen.

Dieser Traum und der Ausschnitt aus der Behandlungsstunde zeigen deutlich, wie hier die kompensatorische Funktion ansetzt. Sie bringt dem Träumer zum Bewußtsein, daß die innere Ablösung von den Eltern nicht bedeutet, daß er eine negative Affekt- und Gefühlslage ihnen gegenüber einzunehmen habe und daß seine Befriedigung über den Wutausbruch ganz unangebracht ist. Sie paßt nicht zu seiner Persönlichkeit, und er hätte noch weiter zu suchen, bis er die »passende Jacke« fände. Die Ablösung von einer dominierenden Elternfigur besteht ja in der Entwicklung einer menschlichen Beziehung auf einer anderen Ebene, nicht mehr auf der Kind-Vater-Ebene, sondern auf der zweier selbständiger Erwachsener, und nicht in negativen Affekten oder in einer Beziehungslosigkeit.

Wie an dem ersten Beispiel der Patientin, die sich mit ihrer Schattenproblematik auseinanderzusetzen hat, besonders deutlich geworden ist, erfolgt die eigentliche Änderung der Erlebnis- und Haltungsformen erst, nachdem das Traum-Ich handelnd das bisher Unerlaubte tut. Auch in dem letzten Traum ist es wieder der Träumer selbst, also das Traum-Ich, das sich die wirre Jacke an- und wieder auszieht und damit in die Lage kommt, seine Situation durch eine echte Einsicht zu ändern. Ich habe an anderer Stelle ausführlicher darauf hingewiesen, welche Rolle das Traum-Ich innerhalb der kompensatorischen Funktion bei den bewußtseinsbildenden Prozessen spielt und wie es hier als eine Brücke zwischen dem Unbewußten und der Korrektur der bewußten Einstellung wirkt. (69) So soll dieses Problem hier nur kurz abgehandelt werden.

Für das normale Erwachsenenleben haben wir im Traum das letzte Stück einer subjektiven Phantasiebildung vor uns, die hinsichtlich ihrer Libidobesetzung ein durchaus ähnliches Realitätsgefühl hat wie die Spielphantasie des Kindes, die schöpferische Phantasie oder im pathologischen Falle die Psychosephantasie. Schon sehr frühzeitig in seiner Traumdeutung (1) hat Freud darauf hingewiesen, daß Figuren oder Handlungsvollzüge im Traum projizierte Darstellungen des Ich sein können. Diese Bemerkung ist später von Stekel zu seiner funktionalen Traumdeutung (70), von Jung zur Deutung auf der Subjektstufe (die später ausführlich behandelt wird) erweitert worden. Hierbei spricht Jung nicht mehr allein von Projektionen des Ichkomplexes, sondern von projizierten Darstellungen der eigenen Seelenlage. Entsprechend dem Satz von der psychischen Realität wird nicht mehr davon gesprochen, daß diese Traumelemente dem Ich zugehören, sondern sie sind Nicht-Ich und gehören nur in dem weiteren Zusammenhang des Selbst[7] zur Gesamtpersönlichkeit.

Es muß nun hier zunächst einiges über Abgrenzung und Definition des Ichkomplexes gesagt werden. Jung hat in »Psychologische Typen« eine Definition (6) gegeben, die weitgehend vom Bewußtsein her orientiert ist. Er versteht hier unter dem Ich einen Komplex von Vorstellungen, der das Zentrum des Bewußtseinsfeldes ausmacht und von hoher Komplexität und Identität mit sich selbst zu sein scheint. Mit dieser Bestimmung sind aber die unbewußten und vorbewußten Anteile des Ich,

[7] Unter dem »Selbst« wird hier die Totalität aller psychischen Vorgänge verstanden.

wie z. B. das Traum-Ich oder die von Hartmann (71) hervorgehobene Schicht der Ich-Automatismen nicht erfaßt. Nach der Definition von Hartmann ist das Ich eine Substruktur der Persönlichkeit, die durch ihre Funktionen definiert ist. Jung hat dann später 1951 im Aion (72) und 1955 im Mysterium Conjunctionis (38) seine Definition des Ichkomplexes erweitert und verschärft, so daß hier auch die unbewußten Anteile mitenthalten sind. Eine gewisse sinngemäße Ähnlichkeit mit den Auffassungen und Positionen der Analytischen Psychologie scheint mir in den Definitionen zu liegen, die Federn für den Ichkomplex vorgeschlagen hat (73) und in der auch die unbewußten Anteile des Ich miterfaßt sind. Spätere Entwicklungen im Bereich der Analytischen Psychologie über den Aufbau des Ich, wie die von Fordham (67) und Kadinski (74), beziehen diesen Bereich ebenfalls mit ein. Ich möchte dementsprechend das Traum-Ich ausdrücklich als zum Ichkomplex gehörend ansehen. Die Unterscheidung zwischen den Traumelementen und Traumhandlungen, die zum Ich, und denen, die zum Nicht-Ich gehören, liegt in der Besetzung mit dem Ichgefühl. Praktisch heißt das also an dem vorher gegebenen Beispiel: Die Freundin, die auf der Sonnenseite geht und die verbotenen Dinge getan hat, gehört zu einem Bereich, den wir als Nicht-Ich bezeichnen wollen, obwohl sie als eine Schattenfigur der Träumerin auch in den Bereich der Gesamtpersönlichkeit der Patientin gehört. Erst als die Patientin selbst, bzw. ihr Traum-Ich, die verbotenen Handlungen ausführt, geraten diese in den Bereich der unbewußten Anteile des Ichkomplexes. Hiermit wird dann auch eine Möglichkeit gegeben, sie bewußt zu akzeptieren.

Ich möchte für diesen Prozeß noch ein anderes Beispiel geben: Eine 29jährige Patientin, Hausfrau und Mutter von zwei Kindern, ist unter einer von ihrer Umwelt kräftig geförderten Bescheidenheitsideologie aufgewachsen, die so weit ging, daß sie sich schon als Kind weder zum Geburtstag noch zu Weihnachten etwas wünschen konnte. Sie hatte einfach keine Wünsche. Schon in ihrem Initialtraum zeigt sich die Abwehr eines oralen Wunschimpulses durch das Traum-Ich. Er lautete: »Ich war aus dem Krankenhaus entlassen worden. Die Straßenbahn, mit der wir fahren wollten, war sehr voll. Ein einzelner Wagen stand etwas dahinter, der für uns mit Betten ausgestattet war. Wir stiegen ein und freuten uns, daß wir reservierte Betten haben sollten, aber die Bahn war schon vollbesetzt und von Betten keine Spur.«

Wie man an diesem Traum sieht, taucht aus dem Unbewußten die Vorstellung von Bequemlichkeit, einer gewissen Bevorzugung, Rücksichtnahme auf ihren Zustand und Ruhe auf, die aber in dem Augenblick, als das Traum-Ich diesen Bereich in Anspruch nehmen will, wieder verschwindet. Lange Zeit hindurch wurden in der Behandlung alle derartigen aus dem Unbewußten auftauchenden Impulse gleicherweise vom Traum-Ich abgewehrt bzw. nicht in Anspruch genommen. So ging sie z. B. in anderen Träumen zum Markt, aber auf den Ständen waren keine Waren, die Verkäuferin im Geschäft gab ihr nicht die gewünschten Dinge, die Obstbäume in ihrem Garten waren entlaubt und ähnliches.

Erst in der 105. Stunde begannen sich die Traumbilder zu ändern. Hier wagte die Patientin zum erstenmal, sich die Erfüllung eines Bedürfnisses zu erträumen: »Ich ging in die Kantine. In der Kantine ist es sehr schön. Man hat keine Arbeit, und man kann sich die Nachbarn aussuchen. Wir waren alle fröhlich, und man empfahl mir ein besonders schönes Tortenstück. Ich tat einen Blick ins Geld, und es ging gerade noch. Aber da waren noch einige runde Stullen, die halbiert werden mußten, die sollten auch gut sein und waren mit Mettwurst belegt. Sie kosteten eine Mark. Mich leckerte sehr danach, und so opferte ich schweren Herzens dafür meine letzte Mark und genoß dann die Freude, so etwas Seltenes zu haben und zu schmecken.«

Als die Patientin aus diesem Traum erwachte, stand sie auf, zog sich an, ging in ein Modegeschäft und kaufte sich hier erstmalig allein und selbständig von ihrem Wirtschaftsgeld eine Bluse. Bisher hatte sie noch nie in ihrem Leben einen Einkauf für sich allein gemacht. Immer mußte jemand mitkommen und ihr sagen, was sie nehmen sollte. Früher war es die Mutter, jetzt der Ehemann, und immer waren solchen Käufen umständliche Planungen vorausgegangen. Hier ist noch hinzuzufügen, daß hinter dem Erwerb gerade einer Bluse noch anderes und Tieferes steht. Die Patientin nimmt in dem Kauf der Bluse als Symbol das erste Mal ein Stück eigener Weiblichkeit an, eine Problematik, die auch um diese Zeit in der Analyse aktuell war. In diesem Beispiel ist auch wieder deutlich zu sehen, wie die kompensatorische Funktion, durch die ihr eigenes Unbewußtes ihr andauernd die fehlende Seite anbietet, erst dann richtig akzeptiert werden kann, als das Traum-Ich nicht mehr ins Leere greift, sondern sich die Dinge nimmt. Es gibt den schönen Ausdruck, daß man eine Sache nicht einmal im Traume wagt, und es scheint offensichtlich häufig so zu sein, daß man überhaupt erst einmal eine Sache im Traume wagen muß, um sie dann realisieren zu können.

Wir können hier die Überlegung einschalten, warum wohl gerade innerhalb des therapeutischen Prozesses der Traumphantasie diese bedeutende Rolle zukommt, die emotionale Ichbesetzung und damit auch die Bewußtseinserweiterung einzuleiten. Hierfür können besonders die Forschungsergebnisse Federns (73) über den Wechsel der libidinösen Ichbesetzung im Traum einen Aufschluß geben. Wie von ihm ausführlich beschrieben wird, zieht das Ich im Schlaf die Körperbesetzung zurück. Dadurch entsteht eine freie Energiemenge, die einerseits den unbewußten Vorgängen, andererseits auch dem Traum-Ich zur Verfügung steht. In Analogie würde also etwa der Zustand entstehen, daß ein Heerführer bei der Verkürzung seiner Verteidigungslinien über ein Mehrfaches an Schlagkraft und Kampffähigkeit verfügt. Das Ich kommt so in die Lage, die Auseinandersetzung mit dem Unbewußten und seinen verdrängten oder noch gar nicht entwickelten und gelebten Inhalten aufzunehmen. Legt man hier nun den qualitativ nicht gebundenen Energiebegriff der Analytischen Psychologie zu Grunde, dann würde die freie Energiemenge eben gerade diese libidinösen Umsetzungen zwischen der Symbolik der unbewußten Inhalte einerseits und dem Ichkomplex andererseits ermöglichen.

Ausgehend von dem Gedanken der »allgemeinen psychologischen Selbststeuerung des Individuums«, der durch das Wirken der kompensatorischen Funktion gegeben ist, stellt F. Seifert

(75) eine Beziehung zu den erkenntniskritischen Bestimmungen Kants über die innere Teleologie, die absichtslose Zweckmäßigkeit, her. Von Kant wurde definiert (76): »Ein organisiertes Produkt der Natur ist das, in welchem alles Zweck und wechselseitig auch Mittel ist. Nichts in ihm ist umsonst, zwecklos oder einem blinden Naturmechanismus zuzuschreiben ... Ein organisiertes Wesen ist also nicht nur Maschine, denn sie hat lediglich bewegende Kraft, sondern besitzt in sich bildende Kraft, und zwar eine solche, die sie den Materien mitteilt, welche sie nicht haben (sie organisiert): also eine sich fortpflanzende bildende Kraft, welche durch das Bewegungsvermögen allein (den Mechanismus) nicht erklärt werden kann.« Ebenso wie der menschliche Körper stellt auch die Psyche ein System mit einer inneren Selbstregulierung dar, in der diese bildenden Kräfte, die auch dem Zweck dienen, also einen finalen Charakter haben, eine wesentliche Rolle spielen. Diese Analogie zwischen den empirischen Beobachtungen über die kompensatorische Funktion in den Träumen und dem biologischen Befund wurde auch von Jung gezogen, als er schrieb: »Die Seele als ein selbstregulierendes System ist balanciert wie das Leben des Körpers. Für alle excessiven Vorgänge treten sofort und zwangsläufig Kompensationen ein, ohne sie gäbe es weder einen normalen Stoffwechsel noch eine normale Psyche. In diesem Sinne kann man die Kompensationslehre als eine Grundregel für das psychische Verhalten überhaupt erklären.« (13)
Das Problem des Menschen und seiner Neurose liegt nun darin, daß er nicht wie etwa das Tier oder die Pflanze einem Kompensationszwang unterlegen ist, sondern gewissermaßen zu seinem eigenen Schaden gegen diese kompensatorische Selbststeuerung seiner Psyche zu leben vermag. So wie eine Neurose aus einer kindlich traumatischen Lebenssituation heraus erwachsen kann, die eine ausreichende Anpassung an Außen- und Innenwelt stört, blockiert oder verhindert und die Kompensationen unmöglich macht, kann auch eine übersteigerte Anpassung an Erfordernisse der Außenwelt und die gegebenen sozialen Bedingungen zu einer »Überregulierung zugunsten des Bewußtseinsprozesses« (77) und damit zu einer Neurose führen. G. Adler

hat diesen Vorgang als »Hyper-Ich« (78) bezeichnet. In beiden Fällen werden die kompensatorischen Angebote, die das Unbewußte dem Ich in Träumen und Phantasien nahezubringen versucht, vom Ich abgelehnt und nicht beachtet, wodurch die »bildenden« Kräfte und die lebendige Dynamik des psychischen Prozesses blockiert werden.

Es liegt nun im Charakter der kompensatorischen Funktion, daß sie um so stärker und intensiver bzw. in ihren Bildern um so drastischer aufzutreten pflegt, je weiter sich das Ich und die bewußte Persönlichkeit vom Optimum des psychischen Funktionierens entfernt. Die Träume werden dann immer kontrastierender und in ihrer Motivwahl für das Ich unverständlicher und schwieriger zu akzeptieren. Im Extremfall entstehen dann etwa solche paranoischen Halluzinationen, in denen eine Patientin, die ihre Sexualität und Oralität verdrängt und vernachlässigt, von fremden Stimmen verfolgt wird, die sie als Hure beschimpfen und ihr alle möglichen abartigen Perversionen vorwerfen. Auch hierin liegt letztlich ein Versuch zur Kompensation und zur Wiederherstellung des gesunden Gleichgewichts des Lebens. Das Unbewußte bringt ganz massiv die fehlende Seite ins Spiel, und das Bewußtsein wird zwangsmäßig immer wieder damit überschüttet. Allerdings ist dann die Form und die Symbolik bereits so ichfremd und ichfern, daß das Bewußtsein kaum in der Lage ist, die entsprechenden Inhalte noch zu akzeptieren und sich sinnentsprechend mit ihnen auseinanderzusetzen. So entsteht dann ein Teufelskreis: Die unbewußten Inhalte müssen immer mehr und stärker abgewehrt werden, die Kompensation zwingt dann aber dazu, daß sie gewissermaßen »immer lauter schreien« und letztlich immer unverständlicher werden, was dann zu erneuter und verschärfter Unterdrückung führt.

Es liegt immer an uns, wie Jung (79) ausgeführt hat, »den kommenden Dingen durch Verständnis zur Geburt zu verhelfen und ihre Heilwirkung zu unterstützen oder sie durch Voreingenommenheit, Engstirnigkeit und Unwissenheit zu verdrängen und damit ihre Wirkung ins Gegenteil, in Gift und Zersetzung zu verwandeln«. Die Analytische Psychologie ist der Auffassung, daß die vorgegebenen psychischen Grundmuster, die archetypischen patterns, grundsätzlich bei jedem Menschen gleich sind, obwohl die sie ausfüllende Bildwelt, die Imago des Archetyps, von individuellen und kulturellen Umgebungseinflüssen bestimmt ist. E. Neumann (80) spricht hier von einer »transpersonal gegebenen und sich entfaltenden biopsychischen Struktur«, die dem Ich schrittweise sowohl zeit- als auch situationsbedingt die entsprechenden psychischen Bilder manifestiert und akzentuiert, um sie zur bewußten und konkreten Erfahrung zu machen. Daher sind es nie die Traumbilder an sich, die etwas Pathologisches darstellen oder ausdrücken, sondern immer nur die Einstellung und die Art der Verarbeitung des Ichkomplexes zu der Bildwelt unserer Träume, die darüber entscheidet, ob ein Prozeß in die Pathologie entgleist oder echt kompensatorisch wirkt und zu einer Bewußtseinserweiterung und Bereicherung der Erfahrung führt. Ich habe versucht, zu zeigen, welche wesentliche Rolle auch die unbewußten Ich-Anteile wie das »Traum-Ich« in diesem Prozeß im Sinne einer Brückenfunktion spielen können.

In diesen Bereich gehört auch die oft erörterte Frage der Neurosen- oder Psychosendiagnostik aus den Traumbildern selbst. Nach dem oben Gesagten wird es verständlich, daß es bis heute der Wissenschaft praktisch unmöglich war, allein von einem Traumbild her die Diagnose eines pathologisch-neurotischen Prozesses zu stellen. Es gibt in diesem Sinne keine pathologischen Träume, sondern jedes nur mögliche Traummotiv kann sowohl beim gesunden als auch beim psychisch erkrankten Menschen auftreten. Entscheidend ist, ob die vom Unbewußten angebotene Kompensation vom Bewußtsein verstanden, aufgegriffen und verarbeitet wird oder in größerem Umfang und über längere Zeit negiert, abgelehnt, verdrängt und unterdrückt wird. Die Möglichkeit, vom Traum her auf eine derartige mangelhafte Verarbeitung des Bewußtseins zu schließen, kann in der Zukunft höchstens aus der sorgfältigen Beobachtung von Traumserien, in denen man die quantitativen und qualitativen Steigerungen der kompensatorischen Kräfte erfassen kann, und von der Beobachtung der unbewußten Ich-Anteile in ihrer Einstellung gegenüber den archetypischen Motiven erfolgen. Derartige Untersuchungen liegen meines Wissens bisher noch nicht in ausreichendem Umfang vor.

Es erhebt sich abschließend die Frage, ob die kompensatorische Funktion nur dann wirksam wird, wenn es dem Bewußtsein gelingt, die angebotenen Inhalte zu verstehen und rational zu erfassen und sie in eine dem heutigen Ich-Bewußtsein verständliche Sprache zu übersetzen. Jung hat diese Frage immer nur partiell bejaht und schreibt noch 1958 in »Ein moderner Mythos« (79): »Die Reaktion des Unbewußten ist eine Naturerscheinung, die sich nicht wohlwollend oder richtend um den persönlichen Menschen kümmert, sondern ausschließlich von den Bedürfnissen des psychischen Gleichgewichtes reguliert wird. So kann gegebenenfalls auch ein unverstandener Traum kompensatorisch wirken, wie ich des öfteren gesehen habe, wenn schon in der Regel das bewußte Verständnis unerläßlich ist, nach dem alchimistischen Satz ›Quod natura relinquit imperfectum, ars perficit‹. (Was die Natur unvollendet läßt, wird von der Kunst vollendet.) Wenn dem nicht so wäre, würde menschliche Überlegung und Anstrengung sich erübrigen. Das Bewußtsein seinerseits erweist sich häufig als außerstande, gewisse vitale und sogar von ihm selber geschaffene Situationen in ihrem ganzen Umfange und in ihrer ganzen Tragweite zu erkennen, und fordert damit den subliminaren Kontext des Unbewußten heraus, welcher aber nicht in rationaler, sondern in altertümlicher, zwei- oder mehrdeutiger Sprache verfaßt abgeliefert wird. Da deren Metaphern bis tief in die Entwicklungsgeschichte des menschlichen Geistes hinunterreichen, bedarf ihr Deuter historischer Kenntnisse, um deren Sinn verstehen zu können.«

Von einer ganz anderen Seite her, nämlich der experimentellen, wird diese Auffassung Jungs offensichtlich bestätigt. 1960 veröffentlichte Dement (81) einen »Vorläufigen Bericht« über die Wirkungen des Traumentzuges. Unter Zugrundelegung der bereits vorher erwähnten REM-Methode wurden Versuchspersonen am Träumen gehindert, indem sie jedesmal sofort beim

Auftreten von Augenbewegungen geweckt wurden. Hierbei zeigten sich zwei wesentliche Ergebnisse:
In den Nächten nach dem Traumentzug, d. h. in den ersten Nächten, wo nicht mehr bei Auftreten von REM geweckt wurde, stiegen die Traumphasen von vorher 19 Prozent auf 28 Prozent.
Im Wachzustand zeigten sich bei den Versuchspersonen, die einem Traumentzug ausgesetzt waren, psychologische Störungen wie Angst, Reizbarkeit und Konzentrationsstörungen, die wieder verschwanden, sobald der Betreffende erneut träumen durfte.

Aus diesen Ergebnissen ist zu schließen, daß ein bestimmtes Maß an Träumen offenbar eine psychische Notwendigkeit ist, auch ohne daß die Inhalte der Träume unbedingt bewußt verarbeitet werden müssen. Diese Ergebnisse stellen so eine erste experimentelle Bestätigung der Konzeption C. G. Jungs von der »automatischen Kompensation« durch die Träume dar. Es muß also die Möglichkeit existieren, daß die Einordnung des Traumes in den Lebenszusammenhang des Träumers, worauf auch Frey-Wehrlin (82) hinweist, spontan und unbewußt erfolgen kann. Bei einer Analyse laufen neben der bewußten Deutungsarbeit solche unbewußten Einordnungen nebenher. Wir wissen über diesen »irrationalen« Bereich noch sehr wenig. Möglicherweise werden uns differenziertere Untersuchungen über das Problem der Übertragung und Gegenübertragung in der Deutungsarbeit von Träumen an dieser Stelle ein Stück weiterbringen. (83)
Fassen wir noch einmal das über die kompensatorische Funktion hier Gesagte zusammen:
1. Die kompensatorische Funktion der Träume besteht darin, dem Bewußtsein die fehlenden Anteile zum vollständigen Erleben oder besseren Erfassen einer Situation nahezubringen.
2. Das kompensatorische Element wird um so deutlicher und dringlicher, je weiter sich die Bewußtseinssituation von der optimalen Einstellung entfernt.
3. Es bedarf der Analyse des manifesten Trauminhaltes, um den kompensatorischen Faktor zu erkennen, dessen Metaphern ge-

rade bei Vorliegen tieferer Komplexe oft bis weit in die Entwicklungsgeschichte der menschlichen Psyche zurückgehen.
4. Der Begriff ist weiter als der physikalische Begriff der Komplementarität, da er zu einem Ausgleich zwischen Bewußtsein und Unbewußtem tendiert. Eine bloße Übernahme der unbewußten Inhalte würde nur zu einer Verkehrung der Situation führen, und erst ein Ausgleich und eine Einordnung dieser Inhalte führt zu einer geglückten Kompensation.
5. Das Traum-Ich spielt oft eine wesentliche Rolle in diesem Kompensationsprozeß, da es als eine Brücke für die Übernahme der Erlebnis- und Handlungsvollzüge dient, die das Unbewußte anbietet, und damit die Integrationsprozesse häufig über die unbewußten Ich-Anteile verlaufen.
6. Der Mensch unterliegt keinem Kompensationszwang, sondern ist in der Lage, die kompensatorischen Inhalte zu verdrängen, zu negieren und abzuwehren, was bei entsprechendem quantitativen Ausmaß zur Blockade der lebendigen Dynamik der Psyche und zur Neurose führt.
7. Aus dem Inhalt und dem kompensatorischen Faktor eines Traumes kann kein Rückschluß auf eine psychische Erkrankung gezogen werden, da diese durch die Einstellung des Ich-Komplexes zur Kompensation bedingt ist.
8. Neben der bewußten Verarbeitung und Einordnung des kompensatorischen Faktors müssen wir eine unbewußte, quasi automatische Kompensation durch die Träume annehmen, wie auch die experimentellen REM-Untersuchungen zeigen.

# V. Die prospektive und reduktive Funktion

## Die prospektive Funktion

Obwohl Jung schon im Jahre 1908 von der Zielstrebigkeit des Psychischen sprach und 1912 in »Wandlungen und Symbole der Libido« (84) eine antizipatorische Bedeutung der Träume annahm, war es A. Maeder, der 1912 erstmals mit einer neuen eigenen Traumtheorie hervortrat, bei der er den wesentlichen Sinn und Wert des Traumes in Entwürfen für die Entwicklung des Individuums sah. (85) Etwas später spricht er dann von einer besonderen Kategorie von Träumen, »in welchen ein neuer Faktor wirksam ist, nämlich die prospektive Schau«. (86) Maeder erschienen derartige Träume als eine Vision der im Individuum potentiell enthaltenen Zukunft. Diese von Maeder gefundene prospektiv-finale Funktion der Träume nahm Jung später in seine Traumtheorie mit auf (39) und stellte das Prinzip der Finalität dem Kausalitätsprinzip als ein gleichberechtigtes principium sui generis gegenüber.

Jung wie Maeder gehen hier von Analogien im psychischen und organischen Bereich aus, die auf den Selbststeuerungs- und Selbstheilungstendenzen dieser Systeme beruhen. Wenn in der Psyche oder im Organismus funktionelle oder strukturelle Schädigungen eintreten, so werden in der Regel spontane Automatismen ausgelöst, die der Regeneration und der Restitution dienen. Nicht nur Vorgänge der Regeneration und Restitution des geschädigten Organismus laufen aber hierbei ab, sondern sowohl im somatischen als auch im psychischen Bereich ist eine Kraft wirksam, die final orientiert auf Entwicklung, Entfaltung und Reifung drängt. Diese entspricht in der Analytischen Psychologie dem principium individuationis. Hierunter versteht Jung eine jedem Menschen potentiell mitgegebene Entfaltungsmöglichkeit, die in der Ausformung des Individuums zu seiner seelischen Ganzheit gipfelt. Unter dieser seelischen Ganzheit ist eine sich gegenseitig ergänzende, auf dem Zusammenspiel der verschiedenen Seiten, besonders auch der bewußten und der unbewußten Anteile beruhende Einheit zu verstehen, die mehr ist

als die Summe ihrer Teile. Sie stellt die dem jeweiligen Individuum bestmögliche und umfassendste Entfaltung und Integration seiner psychischen Eigenschaften dar. (87)
Finalität bedeutet im Grunde genommen nichts anderes, als daß man die Ursache als ein Mittel zum Zweck betrachtet. So ist in unserem psychologischen Gebiet eine Regression kausal bedingt durch eine infantile Fixierung, z. B. die an die Mutter. Final gesehen aber regrediert die Libido zu der Imago der Mutter, um innerhalb eines solchen Bildes die Erinnerungsassoziationen aufzufinden, über die z. B. die Wiedervereinigung eines geistigen Bereiches mit den natürlichen, instinktiven Grundlagen erfolgen kann. Es kann aber auch durchaus das Umgekehrte stattfinden, nämlich die Transposition einer überwertigen Sexualität in ein geistiges System. Die Regression ist also final gesehen nicht etwa ein krankhaft-sinnloser Vorgang, der schlecht, hinderlich oder neurotisch ist und behoben werden muß, sondern dieser Vorgang erfolgt zu einem bestimmten notwendigen und sinnvollen Zweck, dem Finis. Die Neurose bzw. das Neurotisch-Krankhafte an diesem Vorgang besteht lediglich darin, daß dieser Prozeß unter Umständen an einer Stelle hängenbleiben kann und sich nicht weiter fortentwickelt. Nun ist das Finale von dem Kausalen natürlich nicht unabhängig, sondern stellt gewissermaßen nur seine Umkehrung dar. Das Finalprinzip ist in den früheren philosophischen Schulen auch in dem Begriff der Kausalität miteinbezogen gewesen und erst unter dem Determinismus des ausgehenden 19. Jahrhunderts wieder eliminiert worden. So wurde noch in der Scholastik im Anschluß an Aristoteles von vier Formen der Ursache gesprochen:

1. die causa formalis, worunter der geistige Gehalt oder die Struktur einer Sache zu verstehen ist;
2. die causa materialis, d.h. der Stoff, aus dem eine Sache besteht;
3. die causa finalis, also das vorhin erörterte Prinzip der Finalität, und
4. die causa efficiens.

Nur die letzte entspricht strenggenommen dem deterministischen Kausalitätsbegriff, wie er um die Jahrhundertwende exi-

stierte. Er ist exakt von Kant so formuliert worden: »Wenn wir erfahren, daß etwas geschieht, so setzen wir dabei jederzeit voraus, daß etwas vorhergehe, woraus es nach einer Regel folgt.«
Dieser Satz von der Kausalität wurde allmählich so eingeengt, daß er gleichbedeutend war mit der Erwartung, das Geschehen in der Natur sei eindeutig bestimmt, also eine genaue Kenntnis der Natur oder eines bestimmten Ausschnittes aus ihr genüge im Prinzip, um die Zukunft vorauszubestimmen. Hieraus entstand das bekannte Bild des Laplace'schen Übermenschen, der Lage und Bewegung aller Atome kennt und dadurch in der Lage ist, alle zukünftigen Ereignisse in der Welt vorherzuberechnen. Auch die klassische Physik Newtons war darauf gegründet, daß man aus dem Zustand eines Systems zu einer bestimmten Zeit die zukünftige Bewegung dieses gleichen Systems vorausberechnen könne. Nach unseren neueren naturwissenschaftlichen Erkenntnissen hat sich aber herausgestellt, daß dies im Bereich der atomaren Welt nicht zutrifft und wir dort mit streng kausalen Determinationen nicht mehr rechnen können. Die exakten Naturwissenschaften haben also Jung zumindest bei seinem Angriff gegen eine rein deterministisch orientierte und zu eng gefaßte Tiefenpsychologie recht gegeben.
Das prospektiv-finale Element in der Traumwelt hat schon immer intuitiv die Menschen fasziniert als eine Möglichkeit für tastende Lösungsentwürfe bestimmter Probleme, die in symbolischer Form aus dem Unbewußten aufsteigen. Das am weitesten bekannte historische Beispiel aus der Moderne ist der Traum des Kekulé (1829–1896), der zur Entdeckung der ringförmigen Benzolformel führte. Nachdem Kekulé sich lange und intensiv um die Lösung der Struktur des Benzols bemüht hatte, träumte er eines Nachts von sechs im Kreis tanzenden Lichtfunken, die sich schlangenartig wendeten und drehten, wobei eine der Schlangen den eigenen Schwanz erfaßte. »Wie durch einen Blitzstrahl erwachte ich«, so schreibt Kekulé, »und verbrachte den Rest der Nacht, um die Konsequenzen der Hypothese auszuarbeiten.« Dabei fugt er seinem Bericht noch hinzu: »Lernen wir träumen, meine Herren, dann finden wir vielleicht die Wahrheit.«

Heyer (88) hat eine Reihe derartiger historischer Träume mit prospektiv-finalen Tendenzen zusammengestellt, u. a. auch den bekannten Traum Otto v. Bismarcks, den des Physiologen Loewi, des Assyrologen Hilprecht, des Chirurgen August Bier und des Mathematikers Henri Poincaré. Noch ausgeprägter spielt dieses Element bei Schriftstellern eine Rolle, wie z. B. bei Robert Louis Stevenson, der in seinen Träumen ganze Handlungen und Szenen seiner Bücher sah und sich äußerte, daß »die Heinzelmännchen« seine Arbeit täten, oder auch bei Hemingway, von dem A. E. Hetchner zitiert: »Ich stand früh auf, als es hell wurde, weil ich von dem Stoff geträumt hatte – das passiert mir manchmal – ich hatte die einzelnen Zeilen geträumt, deshalb mußte ich aufstehen, um es gleich niederzuschreiben, sonst hätte ich's weggeträumt . . .«

Ein Teil dieser Träume ist auch unter den Aspekten der Freudschen Schule gedeutet worden, wie der Bismarck-Traum durch Sachs (89) oder der Traum des Kekulé durch Mitscherlich (90), wobei aber diese prospektiven Tendenzen völlig unberücksichtigt bleiben und die Träume entsprechend der Freudschen Theorie auf infantile Triebbedürfnisse reduziert werden. Derartige Traumdeutungen, die der Symbolik letztlich immer wieder gewaltsam den gleichen Zeichencharakter unterstellen, lassen letztlich doch recht unbefriedigt und gehen an einer ganzen Reihe von Fragen vorbei. Natürlich kann man, wie Mitscherlich es tut, den Zusammenhang und die Entsprechung der tanzenden Schlange mit dem Benzolring als eine Umdeutung Kekulés auffassen und das Ganze als einen »echten Zufall« abtun. Man muß sich aber auch bewußt sein, daß man mit dem Zufallsbegriff nur eine Erklärung des Nicht- oder Noch-Nicht-Wissens erbringt und sich unter anderem auch die Möglichkeit weiterer Erfahrung verbauen kann.

Um zu verdeutlichen, wie sich im Verlaufe eines analytischen Prozesses die prospektive Funktion darstellt, möchte ich jetzt wieder ein Traumbeispiel folgen lassen. Der nachfolgende Traum stammt aus dem Beginn der Analyse eines 26jährigen Patienten, der in einem starren, autoritären Elternhaus aufgewachsen war und selbst unter starken zwangsneurotischen Sym-

ptomen litt. Seine Entwicklung war ausschließlich auf die Leistungslinie hin orientiert gewesen, und er hatte ein naturwissenschaftliches Studium absolviert. Dabei war er eher ein weicher, gefühlshafter Typ, bei dem auch offensichtlich eine stärkere musische Komponente vorhanden war, die er aber nie entwikkelt oder gepflegt hatte. Hier der Traum: »Ich saß mit Vater und einem Gerichtsvollzieher an einem Tisch. Dieser erzählte meinem Vater, was er tat: Zwangsvollstreckungen etc.
Dann war ich in einem Saal und spielte vor Publikum Klavier. Unser früherer Hausdiener stand hinter mir (eine Figur, zu der ich zärtliche Gefühle hatte). Es wurde immer weniger Publikum, und ich spielte immer wilder. Einen Moment war ich eine Frau. Dann waren junge Leute in einer Stube, einer war mein Bruder, eine meine Schwester. Ich wurde immer wilder und wollte eine Orgie veranstalten. Da die Schwester da war, ging es nicht. Ich trug Ursula (eine frühere Freundin) ins Nebenzimmer. Sie war ganz leicht. Als ich mit ihr ins Bett wollte, war meine Frau da. Sie hatte ein Korsett an. Ich sagte: ›Ich wollte dir zeigen, was ich nett finde.‹ Sie sagte: ›Ich weiß, was du nett findest.‹ Das Mädchen schrumpfte dann zusammen und war plötzlich eine Stoffpuppe, die ich in der Hand hatte. Vorher in einem anderen Zimmer machte sie ein Bächlein wie ein kleines Kind auf Seidenpapier.«
Sieht man diesen Traum nur unter den Aspekten einer verdrängten Triebdynamik, so zeigt sich zunächst und vorwiegend in ihm ein verdrängter und tabuierter sexueller Wunsch in Richtung auf eine außereheliche Beziehung zu dieser Ursula, der aber selbst in der Phantasie durch das Eingreifen der ehelichen Zensurinstanz nicht realisiert werden kann, sondern auf eine Onanieproblematik regrediert: Das Mädchen schrumpfte zu einer Puppe zusammen, die er in der Hand hält, wobei die Puppe als ein Zeichen für den Penis anzusehen ist, ein Synonym, das ja de facto relativ häufig benutzt wird.
Unter der Konzeption eines prospektiv-finalen Deutungsansatzes drangen dagegen in diesem Traum subliminale Inhalte einer potentiell konstruktiven und prospektiven Natur ins Bewußtsein, bei denen es sich nicht oder nicht nur um verdrängtes in-

fantiles Material handelt. Sie repräsentieren vielmehr ungelebte und unrealisierte Möglichkeiten, die noch im Unbewußten liegen und im Verlaufe des bisherigen Lebens noch nicht die Möglichkeit hatten, ins Bewußtsein zu kommen und entwickelt zu werden. Diese Inhalte werden in symbolischer Form dargestellt, und die Symbolik der Orgie und der Puppe kann uns in diesem Traum darüber Auskunft geben, um welche Inhalte es sich hier wohl handelt.

Der Traum beginnt zunächst mit dem dem Patienten wohlbekannten Zwangsmotiv: Vater und ein Gerichtsvollzieher sitzen zusammen und unterhalten sich über Zwangsvollstreckungen. Die Unterwerfung unter bestimmte Gesetze und Normen und die Erfüllung ihrer Verpflichtungen wird in der Regel mit einer männlichen Gestalt, einer Vaterfigur, identisch gesetzt, da der Vater als der Repräsentant der Ordnungen und Normen gilt. Führt dieses Prinzip zu einer allzu großen Einengung für den Sohn, dann entsteht ein Zustand, den E. Neumann (37) als die patriarchale Kastration bezeichnet hat. Diese kann in der Form der Gefangenschaft oder der Besessenheit durch den väterlichen Geist (Ikarusmotiv) auftreten. Hier liegt eher die Gefangenschaft vor. Dem Ich ist es unmöglich, sich aus den starren Formen überkommener Konventionen zu befreien und die Ansprüche seiner Eigenständigkeit und Eigengesetzlichkeit zu verwirklichen. Auf der archetypischen Ebene hat E. Jung (91) in seiner Studie über den Großtyrannen diese Figur dargestellt, wie wir sie in der Literatur an mehreren Stellen finden können, z. B. in Schillers »Don Carlos«, in Andres' »El Greco malt den Großinquisitor« oder in Bergengruens »Der Großtyrann und das Gericht«. (92–94)

Es erfolgt nun eine Zäsur innerhalb des Traumes, und das Geschehen geht in einem anderen Raum und auf einer anderen Ebene weiter. Wieder tritt eine Vaterfigur auf, aber diesmal ist es nicht der tyrannische Vater als der Repräsentant zu enger Normen und Ordnungen, sondern der einfache und wohlwollende Hausdiener, zu dem der Junge eine positive und warme Beziehung hatte. Im Gegensatz zu dem Vater legte er ihm keine Beschränkungen auf oder stellte schwer erfüllbare Forderungen an ihn. Auf diesem Hintergrund kann und darf das nachfolgende orgiastische Geschehen auftauchen. Zunächst spielt der Träumer Klavier, eine Musik, die immer wilder und wilder wird und in die Orgie überleitet. Aus dem Erleben des Patienten und auch in der kollektiven Symbolbedeutung gilt die Musik als ein Ausdruck der Gefühlswelt. Hierbei handelt es sich um die eigentlich unentwickelte Seite seiner Persönlichkeit, denn der Patient war fast ausschließlich auf das Denken hin orientiert, und seine nie richtig entwickelte und gelebte Fühlfunktion befand sich in einem ziemlich archaischen Stadium. Wie wir es fast immer finden, ist die minderwertige Fühlfunktion hier mit der Animafigur verknüpft und damit mit der Beziehung zum Weiblichen. Dem entspricht, daß das Traum-Ich zunächst von dieser Figur überflutet wird und der Patient im Rausch der Musik und der Gefühle sein bewußtes männliches Ich verliert und zur Frau wird. Diese Inflation des Ich durch die Anima dauert aber nur kurz. Die Anima tritt dann als ein Gegenüber auf in der Figur der Freundin Ursula. Sie ist ein Mädchen, von dem er lange Zeit fasziniert war, das er allerdings weitgehend aus der Ferne anschwärmte. Wie es für den Denktyp charakteristisch ist, hatte er dagegen seine Ehefrau mehr aus Überlegung als aus einer tiefen Verliebtheit heraus geheiratet. Auch die anwesende erheblich jüngere Schwester, zu der er eine sehr gute Beziehung hatte, vertritt einen Teil seiner noch im endogamen Raum gebundenen Gefühlswelt, die infolge des Inzesttabus die Lösung in der Orgie nicht erlaubt. Er muß daher diesen Raum mit Ursula verlassen. Wenn wir nun etwas von dem Wesen der Orgie erfassen wollen, müssen wir auf die Analogien in den vorchristlichen Kulturen zurückgreifen. So ist in der griechischen Kultur das orgiastische, rauschhafte Element mit den Kulten des Dionysos verknüpft. In seiner Schrift »Über die Geburt der Tragödie aus dem Geiste der Musik« hat Nietzsche (136) dieses dionysische Element dem apollinischen gegenübergestellt. Während das letztere die maßvolle Begrenzung und die Freiheit von wilden Regungen beinhaltet, wird das Wesen des Dionysos am besten durch die Analogie des Rausches erfaßt. In seiner Steigerung schwindet das Subjektive zu völliger Selbstvergessenheit dahin. Nach Nietzsche redet uns in der dionysischen Kunst und in deren tragischer Symbolik die Natur mit ihrer wahren, unverstellten Stimme an: »Seid wie ich bin! Unter dem unaufhörlichen Wechsel der Erscheinungen die ewig schöpferische, ewig zum Dasein zwingende, an diesem Erscheinungswechsel sich ewig befriedigende Urmutter!«

Hier kommt bereits die Beziehung dieses orgiastischen Elements zum Mutterarchetyp zum Ausdruck. Die auf die überschwengliche Sexualität hin orientierten Fruchtbarkeits- und Frühlingsfeste der Frühkulturen sind immer der großen Muttergottheit geweiht, wobei der Jünglingsgeliebte nur als der Träger des Phallus fungiert. Dieses Motiv finden wir in all den Mythologien solcher Figuren wie Attis, Adonis, Tamuz oder Osiris und auch Dionysos. Nach E. Neumann (54) ist der früheste uns erhaltene Bericht eines solchen Fruchtbarkeitsfestes das aus der Steinzeit stammende Bild von Cogul, auf dem neun Frauen einen phallischen Jüngling umtanzen, wobei die Zahl Neun, falls sie nicht zufällig ist, den Fruchtbarkeits-Charakter noch verstärkt.

Es geht hier also um Fruchtbarkeit, den Wandel der Erscheinungen und um schöpferische Potenz. Diese Seite der großen Mutter wurde in den orgiastischen Kulten angebetet und verherrlicht. Psychologisch gesehen entspricht dies einer Seite des Mutterarchetyps, den wir als den Wandlungscharakter (E. Neumann, 54) bezeichnen. Dieser Wandlungscharakter, meistens dargestellt – wie auch hier – durch eine faszinierende Animafigur, bringt die Persönlichkeit zu Bewegung und Veränderung, auch wenn innerhalb dieses Prozesses große Gefahren und starke Destruktionen lauern. Sofern es dem Ich nicht gelingt, sich mit der Anima auseinanderzusetzen und sie zu bewältigen, endet dieser Prozeß in Untergang und Auflösung der bewußten Persönlichkeit. Die alten Mythologeme wußten um die Gefahr dieses Ausgangs und haben sie immer wieder dargestellt. Alle jene Figuren der Jünglingsgötter, die als Sohngeliebte der Muttergottheit und deren Fascinosum erliegen, enden in Wahnsinn, Tod, Selbstkastration oder Erstarrung wie Attis, Adonis, Narcissos oder Hyacinthos. Das Ich, das diesem faszinierenden Aufbrechen der tiefsten unbewußten Gefühlssehnsüchte nicht widerstehen kann, wird dadurch getötet, aufgelöst oder versinkt in einem animalischen Bereich wie die ebenfalls durch Musik betörten Gefährten des Odysseus bei der Kirke. Die Animafigur, wie sie auch hier im Traume auftritt, ist aber in ihrer Art nicht so furchtbar wie die große Mutter Natur, der nichts an der Selbständigkeit der Individuen und des Ich liegt. Selbst wenn sie als eine negative Figur auftritt und das männliche Ich in den Rausch und die Vergiftung stürzen will, existiert die Möglichkeit des Besiegtwerdens und damit der Umschlag ins Positive. Der Mythos der Begegnung zwischen Odysseus und Kirke stellt diese Situation dar. Während die Gefährten der Zauberin erliegen und verwandelt werden, widersteht das stabilere männliche Ich des Heros den verzaubernden und vergiftenden Kräften. Die negative Figur der Kirke zerstört sich nicht selbst wie die Sphinx des Ödipus, sondern wird ins Positive gewandelt, und Odysseus besteigt mit ihr das Bett. So kann der Wandlungscharakter der Anima dem stabilen Ich eine Erfahrung vermitteln, welche für die zukünftige Entwicklung der Persönlichkeit lebenswichtig ist. Die Inhalte des Unbewußten und die nicht gelebten und nicht differenzierten Anteile der Persönlichkeit werden in prospektivem Sinne in dieser Figur dargestellt und geraten damit in den Bereich innerer Erfahrungsmöglichkeiten.

Wie sieht nun die Beziehung dieser mythologischen Analogien zum Traum dieses Patienten aus? Das Traum Ich begibt sich über die Brücke der Musik in diesen rauschhaft-orgiastischen Bereich hinein und begegnet hier einer Animafigur, die diese ungelebte Seite verkörpert. Der gesamte abgesperrte Bereich der Fühlfunktion mit seinen Emotionen und Affekten drängt ins Bewußtsein und will gelebt und erfahren werden. Hierbei müssen auch die noch existenten endogamen Libidofixierungen, die inzestuös an der Schwester haften, aufgehoben werden, und dieser Störfaktor muß im Traum beseitigt werden. Dieser nie gelebte und nie erfahrene und deshalb auch nicht differenzierte Bereich voll von irrationalen Emotionen und instinktiver Animalität würde aber in dieser Form zu einer Inflation des Ich führen. In ihm sind ja auch alle die destruktiven Tendenzen des

Rauschhaft-Orgiastischen enthalten. Dem Ich droht hierbei die Gefahr des Versinkens im rein Instinktiv-Animalischen, wie es die Verzauberung der Gefährten des Odysseus ausdrückt, oder gar eine totale Auflösung und Zerstörung in Selbstkastration, Wahnsinn und Tod, wie es in dem Schicksal der Jünglingsgottheiten enthalten ist. Das Ich dieses Patienten ist noch nicht stabil genug, der Verzauberung zu widerstehen und den erotischen Bereich mit seinen rauschhaft-enthusiastischen Komponenten zum Wohle der Gesamtpersönlichkeit in ein lebendig gelebtes Leben zu übersetzen. Im Mythologem der Odyssee gesprochen, handelt es sich hier noch um ein Gefährten-Ich, und es fehlt noch die Kraft des Heros, der imstande ist, diesen Ansturm zu bändigen. Rückbezüglich macht sich hier das Fehlen einer stabilen, aber doch gewährenden Vaterfigur im Hintergrund bemerkbar. Weder der zwangsneurotisch eingeengte Vater des ersten Traumteils, der diesen Bereich überhaupt nicht erst zum Erleben hochkommen läßt, sondern für seine Verdrängung sorgt, noch der zu weiche und zu gutmütige Hausdiener sind in der Lage, dem Ich die entsprechenden Vorbilder zu liefern und ihm den notwendigen stabilen Rückhalt zu geben, der es ermöglicht, diese Erfahrung des Weiblichen zu bewältigen.

An dieser Stelle schiebt das Unbewußte eine Bremse ein. Das in Rausch und Auflösung versinkende Ich wird recht drastisch wieder herausgeholt. Als Personifikation der tradierten und legalen Beziehung zum Weiblichen tritt die Ehefrau auf, die nicht umsonst hier ein Korsett als Ausdruck einer engen Formgebung trägt. Sie vertritt offensichtlich ein kollektives moralisches Werturteil, das für diesen Bereich wenig oder kaum Verständnis hat und das Geschehen nur abwertend unter dem Aspekt von Pornographie und Verachtung sehen kann. Die Stimme der Ehefrau in ihm folgt der Tradition einer christlichen Erziehung, die mit der Welt des Körperlichen und der emotionalen Erfahrungen der großen weiblichen Muttergottheiten nur durch Abwertung, Negierung und Verdrängung fertig zu werden glaubte. Auch diese Stimme ist in ihm auf Grund seiner Erziehung und Entwicklung noch sehr lebendig und wird natürlich um so deutlicher und heftiger mobilisiert, je mehr die andere Seite nach Befreiung drängt. Auch gegenüber dieser inneren Figur verfügt das Ich noch nicht über eine ausreichende Stabilität und Durchsetzungsfähigkeit. Das ist selbstverständlich auch nicht möglich, solange diese Seite noch ein chaotisches, durchbruchhaftes Geschehen ist, für das man mit wirklich gutem Gewissen noch nicht eintreten und dessen Werte man noch nicht recht verteidigen kann. Jede der beiden Frauenfiguren fordert eine gegensätzliche Entscheidung vom Ich: Die Anima verlangt die Lösung von allen Bindungen und die Auflösung in rauschhafte Orgie, und die Ehefrau Verzicht und Aufgabe dieses Bereiches mit all seinen lebendigen und schöpferischen Möglichkeiten zugunsten eines ordentlichen Lebens innerhalb der tradierten Werte der Gesellschaft. Ein unlösbarer Konflikt für das Ich, da im Grunde genommen beides unmöglich ist, wenn sich eine gesunde Gesamtpersönlichkeit entwickeln soll. Erfolgt eine Entscheidung nach der ersten Seite hin, der der Anima, so muß das zu einer Auflösung der bewußten Person in Rausch, Wahnsinn, Destruktion und Tod führen, was heute zu einem kollektiven Problem vieler junger Menschen geworden ist. Geht die Entscheidung zur anderen Seite und wird dieser Bereich auf dem Altar einer kollektiven bürgerlichen Anpassung geopfert, dann rächt sich die dionysische Natur, wie es der Patient bereits schmerzhaft durch Hervorbringung einer schweren neurotischen Symptomatik erfahren hat. So kann in diesem Traum noch nicht die Überwindung und Bewältigung der Anima mit ihrer Wendung in den positiven Erlebnisbereich geschehen, aber auch nicht ihre Zerstörung oder Tötung, sondern das Unbewußte ersinnt einen dritten Weg und verwandelt diese Figur in eine Puppe.

Wollen wir in dieser Figur mehr sehen als nur eine Regression in einen infantilen Bereich, so müssen wir die Puppe wieder als die Geburt eines Symboles aus dem Unbewußten verstehen, das in der Lage ist, die Gegensätze zu vereinigen und in prospektivem Sinne auf einen möglichen Lösungsweg aus dem Konflikt hinzuweisen. Der Einfall des Patienten zu dieser Puppe lautete zunächst, daß er als Kind eine derartige Stoffpuppe besessen habe, die er unwahrscheinlich geliebt habe. Hier verbindet sich die persönliche Erinnerung mit etwas, in das er in der Kinderzeit seine ganze Gefühlswelt projizieren konnte. Die Puppe war seine über alles geliebte Gefährtin, mit der er alle seine unerfüllten Sehnsüchte und Gefühle erleben konnte und durfte. Wie bei den meisten Kindern diente auch bei ihm die Puppe als die Projektionsmöglichkeit für das eigene Unbewußte. An der Puppe kann das Kind seine andere Seite erleben und lernen, mit ihr umzugehen. Sie enthält ein sehr wichtiges Moment, das in dem ersten Teil des Traumerlebnisses fehlt. Die Puppe ist nämlich dem Willen des Ich unterworfen. Es tritt also in diesem Symbol gerade jene Kategorie des Willens und der Ichsteuerung auf, die es ermöglichen würde, sich in sinnvoller und gekonnter Form mit der Anima auseinanderzusetzen.

Nun liegt in der Puppe noch ein anderes Moment. Sie hat kein eigenes Bewußtsein, und ihre Verlebendigung, Grazie und Attraktivität erhält sie nur durch die Projektion der Seele des Puppenspielers. Diese Tatsache hat Kleist zu seiner kleinen und sehr tiefsinnigen Schrift »Über das Marionettentheater« angeregt. (95) Die Puppe wird hier in eine Identität mit dem Gott gebracht. Am Schluß der Schrift heißt es:

»...›Wir sehen, daß in dem Maße, als in der organischen Welt die Reflexion dunkler und schwächer wird, die Grazie darin immer strahlender und herrschender hervortritt. – Doch so, wie sich der Durchschnitt zweier Linien, auf der einen Seite eines Punktes, nach dem Durchgang durch das Unendliche, plötzlich wieder auf der anderen Seite einfindet, oder – das Bild des Hohlspiegels, nachdem er sich in das Unendliche entfernt hat, plötzlich wieder dicht vor uns tritt: so findet sich auch, wenn die Erkenntnis gleichsam durch ein Unendliches gegangen ist, die Grazie wieder ein; so daß sie, zu gleicher Zeit, in demjenigen menschlichen Körperbau am reinsten erscheint, der entweder gar kein oder ein unendliches Bewußtsein hat, d. h. in dem Gliedermann oder in dem Gott.‹

›Mithin‹, sagte ich ein wenig zerstreut, ›müßten wir wieder von dem Baum der Erkenntnis essen, um in den Stand der Unschuld zurückzufallen?‹

›Allerdings‹, antwortete er; ›Das ist das letzte Kapitel von der Geschichte der Welt‹...«

Psychologisch gesehen tritt die Puppe unter diesem Aspekt als ein Symbol des Selbst auf. Das Selbst bezeichnet als empirischer

Begriff den Gesamtumfang aller psychischen Phänomene im Menschen. Es drückt die Einheit und Ganzheit der Persönlichkeit aus. Da aber diese infolge ihres unbewußten Anteils nur teilweise bewußt werden kann, »ist der Begriff des Selbst eigentlich zum Teil potentiell empirisch und daher in selbem Maße ein Postulat«. (6) So taucht in diesem Traumbild für den Patienten ein Symbol auf, das sowohl das Formelement enthält als auch die ganze Lebendigkeit der ins Unbewußte abgedrängten Fühlfunktion. Gleichzeitig taucht darin auch neu die vorher fehlende Kategorie des Willens und damit der Steuerungsmöglichkeiten auf. So kann dieses Symbol als der Kristallisationspunkt und die erste Antizipation einer psychischen Totalität angesehen werden, die beide Seiten und Anteile enthält. Die emotionale Beziehung aber, ohne die eine derartige Erfahrung nicht möglich ist, läuft in diesem Fall über die persönliche Kindheitserinnerung, in der die Puppe dieser Gefühlswelt entsprach, die unter dem Umwelteinfluß nicht zur Entwicklung und Differenzierung gekommen ist. Das Unbewußte knüpft an einer Stelle an, wo die Ganzheit des Erlebens noch erhalten war, und schafft in der Wiederbelebung dieses Symbols die Möglichkeit, diesen Bereich in die Persönlichkeit und in das Bewußtsein zu integrieren.

Fragen wir uns zum Abschluß der Betrachtung dieses Traumes noch einmal, worin das eigentliche Element der prospektiven Funktion hier liegt, so muß die Antwort lauten, daß sie in der Herstellung des Symboles der Puppe besteht. Die Symbolik der Puppe weist in diesem Fall nicht oder mindestens nicht nur rückwärts, sondern auch im Sinne des finalen Denkens vorwärts zu einer Lösungsmöglichkeit eines grundsätzlichen Problems, vor dem dieser Träumer steht. Sie gibt in diesem Bild in statu nascendi einen Hinweis, auf welchem Wege die in der Anima personifizierte Problematik gelöst werden könnte. Wenn wir wieder im Mythologem sprechen wollen, zeigt sie ihm einen Weg, wie aus dem Gefährten-Ich ein Odysseus- (Heroen-)Ich werden könnte, ein Prozeß, der in einem derartigen Fall noch langer analytischer Durcharbeitung bedarf. Wie bereits vorher erwähnt, liegt natürlich auch schon im Auftauchen der Anima mit ihrem Wandlungscharakter ein prospektiver Ansatz. In diesem Sinne kann man den ganzen Anteil, in dem das dionysische Element und die Fühlfunktion aus dem Unbewußten auftaucht, unter dem Aspekt der prospektiven Funktion sehen. Im engeren Sinne handelt es sich hier aber doch mehr um das kompensatorische Element, das aus dem Unbewußten die dem Bewußtsein fehlende Seite dem Ich zur Kenntnis bringt. Die kompensatorische und die prospektive Funktion überschneiden sich in der Definition an der Stelle, wo wir dem kompensatorischen Element die Tendenz zum Ausgleich der Gegensätze zuschreiben. Derartige Überschneidungen treten aber immer dort auf, wo wir ein Ganzheitsgebilde zu Erkenntniszwecken teilen müssen und gleichzeitig gezwungen sind, zu vermeiden, die Teile ganz aus dem allgemeinen Zusammenhang herauszunehmen.

Ich habe das obige Beispiel, in dem die eigentliche Wirkung der prospektiven Funktion erst deutlich wird, nachdem die zunächst unverständliche Symbolik der Puppe durch entsprechende Assoziationen und Analogien entschlüsselt wird, absichtlich gewählt, um zu zeigen, daß auch diese Funktion in der Regel der sorgfältigen Analyse des manifesten Trauminhaltes bedarf. Sie liegt keineswegs immer so offen zutage, wie es nach der Lektüre der historischen Beispiele am Anfang dieses Kapitals vielleicht erscheinen mag. Natürlich gibt es auch in jeder Analyse Träume, in denen ein derartiger Lösungsentwurf eines Problems aus dem Unbewußten sehr viel drastischer und deutlicher dargestellt wird. Hierfür sei abschließend noch ein Beispiel gegeben:

Eine Patientin, die bereits eine längere, im wesentlichen erfolgreiche Therapie hinter sich hatte und deren Symptomatik beseitigt war, wollte ihre Analyse beenden. Sie war sich darüber klar, daß sie einen Aspekt ihres Mutterproblems noch nicht bearbeitet hatte, da sie bestimmte Ängste daran hinderten. Als sie vor der Entscheidung stand, ob sie aufhören oder doch in diesen Angstbereich hineingehen sollte, träumte sie:

»Ich war mit irgendwelchen Leuten in einer düsteren und beängstigenden Schlucht im Gebirge. Diese Leute wollten über einen breiten Fluß auf die andere Seite kommen. Es war aber weit und breit keine Brücke da. Da gab ich ihnen den Rat, den Fluß immer weiter flußaufwärts zu gehen, bis er so klein würde, daß man rüberspringen könnte. Ich sah dann auch diesen Flußlauf wie auf einer Landkarte vor mir und die Stelle, wo man ihn überqueren konnte.« In ihren Einfällen dazu teilte sie mit, daß der Fluß etwas undurchsichtiges, schmutziges Wasser gehabt hätte wie ein Bach hinter dem Haus, in dem sie als Kind gewohnt und wo sie trotz des Verbotes der Mutter oft gespielt hatte.

Die Patientin, deren Mutter noch lebte, war irrigerweise der Meinung, daß die Analyse zu einer Auseinandersetzung mit der persönlichen Mutter und dann auch zu einem Bruch oder zu einer tieferen Verstimmung zwischen ihnen führen würde, wobei sie zu Recht das Auftreten starker Schuldgefühle fürchtete. Der Traum sagt ihr nun deutlich, daß die Lösung dieses Problems an einer anderen Stelle liegt. Durch das Zurückgehen an den Entstehungspunkt ihrer Problematik trifft sie auf ihr eigenes kindliches Erleben einer einengenden und verbietenden Autorität, die mit der wirklichen und realen Mutter nur wenig zu tun hat. Es ist ein kollektiver Aspekt der Elternfiguren, mit denen sich jedes Kind auseinanderzusetzen hat, weshalb im Traum auch nicht die persönliche Mutter auftaucht, sondern die Symbolik von Fluß und Schlucht. Durch die Entpersönlichung und Verschiebung des Problems an seinen Entstehungspunkt wird der Träumerin eine Lösungsmöglichkeit offeriert. Ob sie diese Möglichkeit ergreift und akzeptiert, unterliegt nun ihrer bewußten Entscheidung.

In diesem Zusammenhang ist noch auf ein sehr häufiges und wichtiges Mißverständnis hinzuweisen. Die prospektive Funktion, die in den Träumen deutlich wird, hat nichts mit irgendwelchen übersinnlichen Dingen zu tun und ist keineswegs identisch mit den sogenannten telepathischen oder Wahrträumen. Das Vorkommen dieser Phänomene ist ein eigener Bereich, der in das Gebiet der Parapsychologie gehört. Freud hat einen derartigen Traum in seiner Arbeit »Traum und Okkultismus« (96) beschrieben, und Jung hat in der Entwicklung seiner Theorie der Synchronizität zu diesen Phänomenen Stellung genommen. (97)

Die prospektive Funktion gehört nicht in diesen Bereich. Wir verstehen unter ihr lediglich einen Entwurf der unbewußten Psyche zur Lösung einer bestimmten Lebenssituation oder einer bestimmten seelischen Problematik. Hierbei ist es ganz unerheblich, ob dieser Entwurf später in dem einen oder anderen Fall mit der Realität zusammentreffen mag. Auch hier arbeitet die unbewußte Psyche mit einer Art Selbstheilungstendenz, mit der sie in der Lage ist, gewisse Vorschläge für den einzuschlagenden Weg zu machen.
Diese Vorschläge, die das Unbewußte in den Träumen offeriert, sollten doch recht ernst genommen und vom Bewußtsein sorgfältig auf ihre Brauchbarkeit überprüft werden. Es werden ja hierbei sozusagen die Lösungen aktueller Konflikte und Probleme vorbereitend geübt und durch tastend gewählte Symbole darzustellen versucht. Die Vorauskombination der Wahrscheinlichkeiten, die das Unbewußte im Traum vornimmt, ist mitunter dem bewußten und in einer Situation festgefahrenen Zustand bedeutend überlegen. In dieser prospektiven Kombination sind ja alle die Wahrnehmungen, Gedanken und Gefühle enthalten, die dem Bewußtsein infolge ihrer Unterschwelligkeit entgangen sind. Hierzu können dem Traum dann noch unterschwellige Erinnerungsspuren zur Verfügung stehen, die ebenfalls nicht mehr im Bewußtsein enthalten sind. Das Bewußtsein pflegt aus dem gesamten sinnlichen Wahrnehmungsfeld immer nur bestimmte Sektoren auszuwählen, und wir erleben in der Regel wesentlich mehr, als wir bewußt wahrnehmen.
Zusammenfassend ergeben sich somit sechs Punkte, die den Begriff der prospektiven Funktion umreißen:
1. Die prospektive Funktion der Träume entwickelt Lösungsentwürfe der unbewußten Psyche für bestimmte Konflikte und Probleme und stellt sie dem Bewußtsein dar. Sie ist damit final, d. h. auf die Zukunft hin orientiert.
2. In ihr kommen psychische Selbststeuerungs- und Selbstheilungstendenzen zum Ausdruck. Diese sind sowohl auf Regeneration und Restitution des geschädigten Organismus hin orientiert als auch auf Entwicklung, Entfaltung und Reifung.
3. Die in den Lösungsentwürfen enthaltene Vorauskombination

des Unbewußten ist teilweise der bewußten Einstellung überlegen, da das Unbewußte auch über unterschwellige Wahrnehmungen und Erinnerungsspuren verfügt.
4. Auch hier bedarf es in den meisten Fällen der sorgfältigen Analyse des manifesten Trauminhaltes, um den prospektiven Entwurf zu erkennen, der innerhalb der Traumsymbolik enthalten ist.
5. Die Lösung, die das Unbewußte im Traum darstellt, kann vom Bewußtsein akzeptiert oder verworfen werden. Auf jeden Fall sollte man sie ernsthaft prüfen. Zu warnen ist natürlich vor einer kritiklosen Übernahme, da auch das Unbewußte negative Tendenzen enthalten kann, die auf den falschen Weg führen.
6. Die prospektive Funktion steht in keiner Beziehung zur Parapsychologie oder zu prophetischen Träumen. Selbst wenn ihre Entwürfe in der Realität in dem einen oder anderen Fall eintreffen, beruht das auf der Kombination von Wahrscheinlichkeiten.

## Die reduktive Funktion

Der prospektiven Funktion gegenüber steht sozusagen als Gegenpol mit negativem Vorzeichen die reduktive Funktion. Sie wirkt negativ kompensierend, indem sie »das Individuum gleichsam auf seine menschliche Nichtigkeit und seine physiologische, historische und phylogenetische Bedingtheit herabsetzt«. (98) Sie tritt in der Regel in zwei relativ häufigen psychischen Situationen auf:
Es gibt viele Menschen, deren Anpassung an die Umgebung relativ gut, oft sogar besonders gut gelungen ist. Sie können durch die Ausbildung einer besonders hochgestochenen Persona auf der einen Seite und durch die Kollektivsuggestion ihrer Umgebung andererseits somit ein Bild von sich selbst vermitteln, das ihren eigenen inneren und wirklichen Möglichkeiten in keiner Weise entspricht oder zu ihrer eigentlichen Persönlichkeit in Widerspruch steht. Ein allgemein sehr bekanntes Beispiel für

diesen Typ von Menschen sind die besonders in unserem Lande so reichlich herumlaufenden kleineren Amtsautoritäten. Sie verwechseln sich selbst mit ihrem Amt und der »Würde«, die sie für ihre Umwelt repräsentieren. In derartigen Fällen besteht die reduktive Funktion ihres Unbewußten und ihrer Träume eben darin, diesen überhöhten Standpunkt abzubauen und auf diesen schönen Schein zersetzend, abwertend und kritisierend einzuwirken.

Sieht man von den besonders krassen Fällen ab, so steckt dahinter letztlich ein kollektives menschliches Problem. An irgendeiner Stelle machen wir uns alle über unsere Gegebenheiten und inneren Wirklichkeiten etwas vor. Viele der Taten und Handlungen, die wir mit dem Mäntelchen besonderen Wertes oder besonderer Moralität umgeben, entspringen bei genauerer Selbstprüfung infantilen oder primitiven Triebbedürfnissen, die auf Erlangung von Macht, Geld oder Sexualität zielen. Ein besonders schönes literarisches Beispiel für die Auseinandersetzung mit diesem Hintergrund ist die Szene in Eliots »Mord im Dom« (99), in der Thomas Beckett sich in einsamer Meditation mit der Tatsache seiner Ermordung und der Frage des Märtyrertums abzufinden hat. Das ganze Problem ist hier zusammengefaßt in den Worten:

> »Tut wer aus schlechtem Grund die gute Tat,
> Übt er den allerschwärzesten Verrat.«

Durch die Tatsache, daß es sich um eine allgemein menschliche Kollektivproblematik handelt, spielt natürlich die reduktive Funktion in jeder Analyse eine große Rolle und tritt in vielen Träumen mehr oder weniger sichtbar in den Vordergrund. Ein besonders deutliches Beispiel bildet der folgende Fall, der von einer Kollegin behandelt wurde:

Es handelte sich um einen ca. 40jährigen Patienten, der sich innerhalb einer großen Firma in die Position eines leitenden Angestellten hinaufgearbeitet hatte, von seiner Umgebung sehr geschätzt und geachtet wurde und der auch die Ausbildung jüngerer Mitarbeiter leitete. Er war etwa zwei Jahre vor Behandlungsbeginn an einer Herzneurose erkrankt. Offensichtlich von seinen Leistungen und seiner Position selbst sehr beeindruckt, bemühte er sich aufs äußerste, überall würdevoll aufzutreten. Seine makellose Kleidung, seine geschraubte, etwas pathetische Sprache, seine altväterlich-patriarchale Einstellung auch seiner Familie und den Frauen gegenüber wirkten deutlich aufgesetzt und künstlich, was ihm selbst nicht bewußt war. Auch seine Einstellung zu einer Kollegin, die etwas älter war als er, war die eines wohlwollend überlegenen Mannes, der sich einerseits wie ein altfränkischer Kavalier benahm, andererseits aber immer nachfragte: »Haben Sie das auch verstanden?« oder »Ist Ihnen klar, wie ich das meine?«, wobei er offensichtlich der minderen Intelligenz der Frauen nicht so viel zutraute. Gleich zu Beginn der Analyse hatte er nun den folgenden Traum, der eigentlich für sich selbst spricht:

»Ich sah den Mann der Königin von Holland, und er fragte mich, ob ich das nicht auch fein finde. Er deutete dabei auf eine Szene: Ein Junge wurde wie früher die Sklaven an einen Stein gefesselt und immmer rund herum gepeitscht. Er trug dieselben Kleider, die ich früher als Kind hatte, und er hatte auch dieselbe Frisur. Der Junge hatte Hunger. Vor ihn wurde Wurst und Essen hingehalten, aber ehe er es erreichen konnte, zog man es immer wieder weg. Ich sagte, daß ich das gar nicht schön fände, und ging weg.

Der Traum führt dem Patienten sehr deutlich vor Augen, daß hinter der glänzenden Fassade, die er vor sich und anderen aufgebaut hat, ein kleiner, hilfloser und gequälter Junge steckt, der zum Sklaven seiner Anpassung, seines Ehrgeizes und seines Leistungsstrebens gemacht worden ist. Würde er dieses Bild annehmen und sich um den Jungen kümmern, was er offensichtlich an dieser Stelle noch nicht einmal im Traum kann, dann müßte er erkennen, daß es mit seiner ganzen Würde nicht so weit her ist, und daß im Grunde genommen ein restlos überzogenes und zurückgebliebenes Kind in ihm ist. Er distanziert sich zwar schon von den königlichen Kreisen, die diesen Tatbestand fein und offenbar ganz in der Ordnung finden, aber er ist doch noch nicht in der Lage, für diesen Jungen etwas zu unternehmen oder sich eindeutig mit ihm zu identifizieren.

Natürlich kann eine derartige Reduktion, die einen Menschen auf seine Kleinheit und Nichtigkeit zurückführt, auch eine ungeheuer prospektive Wirkung haben. Der Weg dieses Patienten in eine Gesundung konnte ja nur darüber führen, daß er schließlich dieses Bild akzeptierte und anfing, dafür zu sorgen, daß dieser vernachlässigte Teil seiner Persönlichkeit auch zu seinem Recht kam und befreit wurde. Es erscheint aber doch angebracht, diesen deutlich reduktiven Charakter mancher Träume von dem prospektiven abzugrenzen. Obwohl beide Träume, die im vorigen Kapitel für das Prospektive gegeben wurden, auch die Symbolik des Kindes oder des Rückweges in die Kindheit haben, sind sie doch ausgesprochen auf die Zukunft hin orientiert. Sie bieten für das existierende Problem Lösungsmöglichkeiten an und haben einen mehr aufbauenden und entwerfenden Charakter. Die ausgesprochen reduktiven Träume wirken dagegen eher zerstörerisch, destruktiv, herabsetzend und vermitteln einen Einblick in eine Wirklichkeit, die nicht so gut und freundlich aussieht, wie man es gerne möchte. Wenn Freud sagte, daß die Menschheit drei große Kränkungen erfahren hat, einmal die, daß die Erde nicht der Mittelpunkt des Weltalls sei, dann die, daß der Mensch vom Affen abstamme, und schließlich die der Psychoanalyse, daß er nicht einmal der Herr in seinem eigenen Hause sei, dann basiert diese Aussage auch auf der reduktiven Funktion des menschlichen Unbewußten, die wie nichts anderes geeignet ist, den Menschen vor Selbstüberschätzung und falscher Größe zu schützen. Die Kritik, die aus dem eigenen Unbewußten kommt, kann in diesem Fall so unbestechlich und scharf sein, wie kaum etwas anderes. Die reduktive Funktion konstelliert hierbei ein Material, »das in der Hauptsache aus persönlichen Verdrängungen infantil-sexueller Wünsche (Freud), infantiler Machtansprüche (Adler) und überpersönlicher, archaischer Denk-, Gefühls- und Triebelemente zusammengesetzt ist.« (98)

Die zweite psychische Situation, in der die reduktive Funktion eine wesentliche Rolle spielt, bezieht sich weniger auf die eigene Person als auf die Projektionen und Kollektiv-Suggestionen, die wir auf andere Personen haben. Überall da, wo wir einem anderen Menschen begegnen, von der Kindheit und den Beziehungen zu den Eltern angefangen, und seinem Nimbus oder einer Kollektividealisierung seiner Person erliegen, bemüht sich das Unbewußte, diese Projektionen aufzulösen. Das betreffende Objekt wird gewissermaßen durch reduzierende Träume wieder auf seinen eigentlichen Wert zurückgestuft. Das Unbewußte korrigiert die Überschätzung und Überbewertung der anderen Person genauso wie die der eigenen. Natürlich entsprechen hierbei die Traumbilder nicht der Realität des anderen, sondern es handelt sich um einen Korrekturversuch der eigenen inneren Einstellung zum anderen. Im Sinne der Kompensation fällt diese natürlich um so krasser und einseitiger aus, je übertriebener die bewußte Einstellung ist.

Ein gutes Beobachtungsmaterial hierfür liefern die Übertragungsträume innerhalb einer Analyse, in denen sich der Patient mit der Figur des Analytikers auseinandersetzt und seine Einstellung zu dessen Person deutlich wird. Da das persönliche Leben des Analytikers für den Patienten in der Regel weitgehend unbekannt ist, eignet er sich besonders für die Aufnahme von Fehleinschätzungen oder Projektionen. Viele Patienten beginnen die Analyse mit der Einstellung, daß der betreffende Arzt eine Art höheres Wesen darstellt mit besonders glänzenden Eigenschaften und besonders hoher Reifungsstufe oder gar magischen und hellseherischen Qualitäten. Es dauert dann meist nicht allzu lange, bis Träume auftreten, in denen der Analytiker auf seine natürlichen menschlichen Gegebenheiten reduziert oder sogar im Sinne der kompensatorischen Funktion stark herabgesetzt wird, was natürlich im Endeffekt auch für eine gesündere und bessere Beziehung zwischen beiden sorgt.

Was hier für die Analyse zutrifft und in ihr vielleicht oft besonders deutlich wird, gilt natürlich auch für die anderen menschlichen Beziehungen draußen. Tauchen solche reduzierenden Träume von Beziehungspersonen auf, so sollten sie unter anderem auch Anlaß dazu geben, die bewußte Einstellung zu dieser Person zu überprüfen. Hierbei wäre es natürlich ein grober Fehler, nun auf der anderen Seite kritiklos in den vom Unbewußten angebotenen Standpunkt zu verfallen, da eine derartige Abwertung auch ganz andere Wurzeln haben kann, wie etwa eigene Neid- und Geltungsprobleme. Es ist überhaupt immer zu beachten, daß der Traum in einen Gesamtzusammenhang der Persönlichkeit eingebettet und ohne eine Kenntnis dieses Zusammenhanges gar nicht zu beurteilen ist.

Im Grunde genommen umfaßt die reduktive Analyse einen großen Teil jeder Psychotherapie. Die in den Träumen zum Ausdruck kommende reduktive Funktion ist daher auch von erheblicher Wichtigkeit. Das wenige, was hierüber gesagt wurde, ist somit eigentlich nur ein Hinweis auf ihre Existenz. Die Reduzierung der Traumelemente auf ihre Ursachen in der infantilen Wunschwelt ist von Freud und seinen Nachfolgern intensiv erforscht worden und heute weitgehend bekannt. Es erübrigt sich deshalb, an dieser Stelle noch einmal ausführlich auf diesen an sich wichtigen und unerläßlichen Bereich einzugehen. Der Leser sei hier auf das entsprechende Schrifttum hingewiesen. Innerhalb der Konzeption der Analytischen Psychologie ist diese reduktive Auffassung und Deutung des Traums nur die eine Seite. Jung hat darauf hingewiesen (21), daß das Individuum zwar auf der einen Seite ein feststehender und unveränderlicher Komplex von gegebenen Tatsachen ist, andererseits aber auch wieder aus einer außerordentlich veränderlichen Wesenheit besteht. Eine ausschließliche Reduktion auf Ursachen würde daher nur zu einer erheblichen Verstärkung der primitiven Tendenzen führen.

Es ist daher notwendig, im Sinne des Lebens- und Entwicklungsprozesses, diese primitiven Neigungen auch durch die Anerkennung ihres symbolischen Gehaltes im Gleichgewicht zu halten. Die ursächliche Wahrheit, zu der die Reduktion führt, ist allein für das Leben noch keine Hilfe, sondern sie bedarf durch Anerkennung der eigentlichen Werte eines Symbols auch einer aufbauenden Wahrheit, die die Hoffnungen und Möglichkeiten einer zukünftigen Entwicklung fördert.

# VI. Allgemeine Bemerkungen zur Methode der Deutung des Traumes

Nachdem in den vorangegangenen Kapiteln vorwiegend die Struktur und die Funktionen des Traumes behandelt worden sind, soll im folgenden über die Grundzüge der Methodik der Traumdeutung in der Analytischen Psychologie gesprochen werden. Hierzu sind einige allgemeine Vorbemerkungen erforderlich.

Der Traum ist ein natürliches psychisches Phänomen, das nicht durch einen bewußten Willensakt hervorgerufen wird, sondern sich spontan ereignet. Er kann daher auch nach unserer Auffassung nicht einseitig kausal-deterministisch auf einen hypothetischen Triebwillen oder Triebwunsch zurückgeführt werden, der lediglich durch andere Instanzen (Traumzensur) verschleiert und verschlüsselt wird. Er steht auch nie für sich allein, sondern ist eingebettet in die Gesamtheit der Erlebnisvorgänge einer bestimmten menschlichen Psyche. Sein Sinn kann daher nur erfaßt werden, wenn der Analytiker, anstatt nach einer bestimmten Ursache zu suchen, den Versuch unternimmt, eine möglichst große Anzahl der Konditionen zu erfassen, aus denen heraus das Phänomen verstehbar wird und in einen Sinnzusammenhang mit dem Gesamt der Psyche und ihrer Entwicklung kommt. C. G. Jung (39) hat daher in die Traumdeutung den von dem Göttinger Philosophen Max Verworn stammenden Begriff des »Konditionalismus« (100) eingeführt. Dieser Begriff ist von Verworn so definiert worden:

»Ein Zustand oder Vorgang ist eindeutig bestimmt durch die Gesamtheit seiner Bedingungen. Daraus ergibt sich:
1. Gleiche Zustände oder Vorgänge sind stets Ausdruck gleicher Bedingungen; ungleiche Bedingungen finden ihren Ausdruck in ungleichen Zuständen und Vorgängen.
2. Ein Zustand oder Vorgang ist identisch mit der Gesamtheit seiner Bedingungen. Daraus ergibt sich: Ein Zustand oder Vorgang ist wissenschaftlich vollständig erkannt, wenn die Gesamtheit seiner Bedingungen festgelegt ist.«

Das bedeutet nun praktisch, daß das Bild oder Motiv im Traum nicht eindeutig determiniert ist, sondern jeweils nach dem Gesamtzusammenhang eine andere Bedeutung haben kann. Es kann niemals aus sich allein heraus beurteilt werden, sondern sein Stellenwert ergibt sich erst aus der Konstellation innerhalb des ganzen Traumes, der Bewußtseinseinstellung des Träumers und dem umgebenden Kontext. Was unter letzterem zu verstehen ist, wird im folgenden noch besprochen.

Ein solcher Konditionalismus bedeutet nun nicht, wie eventuell falsch verstanden werden könnte, eine Aufhebung der Kausalität, sondern nur eine Auflockerung in der Richtung, daß ein Traumelement nicht streng kausal auf eine einzige bestimmte Ursache hin determiniert (wie bei Freud viele Symbole immer eine sexuelle Determinierung haben), sondern durch ein ganzes Faktorenbündel bedingt ist. Der Mathematiker nennt das eine n-dimensionale Kausalität, und auch die Medizin arbeitet heute vorwiegend auf dieser Basis. Selbst bei den weitgehend einseitig determinierten Infektionskrankheiten sind wir uns heute darüber klar, daß außer den Viren oder den Bakterien noch eine ganze Reihe von zusätzlichen somatischen und psychischen Konditionen zusammentreffen müssen, um die Erkrankung auszulösen, von der Gestaltung des individuellen Krankheitsbildes ganz zu schweigen.

Diese Vielzahl von Konditionen trifft auch auf den Traum zu, und wir müssen konstatieren, daß der Traum und in ihm jedes einzelne Traumelement vieldeutig ist und ein ganzes Bündel von Konditionen zu ihm gehört. Nur in den seltensten Fällen wird es möglich sein, dieses Bündel in allen seinen Einzelheiten darzustellen, und es gehört zur Kunst der Traumdeutung, hier unter den möglichen Faktoren die Intensitäten richtig zu erfassen und zu beurteilen. Für Jung ist daher der Traum auch immer ein sehr viel komplexeres Phänomen gewesen, als nur ein Hüter des Schlafes, der einzelne Triebwünsche zu verarbeiten und abzuwehren versucht, obwohl auch diese Seite keineswegs negiert wird.

Ich möchte nun zunächst eine Aufstellung von möglichen Konditionen geben, die bei der Erschließung der Bedeutung des

Traumes im wesentlichen beachtet werden sollten. Hierbei halte ich mich an eine Aufzählung, die Jung in seinem Seminar über Kinderträume 1936/37 (19) gegeben hat. Ein Teil dieser Konditionen ist in Kapitel I bei der Beschreibung der drei verschiedenen Traumtypen bereits ausführlicher dargestellt worden, wie auch in den Kapiteln über die Traumfunktionen.

1. Der Traum stellt die unbewußte Reaktion auf eine bewußte Situation dar.

2. Er stellt eine Situation dar, die aus dem Konflikt zwischen Bewußtsein und Unbewußtem entstanden ist.

3. Er stellt die Tendenz des Unbewußten dar, welche auf eine Veränderung der bewußten Einstellung abzielt.

4. Er stellt unbewußte Prozesse dar, welche keine Beziehung zum Bewußtsein erkennen lassen. Derartige Prozesse können:

a) somatisch sein. Hierher gehören die somatischen Störungsquellen, wie Organsensationen, Netzhautreize, vestibuläre Reize u. ä.;

b) von der psychischen Innenwelt her bedingt sein und aus kreativen Quellen entspringen;

c) aus physischen Ereignissen der Umwelt bedingt sein, wozu z. B. die Abhängigkeit von Jahreszeit und Klima gehört. So meinte z. B. schon Tertullian (101), daß das Frühjahr ruhige, der Herbst gereizte Träume brächte. Nach Siebenthal, dem ich diese Bemerkung entnommen habe, soll feststehen, daß die Traumzahl bei schlechter Witterung, bei Sturm und bei fallendem Barometer zunimmt;

d) durch psychische Ereignisse der Umwelt hervorgerufen werden, die sowohl die Vergangenheit als auch die Zukunft des Träumers betreffen.

5. Der Traum kann eine Wiederholung von vorausgegangenen Erlebnissen sein. Diese sogenannten Reaktionsträume, die auf psychische Schockerlebnisse erfolgen, wiederholen ein oder mehrere Male das traumatische Erlebnis

6. Der Traum stellt unbewußte Inhalte dar, welche entweder ihre ursprüngliche Beziehung zum Bewußtsein längst verloren oder eine solche nie gehabt haben. Hierher gehört das Neuauftauchen von bestimmten psychischen Erlebnisqualitäten und de-

ren Verarbeitung etwa innerhalb der verschiedenen Reifungsstufen der menschlichen Entwicklung und des Lebensablaufes wie auch das Wiederanknüpfen an sehr früh blockiertes Erleben.

7. Endlich kann der Traum auch zukünftige Inhalte der Persönlichkeit darstellen, die aber in der Gegenwart als solche nicht erkannt werden. Einen besonders eindrucksvollen Fall des Auftauchens einer solchen zukünftigen Persönlichkeit aus dem Unbewußten hat C. G. Jung in seiner Dissertation »Zur Psychologie und Pathologie sogenannter okkulter Phänomene« (102) beschrieben.

Während Freud den Traum als eine Art Bilderrätsel aufgefaßt hat, der einen oder mehrere bestimmte Triebe bzw. Triebrepräsentanzen unter dem Druck einer Zensurinstanz verschlüsselt zur Darstellung bringt, hat Jung immer dem Traum gegenüber die Metapher einer unbekannten Inschrift oder eines unverständlichen Textes benutzt. Dieser Text hat nicht wie das Bilderrätsel eine Fassade, hinter der bestimmte, ganz anders lautende Abstraktionen zu suchen sind, sondern er kann von uns zunächst einfach nicht gelesen werden. Es handelt sich um eine unserem Bewußtsein unbekannte und fremde Sprache, die wir, um sie unserem heutigen Bewußtsein verständlich zu machen, übersetzen müssen. E. Fromm (25) hat sicher mit Recht den Traum als die einzig noch existierende archaische Universalsprache der Menschheit bezeichnet. Jung hat einmal etwas drastisch die Parallele zu gewissen Befunden in der Medizin gezogen und gemeint (13): »Wenn ich bei einer Untersuchung Zukker im Urin finde, dann ist dieser Zucker eben Zucker und nicht etwa eine Fassade für Eiweiß.« Hier wendet sich Jung gegen Freuds Tendenz, in dem übertriebenen Affekt der Frühzeit der Psychoanalyse hinter allen Symbolen verschlüsselt Libidinös-Sexuelles zu suchen.

Die Analytische Psychologie geht also nicht darauf aus, hinter einer Traumfassade ein mechanistisches Gewebe von gegeneinander und miteinander arbeitenden Trieben zu deuten, obwohl niemand bezweifelt, daß diese Triebe im Traum unter anderem auch enthalten sind. Sie geht vielmehr darauf aus, diesen fremden und uns unverständlichen Text zunächst einmal lesen zu lernen. Als eine entsprechende Metapher könnte hier vielleicht das Erlernen der chinesischen Wortschrift benutzt werden, die jeweils für ein ganzes Wort ein bestimmtes Zeichensymbol hat. So gibt es in dieser Schrift z. B. ein bestimmtes Zeichen für »glückliche Ehe«. Wenn wir dieses Zeichen lesen und übersetzen, dann ist es nicht etwa nur ein Deckzeichen für einen sexuellen Trieb, obwohl durchaus Sexuelles und Erotisches in ihm enthalten ist, sondern es enthält einen ganzen Vorstellungskomplex mit einer Vielzahl von Gegebenheiten, die in diesem Begriff enthalten sind. Das Verstehen des fremden Schriftzeichens entsteht dann dadurch, daß in dem Übersetzer ein ganzer Vorstellungs- und Gefühlskomplex angesprochen und psychisch nachvollzogen wird.

Spinnen wir diese Metapher noch etwas weiter aus, so werden in einem Traumsymbol, dessen Inhalt sich auf »glückliche Ehe« bezieht, nicht nur Vorstellungs- und Gefühlsinhalte aus dem persönlichen Erleben des Träumers dargestellt, sondern entsprechend der Lehre vom kollektiven Unbewußten auch kollektives Material. Dieses kollektive Material kann durchaus im Gegensatz zu den Dominanten des derzeitigen kollektiven Bewußtseins stehen. Ist das Ich des Betreffenden in der Lage, diesen Gegensatz richtig zu verarbeiten, so braucht der Prozeß keineswegs immer zu einer Anpassung an den gegenwärtigen Bewußtseinszustand der Kultur zu führen. Es kann vielmehr zu einer sinnvollen Neugestaltung von Inhalt, Form und Erleben einer dauerhaften Beziehung zwischen zwei Menschen verschiedenen Geschlechtes kommen, die unter Umständen über den augenblicklichen Standort des Kollektivs hinausgreift in eine zukünftige Entwicklung.

Das einzelne Individuum wird nicht nur für sich selbst im Sinne seiner eigenen Individuation dazu veranlaßt werden, bisherige Formen und Inhalte aufzugeben, sondern muß auch den Mut besitzen, für seine Wahrheit, die vielleicht nicht den kollektiven Normen entspricht, gegenüber der Umwelt einzutreten. In diesem Sinne ist auch das, was unter den Nummern 3 und 6 über die Traumkonditionen gesagt wurde, zu verstehen.

Aus diesem Zusammenhang ergibt sich auch die Auffassung der Analytischen Psychologie, daß die Neurose nicht nur als ein krankhafter Vorgang aufzufassen ist, bei der ein Teil der Persönlichkeit in infantilen Erlebnis- und Verhaltensweisen stekkengeblieben ist und die notwendige Anpassung an die existierende Gesellschaft vermissen läßt. Sie ist vielmehr auch unter einem sozio-historischen Gesichtspunkt zu betrachten, wobei gerade der an einer neurotischen Symptomatik Erkrankte zu denjenigen Persönlichkeiten gehört oder gehören kann, deren psychische Situation bereits prospektiv über die zur Zeit existierende Gesellschaftsordnung hinweg auf eine zukünftige Weiterentwicklung hinzielt. Die neurotischen Symptome entstehen dann dadurch, daß von einem nicht genügend aufgeschlossenen, labilen oder zu ängstlichen Ich diese Tendenz abgewiesen, verdrängt und nicht realisiert wird. Die Neurose wird dann zum Ausdruck einer nicht gelebten Kreativität. Nach den Ausführungen von Kohut (103) beginnt sich eine derartige Auffassung der Neurose in jüngster Zeit auch in der Freudschen Schule durchzusetzen.

Kehren wir aber zur Methodik der Traumdeutung zurück. Der Standpunkt der heutigen Tiefenpsychologie ist, daß der Traum und seine Symbole nur aus dem individuellen Zusammenhang her zu verstehen sind. Es gibt also nicht die Möglichkeit, im Sinne einer Übersetzung in einer Art Traumlexikon nachzuschlagen, welche Bedeutung oder Bedeutungen ein Traumsymbol haben kann, sondern die Sinnerfassung eines Traumsymbols oder eines Traumes kann immer nur aus dem Gesamtzusammenhang der im Individuum zu dieser Zeit ablaufenden psychischen Prozesse erfaßt werden. In einer anderen Zeit, einer anderen Situation oder bei einem anderen Menschen kann ein und dasselbe Symbol einen völlig anderen Sinn ergeben. Es ist daher unbedingt nötig, eine ganze Reihe von Daten zu sammeln, die dem Traumtext selbst zusätzlich beizugeben sind. Die Gesamtheit dieser Daten bezeichnen wir als den Kontext. Wir wollen im folgenden nun besprechen, aus welchen einzelnen Elementen dieser Kontext besteht.

Eine erste und sehr wichtige Frage, die wir uns zum Verständnis eines Traumes stellen müssen, ist die nach dem aktuellen Konflikt oder Problem, mit dem sich der betreffende Träumer gerade auseinandersetzt. Hat er z. B. ein Eheproblem, einen Konflikt mit Freunden oder Autoritäten, setzt er sich mit einer religiösen Frage auseinander, hat er eine aktuelle Schwierigkeit mit seiner Produktivität, beschäftigt er sich mit gesellschaftlichen Problemen o. ä. – die Skala dieser Möglichkeiten ist sehr groß. Es ist für den Analytiker auch wichtig, nicht gleich dieses aktuelle Problem auf irgendeinen strukturellen Grund zu reduzieren, sondern es in seiner wirklichen Existenz zu sehen und ernst zu nehmen. Wir haben uns weiterhin zu fragen, welche inneren Instanzen bei diesem aktuellen Problem beteiligt sind und in welcher Form das der Fall ist. Ist es zum Beispiel ein Anima-Problem und mit welcher ihrer Erscheinungsformen, oder ist es ein Vaterfigur-Problem und mit welchem Aspekt? Wir müssen so versuchen, das im Zeitpunkt des Traumes konstellierte aktuelle Problem sowohl in der Außenwelt als auch in der Innenwelt möglichst genau zu kennen und zu beschreiben. Hierher gehört auch die Beurteilung, welche der vier verschiedenen Funktionstypen, Denken, Fühlen, Empfinden oder Intuieren, zur Zeit das Bewußtsein dominiert und welche Funktion die minderwertige ist.

Ebenso müssen wir die zur Zeit typischen und dominierenden Konstellationen des kollektiven Bewußtseins dieses Menschen kennen. Wir verstehen unter dem kollektiven Bewußtsein die Gesamtheit der Traditionen, Konventionen, Sitten, Vorurteile, Regeln und Normen einer menschlichen Kollektivität. (14) In einer so pluralistischen Gesellschaft wie der unseren variieren diese in den verschiedenen Gruppen der Gesellschaft ganz erheblich. Diese kollektiven Bewußtseinsdominanten geben dem psychischen Verhalten einer Gruppe als ganzer die Richtung, und obwohl sie dem einzelnen Individuum in der Regel bewußt oder teilbewußt sind, werden sie doch völlig unreflektiert und oft mit völliger Kritiklosigkeit nachgelebt. Teilweise entspricht dieser Begriff des kollektiven Bewußtseins dem Freudschen Begriff des »Über-Ich«. In die Beschreibung des Aktualkonfliktes

gehört auch das ebenfalls von Freud beschriebene rezente neue Vortagserlebnis, das häufig den Traum ausgelöst hat, und seine Beziehung zu dem Aktualkonflikt hinein.
Um den dynamischen Vorgang des Komplexes zu erfassen, der den Traum hervorgerufen hat, muß der Begriff des Historischen mit eingefügt werden. Hierbei sind immer die drei Gegebenheiten von Vergangenheit, Gegenwart und Zukunft enthalten. Mit der Beschreibung des Aktualkonfliktes haben wir nur die Gegenwart erfaßt. Die Vergangenheit entspricht den infantilen Wurzeln, d.h. den Innen- und Umwelteinflüssen der Kindheit, die in den betreffenden Traum mit eingegangen sind. Der Zukunft entspricht dann der dem Traum innewohnende Trend zur Lösung des Problems; ihr entspricht auch, was vorher über die kompensatorische und die prospektive Funktion gesagt wurde.
Es folgt nun das, was in der eigentlichen Analysenstunde nach der Erzählung des Traumes erarbeitet wird, nämlich die Aufnahme der subjektiven und objektiven Assoziationen des Träumers. In dem späteren Kapitel über die Methode der Amplifikation wird noch ausführlich auf diesen Prozeß eingegangen werden. Hier sei zunächst nur so viel gesagt, daß wir unter den subjektiven Assoziationen diejenigen Einfälle des Träumers verstehen, die sich auf die persönlichen Erlebnisse seiner Lebensgeschichte beziehen. Objektive Assoziationen beziehen sich dagegen auf kollektive Vorstellungsinhalte, die aus Mythos, Märchen, Folklore, Ethnologie etc. stammen.
Besonders bei archetypischen Träumen muß dann eine Beistellung mythologischer Parallelen von seiten des Analytikers erfolgen. Hierbei ist streng zu unterscheiden, was der Analytiker für sich selbst an derartigen Parallelen aufsucht, um den Sinn des Traumes besser zu erfassen, und dem, was in der Analyse dem Patienten an derartigen Mythologemen mitgeteilt wird. Es ist ein grober, leider nur allzu häufig begangener Fehler, einen Patienten mit mythologischen oder gar alchimistischen Parallelen zu seinen Traummotiven zu füttern. Bestenfalls hält der Patient es für Unsinn und für eine Marotte seines Analytikers und vergißt es schleunigst, und im schlimmeren Fall wird dadurch eine Inflation des Bewußtseins durch die archetypi-

schen Bilder ausgelöst und damit ein massiver Widerstand aufgebaut, den der nachfolgende Analytiker, der den Schaden wiedergutmachen soll, nur sehr schwer abbauen kann. Es gibt zu diesem Problem die schöne Legende vom Buddha im Simsapawalde, in welcher erzählt wird:

»Als der Erhabene einst in diesem Walde weilte, nahm er eine Handvoll Blätter, zeigte sie seinen Jüngern und sagte ihnen, daß ebenso wie die Blätter in seiner Hand wenige seien im Vergleich mit den Blättern des ganzen Waldes, so sei das, was er verkündet habe, nur ein Bruchteil von dem, was er wisse; daß er aber nur so viel seinen Jüngern erschließen wolle, als ihnen dienlich sei, um Befreiung zu erlangen!« An einem einfachen Beispiel läßt sich verdeutlichen, was die mythologische Analogie dem Arzt sagen kann und was er dem Patienten besser nicht sagt. Der nachfolgende Traum (104) stammt von einer 20jährigen Patientin, die das Kind eines Besatzungssoldaten war. Der Vater war ein dreiviertel Jahr nach der Geburt der Patientin in seine Heimat zurückgekehrt und hatte nie wieder etwas von sich hören lassen. Die Patientin wurde vorwiegend von der Großmutter, zum Teil auch von der berufstätigen Mutter erzogen. Der ganze erste Abschnitt der Analyse bestand in einer Auseinandersetzung mit diesen Mutterfiguren. Über den Vater existierten nur zwei sehr gegensätzliche Phantasien: Nach der einen meinte die Patientin, sie hätte überhaupt keinen Vater gehabt, sondern wäre, wie vom ägyptischen Skarabäus lange Zeit geglaubt wurde, aus einer Selbstzeugung heraus entstanden. Nach der anderen war ihr Vater in seiner Heimat ein großer, mächtiger Schloßherr, der über riesige Ländereien verfügte und eines Tages kommen würde, um sie zu holen.

Der Traum trat in der 84. Behandlungsstunde auf und lautete folgendermaßen: »Ich war mit ein paar Kindern und Jugendlichen in einem großen Saal, der zu einem Schloß gehörte. Ich weiß nur, daß wir gefangengehalten wurden und daß etwas Schreckliches passieren sollte. Ich öffnete eine Tür und erschrak entsetzlich. Dort befand sich ein Mensch, der in alle Einzelteile zerlegt war, die auf Glasplatten lagen, aber der Mensch lebte. Er sagte, wenn wir ihn zusammensetzen könnten, so würde er, und nur er, uns helfen können. Daß dies ein verbotener Raum war, war uns klar, und so stand ich in der Tür und paßte auf. Auf einmal war ein furchtbarer Krach zu hören, und Menschen in alten Trachten, ähnlich der Kleidung des frühen Mittelalters, etwa so wie die Kreuzritter aussahen, stürmten in die Burg. Ich war so erleichtert, da wir ja den Menschen hatten, der uns helfen wollte, aber als ich mich umdrehte, hielt der eine Junge nur eine leblose Puppe in der Hand. Ich erschrak sehr, denn in diesem Augenblick schaute so ein Krieger durch das Fenster in unser Zimmer.«

Unabhängig von den übrigen Inhalten des Traumes möchte ich hier nur auf das Zerstückelungsmotiv eingehen. Es ist unschwer zu erkennen, daß das Schloß in einer Beziehung zu der Vaterphantasie steht und der zerstückelte Mann selbst offenbar dem Vaterbild der Patientin entspricht. Versteht man das Motiv nur auf der Trieb- und nicht auch auf der Sinnebene, so wird man in der grausamen Zerstückelung nur die verdrängte Enttäuschungswut über das Verlassenwerden durch den Vater sehen, die sich in einer schweren sado-masochistischen Komponente äußert. Da dieser unbewußte Sado-Masochismus infolge seiner Unbewußtheit auch in die anderen Männerbeziehungen der Patientin projiziert wird, blockiert er diese und zerstört sie. Die Wiederherstellung bzw. Heilung des Zerstückelten entspricht dann nur den Schuldgefühlen, die der Vaterhaß hervorruft, und versucht, diesen wieder rückgängig zu machen.

Zerstückelung und Wiederherstellung des Zerstückelten ist nun aber auch ein uraltes mythologisches Motiv, das wir bereits im altägyptischen Osiris-Mythos finden (60): »Nachdem Isis die Leiche ihres Gatten Osiris bei dem König von Byblos wiedergefunden hatte, dessen Totenlade in einer Zedernsäule des Palastes eingelassen war, reiste sie mit dem Sarg zu ihrem Sohn Horus, der in Butu aufgezogen wurde. Dort stellte sie den Sarg beiseite. Typhon, eine Personifikation der dunklen, destruktiven Mächte, der Feind und Mörder des Osiris, fand den Sarg und erkannte den Leichnam. Er zerriß ihn in vierzehn Stücke und verstreute sie über ganz Ägypten. Als Isis das vernahm, fuhr sie mit einem Papyrusboot durch die Sümpfe und suchte die Stücke wieder zusammen. Alle fand sie bis auf den Phallus, den ein Fisch verschlungen hatte. Der wiederzusammengesetzte Osiris regierte daraufhin in der Unterwelt als Totenrichter. Aus ihr kam er noch einmal auf die Erde zu seinem Sohn Horus zurück und rüstete ihn für die Schlacht gegen Typhon, die Horus nach vielen Kämpfen dann auch siegreich führte.«

Die wesentliche Idee dieses Mythos ist die Wiedergeburt auf einer anderen Ebene nach der Zerstückelung. Osiris wird der König des Totenreiches und bildet so den stabilen und helfenden Hintergrund für den Kampf des Sohnes in der Welt.

Dem Analytiker wird die Kenntnis dieser mythischen Analogien und ihres Sinngehaltes einen Hinweis darauf geben, daß es auch in dem Traummotiv um mehr geht als um die mit Schuldgefühlen besetzte Verdrängung eines destruktiven Erlebens, das gegen den persönlichen Vater gerichtet ist. Es handelt sich vielmehr um einen ersten Versuch des Unbewußten, ein stabiles, Sicherheit vermittelndes Vater- und Männerbild wiederherzustellen, ein Versuch, der aber hier noch mißlingt. Ein derartiges Hintergrundsbild wäre dann auch in der Lage, wie die Aussage des Traumes lautet, dem Ich der Patientin die Möglichkeit zu geben, sich zu verteidigen und eine Stabilität gegen wilde, aggressive Ideen und Phantasien zu finden, die sie zu vernichten drohen.

Nun wäre es natürlich völlig fehl am Platz, der jungen Patientin, die sich mit derartigen Fragen nie beschäftigt hat, hier etwa den Osiris-Mythos zu erzählen. Damit könnte sie nichts anfangen, und es würde sie höchstens verwirren. Dagegen kann der Traum dem Analytiker den Hinweis geben, daß es jetzt an der Zeit ist, die Dissoziation des Vaterbildes zu beheben und das Ich der Patientin aus den oben genannten Phantasiebildungen zu lösen. Ein weibliches Ich, das nur in der Selbstzeugung existiert, d. h. ganz einsam und auf sich allein gestellt und nie in der Lage ist, sich an einen Mann anzulehnen, sich verteidigen oder sich helfen zu lassen da, wo es sinnvoll und richtig ist, ist nicht lebensfähig. Genausowenig lebensfähig ist das Ich, das in einer passiv-regressiven Erlösungssehnsucht verharrt und auf einen mächtigen und reichen Vater wartet, der nie kommen wird. Es geht bei dieser Patientin also darum, eine realistische und konkrete Vorstellung vom Vater und darüber hinaus zum Mann zu entwickeln und den Anschluß an ein heiles archetypisches Vaterbild in sich selbst zu finden, das der persönliche Vater nicht vermitteln konnte. Der nächste Schritt in der Analyse muß demnach sein, zunächst einmal den Mut zu der Frage aufzubringen, der die Patientin bisher immer ausgewichen ist: »Wer war mein Vater eigentlich wirklich? Wie kommt es, daß Väter so etwas tun können bzw. müssen, was mein Vater getan hat? Liegt es im Wesen des Mannes, immer so zu sein? Wie kann ich trotz dieses Schicksals mein Leben bewältigen? Wo finde ich dabei wirkliche Hilfe, bei einem Mann oder bei einer Vaterfigur?«

Wir haben hier also einen Fall, in dem die objektiven Assoziationen des Analytikers lediglich für diesen selbst bestimmt sind und dem Patienten, mindestens zu diesem Behandlungszeitpunkt, nicht mitgeteilt werden sollten. Trotzdem enthält die Analogie den wesentlichen Hinweis für das Verständnis des anlaufenden Prozesses und wird von der Haltung her auch konkret den weiteren Verlauf beeinflussen. Ein solches Vorgehen trifft natürlich keineswegs immer zu, und es kann in einem anderen Fall und in einer anderen Situation durchaus angebracht und therapeutisch sehr sinnvoll sein, dem Patienten derartige Analogien auch anzubieten, sie ihm mitzuteilen und sie mit ihm durchzusprechen. Entsprechende Beispiele hierfür sollen in dem Kapitel »Die Amplifikation« noch gegeben werden.

Kehren wir aber nun zu der Aufnahme des Kontextes zurück, so gehört zu diesem als ein weiterer wichtiger Faktor die Beschreibung der Übertragungs- und Gegenübertragungssituation. Jeder Traum, den ein Patient in der Analyse bringt, kann grundsätzlich auch als ein Abbild der Beziehung zwischen Analytiker und Patient aufgefaßt werden. Es ist daher zunächst die Frage zu stellen, welche Figuren oder Symbole des Traumes der Patient auf den Arzt projiziert. Derartige Projektionen sind unabhängig von Geschlecht, Alter und Person des Arztes. So kann das Unbewußte des Patienten einen männlichen Analytiker durchaus als Mutter- oder Schwesterfigur oder als Kind erleben und vice versa. Ebenso sind solche Projektionen, so merkwürdig es zunächst klingen mag, nicht an menschliche Figuren gebunden. Das Gegenüber des anderen Menschen kann vom Unbewußten her auch z. B. als Elektronenhirn, als wildes oder helfendes Tier, als Baum oder als irgendein anderes Symbol erlebt werden. So gehört zur Deutung eines Traumes auch die Beachtung und Feststellung derjenigen Traumsymbole, die auf den Analytiker projiziert werden, und die Darstellung der für die Übertragung relevanten Assoziationen des Patienten. Auf der anderen Seite ruft das energetisch aufgeladene Bild eines Traumes und die Einstellung des bewußten Ich zu diesem Bild auch eine Reaktion in der Psyche des Analytikers hervor. Der Patient läßt wie auf einem Instrument durch Traum und Assoziationen in der Psyche des Analytikers gewisse Töne und Tonfolgen anklingen. Das bedeutet, daß der Analytiker auf Trauminhalte und Emotionen mit eigenem anklingenden emotionalen und inhaltlichen Erleben reagiert, das sinnvollerweise bei der Beurteilung und Deutung des Traumes mit zu verwerten ist. Innerhalb eines vollständigen Kontextes sind also diese Emotionen bzw. Assoziationen des Analytikers mit aufzuführen. Nur durch diese Miteinbeziehung der Psyche des Analytikers entsteht ein vollständiges Bild des zunächst unbewußten Kraftfeldes, das sich zwischen den beiden beteiligten Personen konstelliert hat und das der Traum in Form einer dynamischen Bildfolge im Bewußtsein darstellt.

Ein letzter Punkt gehört bei ganz bestimmten Fällen noch zur Herstellung des Kontextes. Insbesondere bei den Kindertherapien und in der analytischen Behandlung von Psychosen ist der Arzt oft auf die Informationen von Beziehungspersonen angewiesen. Der Patient kann in diesen Fällen oft wenig oder gar nichts über die Daten seiner Lebensgeschichte bzw. deren Ereignisse und sein Erleben aussagen, obwohl diese Kenntnis zur richtigen Erfassung bestimmter Traumbilder erforderlich ist. Sosehr diese sogenannten objektiven Informationen dritter Personen auch ihrerseits subjektiv durch die entsprechende Einstellung zum Kranken gefärbt sein mögen, stellen sie doch zum Teil

bei diesen Ausnahmen eine wichtige Hilfe und Informationsquelle dar.
Stellen wir noch einmal die zur Aufstellung eines vollständigen Kontextes erforderlichen Daten zusammen, so ergibt sich folgendes Bild:

1. Darstellung der gegenwärtigen Bewußtseinslage.
2. Darstellung des aktuellen Problems einschließlich dessen genetischer Verwurzelung.
3. Das vorangegangene traumauslösende Ereignis.
4. Die subjektiven und objektiven Assoziationen des Träumers.
5. Objektive Assoziationen des Analytikers, d. h. Beistellung archetypischer Analogien zu den Traummotiven.
6. Darstellung der Übertragungs- und Gegenübertragungsinhalte, die zum Traum gehören.
7. In besonderen Fällen (Psychose- und Kindertherapie) Beistellung objektiver Informationen von seiten Dritter.

Man muß sich klar sein, daß es sich hierbei um eine theoretische Idealforderung handelt. Ihre praktische Durchführung ist in keinem Fall bei jedem Traum möglich, da dies schon von der analytischen Situation her auf Grenzen stößt. Diese Situation erlaubt ja grundsätzlich keine Befragung des Patienten, sondern ist auf seine spontane Aussage und auf sein Verhalten in der Sitzung angewiesen. So ergeben sich viele wichtige und aufschlußreiche Kenntnisse besonders der Punkte 1 bis 3 oft erst nach längerer Dauer der Analyse. Ein mehr oder weniger vollständiges Bild des Kontextes, so könnte man etwas überspitzt sagen, ist damit oft erst am Ende einer Therapie vorhanden. Ebenso können die Patienten zu früheren Träumen oder sich wiederholenden Traummotiven zurückkehren und liefern im Verlauf der weiteren Therapie zu diesen erst die eigentlich sinnerhellenden Assoziationen. Hierfür sei zum Abschluß noch ein Beispiel aufgeführt.[8]
Es handelt sich um eine Patientin, die zu Beginn der Behandlung 20 Jahre alt war und wegen Arbeitsstörungen, Waschzwängen, Verfolgungsängsten und Medikamentensucht die Be-

[8] Traum und Falldarstellung sind ausführlich behandelt in Dieckmann, Zum Aspekt des Grausamen im Märchen. (62)

handlung aufsuchte. Sie war nach kurzer Ehe geschieden worden und hatte ein Kind. Der Ehemann war wesentlich älter als sie gewesen und eine ausgesprochene Vaterfigur. Sie hatte ihn durch die Vermittlung ihres Vaters kennengelernt. Dieser war offenbar recht patriarchal und dominierte innerhalb der Familie, in der außer der Mutter noch eine jüngere Schwester der Patientin vorhanden war. Der Ehemann, den sie dann gegen den Willen des Vaters sehr früh heiratete, erwies sich als eine recht dunkle Figur. Er war zwar ein intellektuell sehr begabter Mann, hatte aber starke hochstaplerische und sadistische Züge, durch die er die Patientin sehr quälte. Zur Zeit ihrer Therapie verbüßte er eine längere Gefängnisstrafe.

Der erste Traum, den die Patientin in die Analyse brachte, handelte von diesem Ehemann, der sie mit einem Messer in der Hand verfolgte und vor dem sie angstvoll floh. Auch in den späteren Analysenstunden tauchte dieses Motiv, von einem Mann mit einem Messer bedroht zu werden, insbesondere in ihren Verfolgungsideen, immer wieder auf. Die Angst vor einer solchen Verfolgung durch den geschiedenen Ehemann war real durchaus berechtigt. Er hatte seit der Scheidung ununterbrochen versucht, immer wieder Kontakte zu ihr aufzunehmen, und sie auch bedroht und belästigt, selbst noch aus dem Gefängnis heraus über dritte, ihnen beiden bekannte Personen. Die Bedrohung selbst und die Angst vor ihm war also etwas, was der Patientin durchaus bewußt war und was sie nicht hätte zu träumen brauchen. Nicht bewußt war ihr allerdings, daß in der Figur des Ehemanns eine Vaterfigur enthalten war und wie tief sie selbst an den Vater fixiert war.

Man kann nun über die Symbolik des Messers, mit dem sie verfolgt wurde, eine Reihe von Spekulationen anstellen, da zunächst keine Assoziationen zu diesem Motiv von der Patientin selbst zu erhalten waren. So könnte es sich z. B. um ein verdrängtes und sehr eindrucksvolles Realerlebnis aus der Frühkindheit handeln, wo ein wütender Vater gleichzeitig ein Messer in der Hand hielt oder sie durch irgendeinen Ausspruch in dieser Richtung bedrohte. Man kann auch eine Inzest- und Sexualangst vermuten, in der das Messer gleich Penis gesetzt wird, oder eine Kastrationsangst, die den Frauen durch die Männer geschieht. Die eigentliche Auflösung und Erklärung dieses Motives fand aber erst in der 84. Stunde statt, in der die Patientin folgenden Traum hatte:

»Ich befand mich in einem Riesengebäude mit vielen Räumen. Ich sagte zu den Leuten dort, daß man meinen geschiedenen Mann rauslassen müßte, der dort eingesperrt war, und mich an seiner Stelle einsperren sollte. Oben auf dem Boden war ein Mensch, der sagte, wenn ich mir im Keller die Hände abhacken ließe, könne ich zu ihm. Ich ging hin, und ein Mann schnitt mir mit dem Messer die Hände ab. Ich weinte nicht und wurde dann raufgeführt und zu ihm gelassen.«

Der Traum war von starken Emotionen begleitet. Nachdem die Patientin diesen Traum erzählt hatte, kam zunächst undeutlich, aber ebenfalls mit starker Gefühlsbesetzung ihre Erinnerung hoch, daß es ein Märchen gäbe, in dem einem Mädchen die Hände abgehackt würden. Gerade dieses Märchen aber sei in ihrer Frühkindheit ihr Lieblingsmärchen gewesen, und sie hätte es immer wieder hören und lesen wollen. Es handelt sich um das Grimmsche Märchen »Das Mädchen ohne Hände« (61), das in mehreren anderen Varianten auch aus Rußland (105), Japan (106), Frankreich (107) und aus dem Donauland (108) bekannt ist.

Der Beginn dieses Märchens lautet in gekürzter Form: »Ein armer Müller, der nichts mehr besaß als seine Mühle und einen Apfelbaum dahinter, ging eines Tages in den Wald und traf dort einen alten Mann. Dieser versprach ihm Reichtum, wenn er ihm das gäbe, was hinter seiner Mühle stünde. Da der Müller annahm, daß es sich um den Apfelbaum handele, ging er auf den Vorschlag ein und fand, als er nach Hause zurückkam, Kisten und Keller gefüllt. Als aber seine Frau von dem Handel erfuhr, rief sie entsetzt aus, daß es der Teufel gewesen sein müßte, der nicht den Apfelbaum gemeint hätte, sondern die Tochter, die hinter der Mühle gestanden hatte und den Hof kehrte.

Als die Zeit herum war und der Böse sie holen wollte, wusch sie sich rein und machte mit Kreide einen Kranz um sich, so daß der Teufel ihr nicht zu nahe kommen könne. Zornig forderte dieser von dem Müller, alles Wasser von ihr zu entfernen. Als der Teufel aber am anderen Morgen wiederkam, hatte sie auf ihre Hände geweint, und immer wieder konnte er ihr nicht nahen. Da verlangte er wütend von dem Müller, er solle ihr die Hände abhauen, was dieser unter der Drohung, er würde sonst selbst geholt, schließlich auch tat. Als der Teufel aber zum drittenmal kam, hatte das Mädchen so lange und so viel auf die Stümpfe geweint, daß sie wiederum ganz rein waren. Da mußte er weichen und hatte alles Recht auf sie verloren.«

Im weiteren Verlauf des Märchens verläßt dann diese Müllerstochter ihr Elternhaus, und nach einer langen Frist, bei der sie immer wieder den Verfolgungen des Teufels ausgesetzt ist, findet sie endlich eine endgültige und stabile Beziehung zu dem König, der sie im ersten Teil ihrer Suchfahrt geheiratet und mit dem sie ein Kind gehabt hatte. Die Hände wachsen ihr am Ende des Märchens wieder, als sie sich in einer »Zelle« im Walde befindet und dort nur für ihre Tochter lebt.

Dieses Märchen stellt in seiner Bildfolge die archetypische Situation einer Vater-Tochter-Fixierung und deren Lösung dar und traf damit genau auf die entsprechende innere Problematik, die bereits in der Kindheit der Patientin konstelliert wurde. Versuchen wir, uns einige Tatsachen näher anzusehen, um das Motiv der beiden Träume zu verstehen:

Zunächst ist sehr auffällig, daß die neurotische Symptomatik der Patientin das Märchen im Leben verzerrt konkretisiert. Das Mädchen ohne Hände entspricht der Arbeitsstörung, die sich im übrigen tatsächlich auch akzentuiert auf alles bezog, was man mit den Händen machen mußte. In dem Waschzwang finden wir die magische Reinigungszeremonie wieder, die verhindert, daß der Teufel Macht über sie erhält, und in den Verfolgungsideen dokumentiert sich die Verfolgung des Mädchens durch den Bösen.

Wenn wir den Beginn des Märchens als einen Traum auffassen, dann würde die Heroine dem Traum-Ich entsprechen, d. h. der Figur, mit der sich das bewußte Ich meiner Patientin identifiziert hat. Der Müller entspricht einer an sich positiv erlebten

Vaterfigur, die aber durch Unbewußtheit und materielle Gier die Tochter dem Negativaspekt des Väterlichen, dem Teufel, ausliefert. Die magischen Zeremonien des Ichs, das Opfer der Hände und die Flucht entsprechen der Abwehr und dem Kampf dagegen, diesem Negativaspekt zu verfallen. Während in dem ersten Traum die drei Figuren: guter Vater, böser Vater und Ehepartner (Müller, Teufel und König) noch in eins zusammengezogen erscheinen und nur panische Flucht möglich ist, sind sie in dem zweiten Traum getrennt (die beiden Männer in dem Gebäude waren nach Angaben der Patientin ältere Männer, d. h. Vaterfiguren). So wie die Heroine des Märchens gibt die Patientin ihre fruchtlosen Fluchtversuche auf und nimmt das Opfer ihrer Hände nicht konkretistisch in einem Symptom, sondern in der Form eines inneren Erlebnisvorganges auf sich. Was bedeutet das für diese Frau? Ich will versuchen, an einigen Punkten das archetypische Grundmuster der Erlebnis- und Verhaltensweisen dieser Patientin zu verdeutlichen, wobei ich die individuelle und persönliche Vater-Tochter-Beziehung weitgehend ausklammere, die aber ganz selbstverständlich in der Therapie auch eine wesentliche Rolle spielte.

Die Patientin ist in einer bestimmten kulturellen Hierarchie der Werte, unter einem bestimmten Zeitgeist und in einer bestimmten sozialen Gruppe aufgewachsen, die alle vom Vater her bestimmt wurden. Hinzu kommt die individuelle Familiensituation und persönliche Anlage des Mädchens, die wir hier aber nur am Rande behandeln wollen. Die Familie war ausgesprochen patriarchal aufgebaut, wie es auch heute noch der kulturellen Werthierarchie der meisten unserer bürgerlichen Familien entspricht. Der Vater war die oberste Instanz, die die letzten Entscheidungen innerhalb der Familie (wenigstens nach außen hin formal) traf. Die Mutter hatte keinen Beruf, blieb nur im Hause und richtete ihr Leben weitgehend nach den Bedürfnissen des Vaters aus. Hier haben wir die partriarchale Situation des Märchens, in der es möglich wurde, daß der Vater seine Tochter einfach an einen Fremden verkaufen kann, auch wenn er nur den Apfelbaum meint. Er braucht für einen derartigen Verkauf seine Frau überhaupt nicht zu fragen, die ihn wahrscheinlich eines Besseren beraten hätte. Um zu der Familiengeschichte meiner Patientin zurückzukehren, so war es dem damaligen Zeitgeist entsprechend durchaus allgemein als notwendig und sogar als besonders ehrenhaft angesehen, wenn der Vater seine ganze Kraft, seine ganzen Fähigkeiten und Interessen dem beruflichen Wiederaufbau zuwandte, dem Gewinn von Geld und Wohlstand. Erst heute beginnt uns allen klarzuwerden, welchen teuflischen Schatten unser vielbejubeltes Wirtschaftswunder nach sich zieht. Hierzu gehören auch die vielen schweren Neurosen der Kinder, die nur einen Vater kannten, dessen höchster Wert ein höchst fragwürdiger Wohlstand war und der seinen Kindern in erheblicher Unbewußtheit keine anderen seelischen Werte anbieten konnte, die ihrem Leben einen haltbareren Sinn hätten geben können. Auch hier haben wir die Parallele zu dem Müller, der aus der Armut kam, wie wir alle nach dem Kriege, und der in seiner Gier nach Schätzen unbewußt sein Kind opfert. Hinzu kommt der Status der sozialen Gruppe des Geschäftsmannes, dessen deutsche Ideologie auch in diesem Hause vertreten wurde und die man mit den Begriffen Pünktlichkeit, Exaktheit, Ordnung, Rechtschaffenheit und Sauberkeit umreißen könnte. Wir wissen alle, daß das nur eine Fassade ist, hinter der in der Geschäftswelt ein sehr heftiges Catch-as-catch-can vor sich geht. Ebenso gehört hierher eine nüchterne, rationale Sachlichkeit, die Gefühle und Phantasie weitgehend unterentwickelt läßt.

An einigen Gegenüberstellungen läßt sich der Einfluß und die Gegensatzspannung des positiven und negativen Vaterarchetyps, mit dem das Ich der Patientin identisch war, verdeutlichen:

Im patriarchalen Bereich heiratet die Frau und sieht das Mutterwerden als ihre höchste Aufgabe. Diese Einstellung hatte die Patientin kritiklos und überstürzt in eine viel zu frühe Ehe gebracht. Sie hatte auf eigenen Wunsch ein Kind bekommen, das sie zu Beginn der Behandlung überhaupt nicht allein versorgen konnte. Durch diese sehr frühe Ehe hatte sie keine eigene Berufsausbildung und blieb auch nach der Scheidung zunächst recht unselbständig und auf andere angewiesen.

Da in unserer Kultur das übliche Negativ der guten Familienmutter die käufliche Dirne ist, eine Problematik, die hintergründig in die Motive zur Schließung einer bürgerlichen Ehe weitgehend hineinspielt, geriet auch die Patientin infolge ihrer Unselbständigkeit natürlich in die Gefahr, sich an den nächsten besten wohlhabenden Mann zu verkaufen.
Der Zeitgeist sah damals als Höchstes die materiellen Werte an, die sich in dem Wohlstandsvater repräsentieren. Dementsprechend glaubte die Patientin auch nicht daran, eine interessante, aber weniger lukrative Tätigkeit ausüben oder in einer gewissen Armut zunächst einmal einen längeren Lernprozeß durchführen zu können, sondern sie versuchte sich in Bereichen zu betätigen, wo man nicht viel mehr braucht, als einfach hübsch auszusehen, und dafür gut bezahlt wird. Damit verschleuderte sie im Negativaspekt ihre eigentlichen Werte, denn sie war an sich begabt, phantasievoll und durchaus vielseitig interessiert. Sie hatte aber kein Vertrauen zu ihren eigenen Fähigkeiten.
Sauberkeit und Ordnung waren bei ihr zu einer Karikatur geworden. Während sie auf der einen Seite kein Stäubchen auf ihrem Bücherbord lassen konnte und sich selbst, vor allem ihre Hände, stundenlang wusch, herrschte in ihrer Wohnung zeitweise ein Chaos, durch das sie selbst nicht mehr hindurchfand, da sie nicht fähig war, die notwendige Hausarbeit zu machen. Auch war sie auf der einen Seite extrem pünktlich, brachte es aber andererseits fertig, ohne abzusagen überhaupt nicht zu einem Termin zu erscheinen. Neben dem Versuch, alles nüchtern und sachlich zu betrachten und zu regeln, stand auf der Gegenseite eine sentimentalistische Gefühlswelt von jungmädchenhafter Schwärmerei, die ihrem Alter in keiner Weise entsprach.
Im Beginn der Analyse traten bei dem sehr labilen Ich der Patientin fortlaufend totale Identifikationen mit der positiven oder negativen Seite des Vaterarchetyps auf, und sie schwankte ohne eine eigene Meinung zwischen den Gegensätzen hin und her. Heute erlebte und handelte sie gewissermaßen wie der brave Müller und morgen wie der böse Teufel, und eine eigene Meinung oder ein eigenes Erleben kam praktisch nie darunter hoch. Auch in ihren Beziehungen zu Autoritätsfiguren und

überhaupt zu Männern in der Umwelt geriet sie immer wieder in dieses gleiche Schema: Solange die Beziehung positiv verlief und der betreffende Mann als die gute Vaterfigur fungierte, ordnete sie sich vollkommen dem Mann unter und übernahm auch dessen Interessen und Meinungen, die sie dann als ihre eigenen erlebte. »Ich interessiere mich immer für das, was meinen Freund interessiert, und ich denke immer dasselbe, was er denkt.« Konstellierte sich aber auch nur der geringste Konflikt, so wurde der Müller zum Teufel, vor dessen angsterregendem Messer nur wilde Flucht, d. h. Beziehungsabbruch, möglich war. Auch wurden dann alle vorher als so ideal angesehenen Meinungen, Ansichten und Interessen dieses Mannes eigentlich blödsinnig oder gar verbrecherisch. Auch innerhalb der analytischen Situation trat dieses Verhalten bis zur 84. Stunde auf. Sobald sich Spannungen konstellierten, mußte sie Stunden absagen oder sogar mitten aus einer Sitzung heraus abbrechen und fortlaufen.

Das Ich dieser Patientin war an dieser Stelle noch so schwach entwickelt, daß es dem jeweilig konstellierten Archetyp auch in seinen Handlungsvollzügen vollständig ausgeliefert und mit ihm identisch war. Wie Kadinsky (74) beschrieben hat, ist in den frühen Stadien der Ichentwicklung der Reflexbogen zwischen der instinktiven und der archetypischen Erlebnisseite noch erhalten, so daß Handlungsvollzüge zwangsmäßig instinktiv ablaufen und das Bewußtsein nur begleitenden, aber noch nicht steuernden Charakter hat. In einer graphischen Darstellung würde diese Situation, wie auf S. 154 dargestellt ist, aussehen:

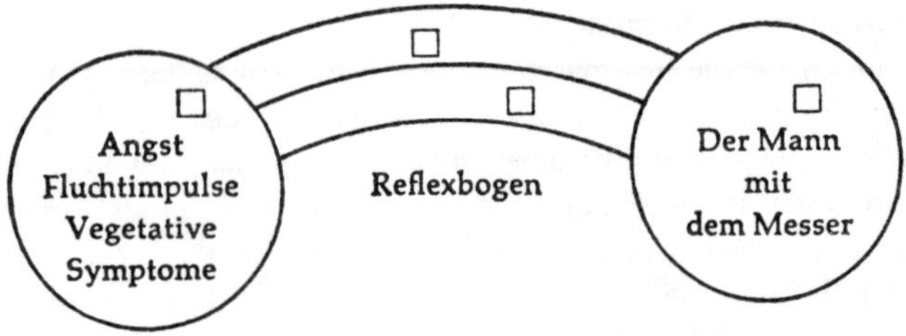


**Instinkt** **(pattern of behaviour)**

**Archetypisches Erleben**

**□ = begleitende Bewußtseinskeime**
**— = Reflexbogen**

Erst mit fortschreitender Reifung des Ich entwickelt sich aus den begleitenden Bewußtseinskeimen ein handlungsfähiges Ich, das diesen Reflexbogen unterbricht und, bei voller Wahrnehmung der inneren Situation, über die sinnvollste Reaktion entscheidet. Hierzu ist es, wie gerade in der Situation meiner Patientin, erforderlich, daß das Ich eine gewisse Erleidensfähigkeit erwirbt, um einen Konflikt überhaupt erst einmal ertragen zu können, ihn zu verinnerlichen und zu überlegen, ohne gleich in panische Handlungsaktionen zu verfallen. Graphisch würde sich dieses Bild dann wie nebenstehend ausdrücken:
Damit stellt der zweite Traum mit dem Motiv des Abhackens der Hände, der auf das faszinierende Lieblingsmärchen zurückgeht, einen Reifungs- und Entwicklungsschritt des Ich dar, nicht etwa nur einen masochistischen Impuls. Symbolisch und nicht konkretistisch verstanden, entspricht der Verlust der Hände dem Verzicht auf die Handlungsaktivitäten und der Erleidensfähigkeit eines Konfliktes, ohne die eine dauerhafte zwischenmenschliche Beziehung nicht möglich ist. Dieser Reifungsschritt aus der Symbolik des Lieblingsmärchens ist, und daher kommt die Faszination, gar nicht oder nur unvollkommen vollzogen worden, so daß das Ich in der Belastungssituation der ge-

scheiterten Ehe und der nachfolgenden schweren Neurose wieder auf das frühere instinktive Fluchtverhalten regrediert. Die zunächst unverständliche Sehnsucht aus dem zweiten Traum, zu dem kriminellen Ehemann zu gelangen, etwas, was der Patientin bewußt völlig fern lag, läßt sich auch nur dann verstehen, wenn man diesen Ehemann ebenfalls als ein Symbol versteht. Der Schritt in die Ehe war ja für sie in gewissem Sinne auch ein erster Versuch, aus der Fixation an den Vater auszubrechen, und der Ehemann repräsentiert so in der Projektion den König des Märchens, zu dem die Müllerstochter nach langem Leiden eine dauerhafte Beziehung finden kann.
Eine nächsthöhere Reifungsstufe kann immer nur nach Auflösung und Zerstörung der vorangegangenen erreicht werden. Die Mannbarkeitsweihen der Primitivkulturen fügen die Schmerzen den Initianden auch noch de facto zu und verfügen ebenfalls über einen uns nicht verständlich erscheinenden Katalog von Grausamkeiten. In den höheren Formen solcher Initiationsweihen, die bekanntlich bis zu den höchsten geistigen Prozessen gehen können, treten sie dagegen nur noch in symbolischer Form auf. Ihre Bilder zeigen aber durchaus den gleichen Charakter,

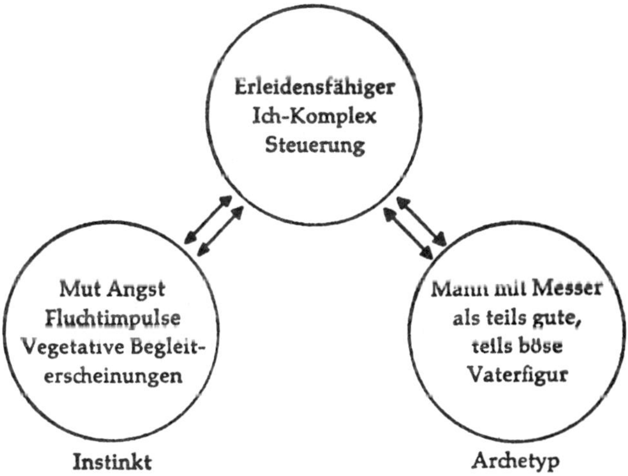

den wir vom Märchen her oder aus den primitiven Riten kennen. So kommen, wie auch in dem vorigen Traumbeispiel, hierbei gerade Zerstückelungsmotive relativ häufig vor. Als Beispiel möchte ich die Beschreibung einer Schamanen-Initiation von M. Eliade (109) und die von Jung interpretierten »Visionen des Zosimos« (110) nennen, bei denen es sich um eine mystische Initiation handelt. Eliade berichtet, daß in Malekula die erste Phase der Initiation eines Medizinmannes folgendermaßen verläuft:

»Ein Bwili in Lol-Narong empfängt den Besuch des Sohnes seiner Schwester. Dieser sagt zu ihm: ›Ich möchte, daß du mir etwas gibst.‹ Der Bwili sagt: ›Hast du die Bedingungen erfüllt?‹ ›Ja, ich habe sie erfüllt.‹ Er sagt weiter: ›Du hast nicht mit einer Frau geschlafen?‹ ›Nein.‹ Der Bwili sagt: ›Gut.‹ Dann sagt er zu dem Neffen: ›Komm hierher. Lege dich auf dieses Blatt.‹ Der junge Mann legt sich darauf. Der Bwili macht sich aus Bambus ein Messer. Er schnitt den Arm des jungen Mannes ab und legte ihn auf zwei Blätter. Er lachte über seinen Neffen, und dieser antwortete mit einem Gelächter. Er schnitt den anderen Arm ab und legte ihn auf die Blätter neben den ersten. Er kam zurück, und beide lachten. Er schnitt ein Bein ab in Höhe des Oberschenkels und legte es neben die Arme. Er kam zurück und lachte, so auch der junge Mann. Er schnitt darauf das andere Bein ab und legte es neben das erste. Er kam zurück und lachte. Der Neffe lachte wieder. Zum Schluß schnitt er den Kopf ab und hielt ihn vor sich hin. Er lachte, und der Kopf lachte ebenfalls. Er tat den Kopf wieder an seinen Platz. Er nahm die Arme und Beine, die er entfernt hatte, und brachte sie wieder an ihren Platz.«

Von den Zosimos-Visionen möchte ich nur eine Textstelle erwähnen, die mir im Zusammenhang mit unserem Thema bedeutungsvoll erscheint. Der Text lautet:

»Denn es kam einer um die Morgenfrühe in eilendem Laufe, der überwältigte mich und zerteilte mich mit dem Schwert, indem er mich durchbohrte, und zerriß mich entsprechend der Zusammensetzung der Harmonie. Und er zog die Haut meines Kopfes

ab mit dem Schwert, das von ihm mit Macht gehandhabt wurde, und er fügte die Knochen mit den Fleischstücken zusammen und verbrannte das Ganze der Kunst entsprechend auf dem Feuer, bis ich wahrnahm, wie mein Körper verwandelt und zu Geist wurde. Und dieses ist meine unerträgliche Qual.«
Zosimos von Panapolis gehörte zu den bedeutenden Alchimisten und Gnostikern des 3. Jahrhunderts, der von einer ihm zugestoßenen, offenbar sehr tief erlebten Vision, aus der das Zitat ein Teil ist, Kunde ablegte. Hier wird der in der grausamen Handlung liegende Charakter des geistigen Wandlungsprozesses besonders deutlich. C. G. Jung schreibt hierzu: »Die Dramatisierung zeigt, wie der göttliche Prozeß sich in der Reichweite menschlicher Auffassung offenbart, und wie der Mensch göttliche Wandlung erfährt, nämlich als Strafe, Qual, Tod und Verwandlung.«
Selbstverständlich bin ich mir darüber klar, daß es bei diesem Phänomen der Grausamkeit, das seinerseits wieder nur ein Teilaspekt des Problems der Aggression ist, um etwas sehr Vielschichtiges handelt. Wenn ich hier an dieser Stelle einen Aspekt, nämlich den der Wandlung und Reifung im innerseelischen Bereich und den der Ich-Entwicklung, betone und die entsprechenden Bilder unter diesem zu verstehen suche, so bin ich mir des fragmentarischen Charakters einer derartigen Auffassung durchaus bewußt.
Ich habe dieses Beispiel gewählt, um zu verdeutlichen, wie ein zunächst sehr einfach erscheinendes Traumsymbol, der Mann mit dem Messer, innerhalb des analytischen Prozesses erst nach einer Behandlung von 84 Stunden seinen eigentlichen Sinn enthüllt. Die Kenntnisse der genetischen Daten einschließlich des Lieblingsmärchens, die Beziehung zum Vater und zu den Männern, der Vorstellungswelt der Patientin, ihres Wertsystems, ihrer Neigungen und Ängste sowie ihrer weiteren Traum- und Phantasiewelt, die in dieser Zeit erworben wurden, sind erforderlich, um das Symbol in seiner ganzen Tiefe zu verstehen. So ist Jung mit Recht immer der Ansicht gewesen, daß der Traum nur im Zusammenhang einer Serie richtig verstanden werden kann. Es entspricht auch dem Wesen der Traumdeutung inner-

halb der Analytischen Psychologie, einen Traum nach Möglichkeit nicht einzeln zu verstehen, sondern immer nur im Zusammenhang mit dem Symbol einer Traumserie, ein Problem, auf das wir an anderer Stelle noch einmal zurückkommen werden. Es geht in der Traumdeutung nicht darum, dem Patienten aus einer überlegenen theoretischen Sicht heraus Träume zu interpretieren, sondern mit ihm zusammen in einem oft sehr langwierigen und mühsamen Prozeß auf die Suche nach dem individuellen Sinn des Traumes und seiner Symbolik zu gehen.

# VII. Der dramatische Aufbau des Traumes

Eine 30jährige Patientin träumte in der 97. Behandlungsstunde: »Ich ging im Wald spazieren. Irgend jemand war noch bei mir. Plötzlich sah ich eine große grüne Schlange; sie kam wütend auf uns zu. Ich wollte meinen Partner vor der Schlange beschützen, denn ich hatte keine Angst vor ihr. Ich wußte auch, daß die Schlange besonders meinen Partner angreifen wollte. Mein Partner hatte Gelegenheit, fortzulaufen. Jetzt war ich mit der Schlange alleine, ich wollte sie ablenken, um dann auch entwischen zu können. Die Schlange merkte das und biß mich dafür, daß ich weglaufen wollte, in die Hand. Es tat sehr weh. Außerdem dachte ich, daß die Schlange mich eventuell vergiftet hat. Ich lief schnell zu unserer Kinderärztin, verlangte dort bevorzugte Behandlung, da ich Angst hatte, daß das Gift schnell wirken könnte. Ich wurde böse, als ich nicht gleich behandelt wurde. Als sich die Kinderärztin meine Hand besah, fing sie an, mich auszulachen, und fragte mich, ob ich wirklich ernsthaft geglaubt hätte, daß mich eine Giftschlange gebissen hat. Ich wertete dies als Angriff. Sie fragte mich, ob sie zu meiner Beruhigung die Wunde mit etwas Alkohol auswaschen solle. Ich war wütend und sagte ihr, daß ich das dann auch allein könnte. Ich hatte irgendwie das Bedürfnis, wieder mit der Schlange zusammenzutreffen. Ich spürte, der Biß war gerecht, wenn ich das der Schlange sagen könnte, würde sie mir helfen können.«

Liest man diesen Traum, so wirkt er wie eine kleine, dramatische Geschichte, eine Erzählung oder Novelle, die einen Höhepunkt erreicht, um dann auf einen etwas überraschenden Schluß hinzusteuern. Das Unbewußte der Patientin entwirft zunächst eine friedliche Landschaft, den Wald, in dem sie mit einem Partner spazierengeht. Plötzlich tritt eine außerordentlich dynamische und dramatische Aktion ein. Die wütende grüne Schlange erscheint. Sie greift den Partner der Patientin an. Die Patientin ihrerseits handelt jetzt wie eine echte Heroine, indem sie sich schützend zwischen den Partner und den gefährlichen

Feind wirft, um ihrem Begleiter die Gelegenheit zu geben, sich in Sicherheit zu bringen. Nun erfolgt so etwas wie der aus Mythen und Märchen bekannte Drachenkampf, ein Kampf der Schlange mit dem Mädchen, wobei das Mädchen eine Verwundung davonträgt. Die nächste Szene führt die Patientin zu einer Ärztin, und zwar sonderbarerweise zu einer Kinderärztin, was eine bestimmte Bedeutung haben muß. Bei dem freien Spiel der Phantasie hätte sie sich auch ohne große Mühe einen Facharzt für Tropenkrankheiten träumen können. Sie ist nach dem Schlangenbiß voller Angst und Entsetzen wegen der möglichen Vergiftung, erhält aber von der Ärztin die Auskunft, daß der Biß harmlos ist, und wird zudem wegen ihrer irrationalen Angst ausgelacht, da sie das ohne weiteres selber hätte erkennen können. Von der Logik des Bewußtseins her ist es natürlich Irrsinn, von einem Menschen, der in unseren Breiten aufgewachsen ist und von einer ihm unbekannten Schlange gebissen wird, zu verlangen, daß er darüber entscheiden kann, ob der Biß giftig oder harmlos ist. Das Unbewußte hat hier aber offenbar eine ganz andere Logik und ist gewissermaßen durch die Gestalt der Ärztin hindurch der Ansicht, daß die Angst des Ich lächerlich und kindisch ist und die Patientin es hätte wissen müssen. Nachdem sie diese für sie bittere Erkenntnis, die ihr ja auch noch relativ hart mitgeteilt wird, geschluckt hat, erfolgt die überraschende Wende. Anstatt der Schlange ist jetzt zunächst die Patientin wütend: der Affekt ist von dem Tier zum Menschen übergewandert, und die böse Schlange, die erst so gefährlich war, verändert ihren Charakter. Sie wird zu einem hilfreichen Tier, so wie wir es aus vielen Mythen und Märchen kennen. Die Patientin hat jetzt das ausgesprochene Bedürfnis, die Schlange wiederzufinden, um deren Hilfe, eine Hilfe aus dem animalischen Bereich des Unbewußten, in Anspruch zu nehmen. Mit diesem Entschluß endet unsere Geschichte.

Sieht man einen Traum wie diesen einmal unter mehr literarischen Gesichtspunkten an, so entdeckt man, daß seine Struktur alle Elemente eines kleinen Dramas enthält. Ein bestimmtes Thema in einer bestimmten Zeit und an einem bestimmten Ort wird aufgerollt und entworfen. Dann erfolgt ein dramatischer

Höhepunkt, der zum Guten oder zur Katastrophe führen kann, und schließlich wird das Problem gelöst und ein sinnvoller Abschluß gefunden.

Wenn man über lange Zeit mit vielen Träumen zu tun hat oder sich die eigenen Träume möglichst vollständig in Erinnerung ruft, so wird man finden, daß man doch relativ häufig eine derartig sinnvolle Struktur, einen solchen dramatischen Ablauf finden kann. Natürlich ist dieser hier beschriebene Traum ein besonders günstiges Muster, und durch den symbolischen Charakter, den die meisten Träume haben, ist es gerade für den Laien oder für den Anfänger in der wissenschaftlichen Arbeit mit Träumen schwer, einen solchen Aufbau zu sehen, das Drama zu lesen und zu verstehen. Es kommt hinzu, daß von vielen Träumen nur Bruchstücke in Erinnerung sind und wir dann leider nur über Teile einer dramatischen Erzählung verfügen und jede Ergänzung in den Bereich der Spekulation führt. Je stärker, intensiver und verständnisvoller ein Mensch aber eine Beziehung zu seinem Unbewußten und seinen Träumen entwickelt, desto vollständiger wird er meist seine Träume in Erinnerung behalten können, und desto deutlicher nehmen sie einen dramaartigen Charakter an.

Diese dramatische Struktur des Traumes ist von C. G. Jung (19, 39) relativ früh gesehen und erfaßt worden, und die Analytische Psychologie hat in ihrer Form der Traumdeutung einen großen Wert auf die Erfassung der Ganzheit dieses Phänomens gelegt. In einem solchen Traumdrama stehen alle verschiedenen Phasen in einem sinnvollen Bezug zur vorangehenden und nachfolgenden. Sie werden erst aus dem Ganzen heraus verständlich. So erhält in unserem Traum z. B. die Szene mit der Kinderärztin erst ihren Sinn, wenn man um den vorausgegangenen Kampf mit der Schlange und dessen besondere Umstände weiß. Ein weiterer Schritt des Verständnisses aber eröffnet sich, wenn wir um die nachfolgende Wirkung dieser Szene wissen, in welcher sich der Charakter der Schlange verändert, denn ohne dieses Wissen bliebe die Handlung der Ärztin unter Umständen sträflich leichtsinnig und ihre Abweisung sinnlos. So wird immer das

Ganze der Traumerzählung im Auge behalten, und die einzelnen Teile beziehen ihren Sinn eben von diesem Ganzen her.

Es handelt sich hierbei um eine Betrachtung des Objektes, die, wie Jaspers (30) es bezeichnet hat, mehr vom »naturhistorischen« als vom »naturmechanischen« Weltbild ausgeht. Geht man von der letzteren Konzeption, dem naturmechanischen Weltbild, aus, so wird, wie ich an anderer Stelle ausgeführt habe (31), das Objekt der Untersuchung in seine Teile zerlegt und auf bestimmte Grundeinheiten untersucht, die sich in allen Manifestationen dieses Objektes wiederfinden. Es ist dies ein Weg des Vorgehens, den die exakten Naturwissenschaften wie Physik, Mathematik oder Chemie am deutlichsten zeigen. Das zu untersuchende Objekt wird hierbei nie direkt anschaulich gesehen, sondern immer nur indirekt durch Analyse oder Abstraktion. Je weiter man auf diesem Wege in die Teilung des Objektes geht, desto geringer wird die Anzahl der möglichen Grundeinheiten, bis sie schließlich in einer nur quantitativen wie Energie, Kraft, Elementarteilchen oder ähnlichem enden.

Man erhält so Gesetzesbegriffe, mit denen man, da sie einen Teil der Wirklichkeit darstellen, auch Wirkungen erzielen kann. Dem Prozeß entsprechend geht allerdings von dem zu untersuchenden Gegenstand auf diesem Wege einiges verloren. Die Formel ist nicht mehr das Objekt selbst und kann auch keine lebendige Anschaulichkeit des Objektes mehr vermitteln. Das gilt genau wie für die chemische Formel auch für die Trieb- oder Strukturformel eines Traumes. Es tritt also eine zunehmende Entseelung, Entdinglichung und Entqualifizierung des Gegenstandes ein.

Bei einer mehr naturhistorischen Methode der Untersuchung stellen die Träume in sich dagegen jeweils ein anschauliches Gebilde dar, und das Verständnis eines solchen Gebildes wird auf dem Wege einer vertieften Wesenschau gesucht, bei der die Teile vom Ganzen her verstanden sein wollen und nicht umgekehrt das Ganze von seinen Teilen her. Das ist eine durchaus legitime Anschauungsweise des Objektes in der Natur. Dieses wird hier als Qualität und Form in seiner sinnlich reichen Erscheinung erlebt. Sein Studium erfolgt in einer schauenden Versenkung in die Einzelerscheinung, und die Zusammenhänge der Phänomene untereinander werden nicht mechanistisch-theoretisch in Form von Gesetzen gesucht, sondern als anschaulicher Typus oder als Gestalt.

Der Konflikt zwischen diesen beiden Weltbildern in der Wissenschaft zieht sich, wie Jaspers es ausführlich beschrieben hat, durch die ganze menschliche Geistesgeschichte hindurch. Wir finden ihn bei dem Gegensatz zwischen Plato und Aristoteles, über den Bilderstreit im byzantinischen Kaiserreich, in dem Konflikt zwischen Goethe und Newton und in den unterschiedlichen Denksystemen bei Kepler und Galilei bis hinein in die Moderne immer wieder. Während bei Freud der Traum in seine einzelnen Teile zerlegt wird, richtet Jung sein Augenmerk mehr auf den Sinnzusammenhang innerhalb des ganzen Traumes und in weiterem Sinne, worauf wir noch zu sprechen kommen werden, auf den Sinnzusammenhang der einzelnen Träume innerhalb einer Traumserie. Nach meiner Meinung schließen sich diese beiden Anschauungen keineswegs gegenseitig aus, sondern sie stehen in einem notwendigen kompensatorischen Verhältnis zueinander.

Kehren wir aber zu unserem Traum zurück und fragen wir uns zunächst, was dieses im Unbewußten der Patientin sich abspielende Drama in ihrer Situation zu diesem Zeitpunkt sagen will. Wir müssen hierzu zunächst einiges wenige über die derzeitige Situation der Patientin wissen:

Sie war seit 10 Jahren mit einem wesentlich älteren Mann verheiratet und hatte eine gewisse Harmonie ihrer Ehe dadurch erkauft, daß sie sich dem Ehemann völlig untergeordnet hatte. Sie lebte so nicht ihr eigenes Wesen und ihre eigene Persönlichkeit, sondern etwas, von dem sie glaubte, daß es den Wünschen und Vorstellungen ihres Mannes entsprach, wobei sie versucht hatte, jeden Konflikt zwischen ihnen beiden zu vermeiden. Natürlich hatte sich ihre unterdrückte natürliche Persönlichkeit diesen gewaltsamen Eingriff nicht widerspruchslos gefallen lassen, sondern äußerte sich in einer ziemlich schweren neurotischen Symptomatik. Zu diesem Zeitpunkt in der Analyse war die Patientin zu einer Einsicht in das Problem gekommen. Sie hatte die ersten Versuche unternommen, den Zustand zu ändern. Sie verfuhr zunächst so, daß sie alle Schuld an der mißlichen Situation dem Ehemann zuschrieb, den sie jetzt als einen patriarchalen Diktator erlebte, und geriet in heftige Konflikte mit ihm. Während dieser konfliktuösen Ehesituation hatte sie den oben beschriebenen Traum.

Übertragen wir den Traum nun auf das Innenwelterleben der Träumerin, so führt der Traum zunächst in einen Naturbereich, den Wald, der der Ort des Geschehens ist. Symbolisch gesehen dürfte es sich innerhalb dieses Bereiches nicht um etwas Erlerntes oder von der Kultur bzw. der Umgebung Aufgebautes handeln, sondern um den Bereich der ihr von der Natur her mitgegebenen Trieb- und Instinktwelt. Sie befindet sich in der Begleitung einer Person, die nachher als Partner von ihr bezeichnet wird, und so kann man annehmen, daß das aufgeworfene Problem des Dramas eben gerade ihre Beziehung zu dem Partner behandelt. Innerhalb des Naturbereiches trifft sie auf die wütende Schlange, ein Symbol für ihre eigene kalte, animalische, beängstigende und zunächst destruktive Affektivität, die sich gegen den Partner richtet und ihn angreift. Wichtig erscheint nun, daß das Traum-Ich der Patientin dem Affekt entgegentritt und ihn als ein fremdes Gegenüber erlebt. Es heißt in diesem Traum nicht: »Ich bin wütend und greife meinen Partner an, der mich unterdrückt«, sondern es heißt: »Ein Affekt in mir, der sich als Schlange verkörpert hat und die kalte Wut ausdrückt, greift meinen Partner an.« Nun sollte man meinen, daß die Patientin eigentlich erfreut sein müßte, daß die Schlange ihr gewissermaßen die Arbeit abnimmt, den Unterdrücker zu vernichten. Aber genau das Gegenteil ist der Fall: Sie wirft sich zwischen die beiden, gibt dem Partner die Möglichkeit, in Sicherheit zu flüchten, kämpft selber mit der Schlange und trägt die Verletzung davon, womit der Höhepunkt der dramatischen Handlung erreicht ist.

Was kann das heißen? Offenbar macht die Patientin in ihrer bewußten Haltung einen Fehler, den das Unbewußte zu kompensieren versucht. Ihr Problem beruht nicht darauf, wie sie zunächst meinte, daß sie von einem diktatorischen Ehemann unterdrückt und in infantiler Abhängigkeit gehalten wird, von dem sie sich jetzt mit wütenden Affekten befreien muß. Es liegt vielmehr darin, und das stellt sich nun in der Analyse immer deutlicher dar, daß sie selbst auf der Basis ihrer eigenen Struktur durch eine masochistische Gefügigkeitshaltung den Partner in eine derartige Rolle, die dieser eigentlich gar nicht so gern haben wollte, hineinspielte und ihn dazu provozierte. Auf Grund ihrer feindlichen Einstellung zu den eigenen triebhaften Elementarkräften und der Stärke der eigenen Affektivität benutzt sie, wie das so häufig geschieht, ihren männlichen Partner als unterdrückende und verdrängende Instanz.

»Mein Mann liebt es nicht, wenn ich selbständig etwas unternehme«, oder so ähnlich hören sich dann die Aussagen dieser Frauen an, wobei der Mann meist gar nicht weiß, daß er das nicht liebt, was seine Frau so krampfhaft vermeidet. Es ist also keineswegs sinnvoll, daß sich die Schlange gegen den Partner wendet, sondern die Patientin selbst muß sich mit diesen in ihrer Tiefe sitzenden affektiven Kräften auseinandersetzen, die sie bisher nur in ihrer neurotischen Symptomatik gebunden hatte. Diese Auseinandersetzung aber ist schmerzhaft und verletzend, wie jeder weiß, der einmal dem Sturm eigener Affekte ausgesetzt war, ohne die Möglichkeit zu besitzen, sie an einem bösen Feind abreagieren zu können. Jeder muß vielmehr erkennen, daß es sich um sein eigenes Problem und seinen eigenen Kampf handelt, den er in sich selbst ausfechten und bestehen muß.

Das »Wie« dieser Auseinandersetzung entwirft nun der weitere Traum. Der Mythos vom Kampf des Menschen mit dem Schlangenungeheuer ist wohl so alt wie die Geschichte der Menschheit selbst. In unendlich vielen Mythen und Märchen, insbesondere aber in den okzidentalen, ist das gefährliche Schlange-Drachenuntier eine dämonische Gefahr, die von dem Heros überwunden und besiegt werden muß. In dieser Art ist in unserem Kulturkreis das wohl bekannteste Mythologem der Kampf des Herakles mit der Hydra. (111) Südlich von Mykene hatte Herakles die Wasserschlange von Lerna, die Schwester des Cerberus, die mit ihm die Unterwelt hütete, zu bekämpfen. Diese vielköpfige Schlange sei im Sumpf aufgewachsen, und ihr Atem

sei giftig und könne ganze Herden, ja das Land vernichten. Herakles überwindet sie mit Hilfe seines jungen Neffen Iolas. Das Gift der Hydra, das unheimliche Kräfte besaß, half ihm bei den nächsten Aufgaben, seine Widersacher zu besiegen. Für Herakles ist die Bezwingung der Schlange nur ein Glied in der Kette seiner Taten, die alle die Überwindung der Urfeindin, der Muttergöttin, die ihn nicht freigeben will, bedeuten.
So steht die Schlange hier, wie auch sicher im Unbewußten unserer Patientin, als ein größeres Symbol, das sich nicht auf einen einzelnen Affekt reduzieren läßt, und zwar für die Totalität des angeborenen Unbewußten als chthonischer Triebwelt, die dem Bereich des Mutterarchetypus zuzuordnen ist. Mutterüberwindung und Muttertötung ist die Antwort des okzidentalen Heros auf die festhaltende und umklammernde Macht der äußeren und inneren Natur gewesen und ist es bis heute noch. Das bedeutet aber gleichzeitig die Abspaltung, Isolierung oder Verdrängung dieser lebendigen, wirksamen Kraft, die sich früher oder später rächt. Herakles fällt in das Nessushemd, Ödipus in den Inzest mit der persönlichen Mutter nach Überwindung der Sphinx, und wir heutigen Menschen leiden nicht nur unter zunehmenden Neurosen und einer zunehmenden Isolierung in unserer Welt, sondern auch an der Zerstörung der uns umgebenden Natur. Vielleicht mag es den einen oder anderen nachdenklich stimmen, wenn die Psychoanalyse mit ihrer heute so weltweiten Verbreitung die psychischen Entwicklungs- und Reifungsvorgänge des Menschen aus der Verarbeitung eines einzigen mythologischen Grundmusters, des Ödipuskomplexes, zu erklären versucht. Ödipus ist ein Heros, der weitgehend unbewußt bleibt und an der Mutter scheitert und durch Inzest und Muttertötung ewigen Fluch auf sich lädt.
Anders erscheint der Typus des orientalischen Heros in seiner Auseinandersetzung mit der großen Allmutter, wie H. Zimmer (112) es beschrieben hat. Ich entnehme seiner Arbeit über die indische Weltmutter von Andhaka, dem »Blindling«, das folgende Zitat:

»Andhaka ist ein Widergott oder Dämon, eine Verkörperung blinder, unbändiger Lebenskraft im Widerspiel zu den Göttern, die mehr Klugheit und Helle als dumpfe Stärke besitzen. Er war schwarz wie Augenschminke und hatte durch glühende Askese Unsterblichkeit erlangt. Er belauschte einmal die große Göttin im Liebesspiel mit Schiwa und wollte sie rauben. Ein Kampf zwischen Gott und Dämon hebt an, aber Schiwa kann mit seiner Zauberwaffe, dem ›Pfeil des Herrn der Tiere‹, den Gegner nur verwunden, nicht bezwingen. Jeder Blutstropfen aus Andhakas Wunden verwandelt sich alsbald in einen weiteren Blindling, sie umwimmeln Schiwa zu Hunderten und Tausenden, und wie er sie mit seinen Pfeilen trifft, entstehen aus ihrem Blute hydragleich immer neue Scharen, die sich auf ihn werfen.
Da bringt der Gott in seiner Not Mütter in Scharen hervor, daß sie das Blut der Blindlinge auftrinken. Diese furchtbaren Mütter, Kräfte aller Götter und nach ihnen benannt, stürzen sich auf das Blut und trinken es auf; aber der Lebenssaft, den sie schlürfen, macht sie fruchtbar, und neue Blindlinge quellen aus ihnen hervor, die Schiwa aufs neue bedrängen. Da wendet sich Schiwa flehend zu Vischnu, dem Erhalter; der bringt die ›Dürre Revatî‹ hervor – sie trinkt das Blut aller Blindlinge in einem Augenblick auf, je mehr sie aber davon trinkt, desto dürrer wird sie. Sie ist der Tod der sengenden Dürre, aus der kein Leben keimt. So kamen alle Blindlinge um bis auf den einen ersten, der gegen den Tod gefeit war. Schiwa nahm ihn auf seinen Dreispieß; er bat um Gnade, da nahm ihn der Gott in seine wilden Geisterscharen auf.
Das Heer der Mütter aber schrie in ungestillter Blutgier, sie wollten alle Welten samt Göttern und Dämonen verschlingen; umsonst rief Schiwa: ›Euer Amt ist es, alle Wesen zu beschirmen, steht ab von eurem grausigen Beginnen!‹ Sie achteten seiner nicht. Schiwa mußte abermals seine Zuflucht zum Erhalter Vischnu nehmen, um den Kräften der Vernichtung, die er selbst entfesselt hatte, zu begegnen. Vischnus fürchterliche Erscheinung ›halb Mann – halb Löwe‹, mit den Pranken im Leib des erschlagenen Feindes wühlend, konnte ihrem Schrecken durch heilsames Grauen begegnen. Aus seiner Zunge brachte er die ›Herrin der Rede‹ hervor, aus dem eigenen Herzen die ›Mâyâ‹, seine eigene welterhaltende Schakti, und aus seinem Geschlecht die ›Vom Blumenkranz der Werdensformen Bekränzte‹, aus seinen Knochen aber Kâlî, die Dunkle, die allesverschlingende Zeit, die knochenbekränzte Herrin der Schädelstätte. Es heißt von ihr: sie war es, die das Blut der Blindlinge auftrank und auf Erden die ›Dürre Revatî‹ genannt wird. Diese Göttinnen stürzten sich auf die rasenden Mütter, die Schiwa entsprungen waren, und zwangen sie, hilfeflehend bei Vischnu Schutz zu suchen. Vischnu wies sie an: ›Wie Menschen und Tiere lange hegen, was sie gebaren, sollt ihr die Welten hüten, die Frommen beschützen und ihre Wünsche erfüllen.‹ – So werden die

Grauenhaften versöhnt und legen ihre blindrasende Wildheit ab; der Vorgang des Mythos setzt ihren urtümlichen Schrecken in bändigende Beziehung zum Gott-Erhalter: sie treten in den Kreis der segnenden Gottheiten, die durch Kult den frommen Menschen nahbar sind. Eine Versöhnung wie im griechischen Mythos die Verwandlung der blutheischenden Erdmütter, der Erinnyen, in die ›freundlich gesinnten‹ Eumeniden.«

Hier wird also das mütterliche Prinzip versöhnt und eingegliedert in den Kreis der heiligen Mächte, ohne etwas von seiner Größe und Furchtbarkeit zu verlieren.

Etwas Ähnliches scheint auf dem Weg zu liegen, den das Unbewußte der Patientin im Traum einschlägt. Zwar erfolgt zunächst eine angstvolle Regression auf den Biß des Tieres hin, indem sie zur Kinderärztin läuft und bei ihr Trost, Bestätigung und Heilung sucht. Diese aber, die erfahrene, reifere und geschultere Frau weist sie ab, und nun geht dem Traum-Ich etwas von dem wahren Charakter der Schlange auf. In Verbindung mit einem ähnlichen Traum hat C. G. Jung in »Psychologie und Alchemie« (57) darauf hingewiesen, daß die Vorstellung der Verwandlung und Erneuerung durch die Schlange ein wohlbelegter Archetyp ist, dessen bedeutendste Ausgestaltung als Methode der Persönlichkeitserneuerung sich im Kundalini-Yoga findet. (113) Zum Zustandekommen dieser Wandlung muß sich der Mensch aber den oft schmerzhaft-tierischen Impulsen des Unbewußten aussetzen, d. h. man muß sich von den Tieren beißen lassen, ohne sich zu identifizieren oder davonzulaufen. Der eingeleitete Prozeß der Selbstbeobachtung muß in allen seinen Peripetien erlebt und dem Verständnis des Bewußtseins bestmöglich angegliedert und integriert werden. So muß auch unsere Patientin lernen, diesen Grundsatz zu ertragen und die Schlange nicht mehr als feindselig-destruktives Wesen zu erleben, sondern als eine Kraft und Möglichkeit in ihr selbst, die heilend und hilfreich sein kann.

So endet unser kleines Drama in der Wandlung der Einstellung des Traum-Ich und der Aufforderung des Unbewußten an dieses, sich zur Suche[9] nach eben diesen vorher so gefürchteten Naturwesen aufzumachen.

[9] Entsprechend dem, was im Mittelalter als die Quest bezeichnet wurde.

Wenn man eine dramatische Einteilung der Träume durchführt, so sollte diese folgende vier Punkte umfassen:

1. Die Angabe vom *Ort, Zeit* und *Person*en des Traumes. Am Anfang eines Traumes wird meist der Ort angegeben, wo dieser stattfindet. In unserem Beispiel ist es ein Bereich der Natur im Gegensatz zu den Träumen, die etwa in einem Haus oder Zimmer, also in einem Bereich der menschlichen Zivilisation spielen. Die Beachtung des Ortes, innerhalb dessen sich ein Traum abspielt, kann so schon einen gewissen Hinweis auf das zur Darstellung gelangende Problem geben. Auch die Zeit ist wichtig: ob es sich um einen Rückgriff auf die Vergangenheit, einen Entwurf in die Zukunft oder, wie in unserem Traum, ein gegenwärtig aktualisiertes Geschehen handelt. Meist werden auch am Anfang des Traumes die wesentlichen Figuren bzw. Personen angegeben. In unserem Fall sind es das Traum-Ich und sein Partner, was darauf hinweist, daß der Traum ein heterosexuelles Beziehungsproblem behandelt, das einerseits zwischen der Patientin und ihrem realen Partner draußen bestehen kann, andererseits zwischen dem Ich und dem Animus, den eigenen inneren, als männlich erlebten psychischen Anteilen. Hinzu tritt dann die Schlange und später die Kinderärztin, deren Bedeutungen wir vorher erwähnt haben.

2. Die *Exposition* des Traumes stellt dann das eigentliche Traumproblem heraus: Das Thema wird konstelliert, das vom Unbewußten gestaltet und dem Bewußtsein in der Symbolsprache verständlich gemacht werden soll. Diese Exposition bildet die Grundlage des Traumes und entspricht einem Grundmotiv, das im weiteren ausgeführt und variiert wird. In unserem Traum entspricht die Exposition dem Spaziergang der Träumerin mit ihrem Partner im Walde bis zu der Begegnung mit der Schlange und der Flucht des Partners, nach welcher die Träumerin dem Tier allein gegenübersteht.

3. Die *Peripetie* (Umschwung), die nun folgt, steigert das Geschehen des Traumes zu einem dramatischen Höhepunkt und leitet eine Wandlung ein, die allerdings nicht immer, wie in unserem Traum, zu einem positiven Abschluß führt, sondern auch in einer Katastrophe enden kann. Diese Peripetie würde in dem

vorher erwähnten Traum die Auseinandersetzung mit der Schlange und das Gespräch zwischen Kinderärztin und Patientin umfassen.

4. Schließlich folgt dann noch die *Lysis* (Lösung). Sie ist der sinnvolle Abschluß des Traumes, der in der Regel einen kompensatorischen oder prospektiven Hinweis enthält und das Problem zu einem vorläufigen Abschluß führt. In unserem Beispiel besteht dieser prospektive Hinweis in dem Entschluß des Traum-Ich, die Quest nach der Schlange aufzunehmen, vor ihr nicht mehr zu flüchten, sondern im Gegenteil ihre Hilfe in Anspruch zu nehmen. Damit ist im Traum antizipierend auch eine Wandlung der Bewußtseinseinstellung zu bestimmten Inhalten des Unbewußten eingetreten.

Nach diesem Schema sind in groben Zügen alle Träume aufgebaut. Nach Jacobi (14) und Teillard (114) haben Träume, die keine Lysis aufweisen – wobei man allerdings über den vollständigen Traum verfügen muß und es sich nicht um bruchstückhafte Erinnerungen handeln darf –, eine schlechte prognostische Bedeutung und sollen auf eine unheilvolle Entwicklung im Leben des Träumers schließen lassen. Meines Erachtens sind solche unheilvollen Entwicklungen eher aus der Symbolik und der Einstellung bzw. der Handhabung oder Rolle, die das Traum-Ich den unbewußten Inhalten gegenüber einnimmt, zu erkennen, als aus dem Fehlen einer Lysis, zumal es in praxi immer sehr problematisch bleibt, wieweit der Träumer sich des vollständigen Traumes erinnert oder eben doch Teile vergessen oder verdrängt hat.

Es verbleibt uns bei der Dramaeinteilung des Traumes die Erörterung eines weiteren Problems. Wie bereits anfänglich gesagt wurde, gehören solche Träume, die wie das hier angeführte Beispiel schon auf den ersten Blick einen deutlichen Sinnzusammenhang aufweisen, keineswegs zur Regel. Wir treffen im Gegenteil sehr häufig auf Träume, die sogenannte Zäsuren aufweisen: Es wird ein Stück Handlung geträumt, dann erfolgt ein Abbruch ohne einen Übergang, und der Traum geht sprunghaft in eine andere Szene über. Ein relativ gut überschaubares Beispiel für eine derartige Zäsur ist der im Kapitel II am Anfang dargestellte Traum. Hier ist die Träumerin zunächst in einem Vorzimmer mit dem Arzt zusammen, und dann erfolgt ein Sprung auf die mythologische Ebene, der mit der Geburt eines religiösen Symbols endet. Auch bei Auftreten solcher Zäsuren, die natürlich auf den ersten Blick noch wesentlich weniger Zusammenhang zeigen können als in diesem religiösen Symboltraum, empfiehlt es sich zunächst, den Traum als ein Ganzes zu verstehen und den in ihm enthaltenen roten Faden des Dramas zu suchen. Das gleiche gilt, wenn der Patient mehrere Träume aus einer Nacht berichtet. In der Regel behandeln diese immer ein ganz bestimmtes Grundproblem. Wenn es nicht gelingt, die einzelnen Stücke zwischen den Zäsuren oder die verschiedenen Träume einer Nacht sinngemäß zusammenzufassen und aus ihnen ein Drama zu bilden, so stellt sich meist heraus, daß sie wie eine Art Episodenfilm das gleiche Problem in Variationen behandeln und eventuell dieses sinngemäß gleichartige Geschehen einmal auf der persönlichen und einmal auf der archetypischen Ebene abhandeln.

Ich möchte für dieses Kreisen in Variationen um das gleiche Motiv zum Abschluß noch ein Beispiel folgen lassen. Es handelt sich um einen etwa 30jährigen, stark muttergebundenen Patienten, der folgende drei Träume in der Nacht nach der Geburt seiner Tochter hatte:

»Erstens: Ich liege im Bett und wollte zu meiner Frau langen und ihr einen Kuß geben. Da war es meine Mutter. Ich war ihr sehr böse, daß sie sich untergeschoben hatte.

Zweitens: Der Krieg war ausgebrochen. Ich war in einer Garnison französischer Soldaten, die sich freuten und Alkohol tranken. Ich tätschelte einem aus unserer Klasse die Wange. Mit einem anderen kletterte ich in einen Keller runter. Da kam ein waagerechter langer Gang. Inzwischen war eine Atomexplosion. Am Ende des Ganges ist eine Klappe, durch die wir in ein Zimmer kommen. Ein Hund versucht uns wegzubeißen. Da liegt eine ältere Frau im Bett, der wir Tribut zollen müssen, indem wir zu ihr kommen.

Drittens: Vater ist gestorben und tat mir furchtbar leid. Ich war ganz untröstlich.«

Die drei Träume zeigen zusammen die klassische ödipale Situation, die den Inzest mit der Mutterfigur und die Tötung des Vaters beinhalten. Charakteristisch und wichtig ist die Situation, in der sie geträumt werden. Der Patient ist gerade selbst Vater geworden und muß auf Grund dieser Situation ein weiteres Stück Verselbständigung durchführen und Verantwortung übernehmen. Man kann diese Träume als einen reinen Regressionswunsch zurück zur Mutter unter der neuen Belastungssituation verstehen. Faßt man diese Regression aber unter einem positiven Aspekt auf, nämlich, daß er regredieren muß, um im Unbewußten Inhalte zu mobilisieren, die es ihm ermöglichen, sich aus seinem Mutterkomplex zu lösen, so erhält der Traum einen anderen Sinnzusammenhang. Im ersten Traum entdeckt der Patient gewissermaßen seine auf die Ehefrau übertragene Mutterabhängigkeit, und ihm wird seine Projektion der Mutterfigur auf die Ehefrau bewußt, gegen die er jetzt affektiv protestieren kann. Dieser erste Traum ist also eine Variation des Themas der Lösung von der Mutter auf der persönlichen Ebene.
Im zweiten Traum tauchen nun archetypische Motive auf. Die alte, offenbar sehr machtvolle Frau, die von dem Hund bewacht wird und nur nach Überwindung eines langen Ganges zu erreichen ist, entspricht im mythologischen Bereich einer Muttergottheit der Unterwelt wie der Persephone im Hades. Die Auseinandersetzung mit dieser überpersönlichen Mutter endet nun in einem Unterwerfungsinzest, so daß man von einer bei diesem Patienten noch nicht gelungenen Nachtmeerfahrt sprechen kann. Ähnlich wie in Traum eins, wo dem Patienten die innere Trennung von Ehefrau und Mutter noch nicht vollständig gelingt, sondern ihm eine Verwechslung geschieht, ist er in Traum zwei der Magna Mater noch als hilfloser Sklave ausgeliefert und besitzt nicht die Fähigkeit, ihr als Mann gegenüberzutreten.
Traum drei behandelt dann den mit heftigen Emotionen begleiteten Tod des Vaters. Sieht man diesen Tod nicht nur unter dem Aspekt eines aggressiven Wunsches, dann kann dahinter auch die Voraussetzung stehen, daß der Sohn nun selbst Vater werden muß. »Der König ist tot, es lebe der König!« so hieß es frü-

her, und der Sohn konnte erst den Thron besteigen und selber der verantwortliche Herrscher werden, wenn der Vater starb und damit seinen Platz freimachte. Der symbolische Tod des Vaters stellt damit die Voraussetzung dar, daß der Patient endlich aus der Sohnes- und Kindesrolle herausgehen kann, um ein erwachsener und selbständiger Mann zu werden. Unter diesem Aspekt enthält der dritte Traum gewissermaßen einen Lösungsentwurf für das Problem, das in Traum eins und zwei noch nicht gelöst werden kann. Man könnte es auch eine Lösungsvoraussetzung nennen. Das Hängenbleiben in der Sohnesfigur ist ja dafür verantwortlich, daß die Frau zu einer Mutter unseres Patienten wird und er der unterirdischen Magna Mater seinen inzestuösen Tribut zollen muß, d. h. ihr seine Potenz opfert. Erst die Übernahme des Vaterseins kann ihm eine andere Haltung geben, in der er den Frauen gegenübertritt, wobei es sicher nicht ohne Bedeutung ist, daß diese Träume gerade auf die Geburt einer Tochter hin erfolgen. So behandeln also alle drei Träume eigentlich das gleiche Problem, wobei Traum eins und zwei die Variation auf persönlicher und archetypischer Ebene enthalten, während der dritte Traum einer Lysis entsprechen könnte.

Die Lysis des letzten Traumes kann dann eine Voraussetzung zu einer weiteren Stufe werden, in der das Männliche nicht mehr passiv gezwungen einen Unterwerfungsinzest begehen muß, sondern sich mit der Magna Mater aktiv verbindet. Als Caesar mit seinen Legionen am Rubikon stand und die Entscheidung zu fällen hatte, gegen die Entscheidung des Senats nach Rom zu marschieren und die Herrschaft zu übernehmen, hatte er einen derartigen aktiven Inzesttraum, in dem er mit seiner Mutter schlief. Am nächsten Morgen ließ er sein Heer über den Fluß setzen und nahm sich die »Mutter Rom«. Caesar war ein Machtmensch und verwendete diese Kräfte nach außen. Psychologisch gesehen hat dagegen der symbolische Inzest mit der Mutter wie in einem derartigen Traum auch den Sinn, das Ich mit dem Unbewußten zu vereinigen und sich damit dessen Potenzen und Möglichkeiten zu erschließen.

So weit war allerdings mein Patient in diesem Zeitpunkt noch nicht.

# VIII. Die Amplifikation

Der große Fortschritt, den das Traumverständnis und die Traumdeutung mit dem Beginn der Psychoanalyse machten, bestand darin, daß Freud ein neues Hilfsmittel zur Deutung der Träume einführte, nämlich den »Einfall« des Träumers. Die Untersuchung, Deutung und Wirkung derartiger Einfallsketten sind ein Kernstück der psychoanalytischen Theorie und Technik. (Nach der Theorie von Freud werden durch diese Einfälle, die sogenannten Assoziationen, die auf Verdichtung und Verschiebung beruhenden Entstellungen des Traumes rückgängig gemacht und die eigentlichen Traumgedanken, d. h. die verdrängten Wünsche werden offenbar.) Im wesentlichen stimmt auch die Analytische Psychologie diesem Wert der Einfälle des Träumers zu seinem eigenen Traum zu. Auch Jung bestätigt, daß der psychologische Kontext von Trauminhalten aus dem Assoziationsgewebe besteht, in welches der Traumausdruck natürlicherweise eingebettet ist. (57)
Was ist nun eigentlich ein »Einfall«? Die Methode der freien Assoziation besteht, wie heute allgemein bekannt sein dürfte, nicht nur darin, bewußt und logisch-rationell über einen Traum oder ein Traumdetail nachzudenken, sondern darin, gerade dieses sehr wach-bewußte, logisch-rationale Denken auszuschalten und aus dem Unbewußten gefühlsbetonte Vorstellungsinhalte, Phantasien und Erinnerungen aufsteigen zu lassen, die mitgeteilt werden, unabhängig davon, ob sie dem betreffenden Patienten selbst logisch zusammengehörig erscheinen oder nicht. Der Vorgang hat eine gewisse Ähnlichkeit mit dem kreativen Phantasieren des Künstlers, der die Wache vor den Toren des Verstandes zurückziehen sollte, um ungehindert alles, was sich in der Seele befindet, hervortreten zu lassen. Es ist gar nicht so einfach, diesen Prozeß durchzuführen. Es werden bald Sperren auftreten: Es fällt einem einfach nichts mehr ein, es kommen nur scheinbar sinnlose Banalitäten hoch, oder man rutscht wieder in ein rationales Denken ab. Alle diese Schwierigkeiten hän-

gen mit dem Auftreten der sogenannten Widerstände zusammen, die das Bewußtsein als Sperren gegen verdrängtes oder noch nicht bewußtseinsfähiges Material errichtet hat. Diese Widerstände haben aber neben ihrer störenden und negativen Auswirkung auf der anderen Seite den durchaus sinnvollen Zweck, ein zu schwaches oder labiles Ich vor der Überschwemmung durch noch nicht integrierbare unbewußte Inhalte zu schützen. Es gilt dementsprechend als ein analytischer Fehler, den Versuch zu unternehmen, sie gewaltsam zu brechen oder zu stark und heftig auf das Auftreten von Einfällen zu dringen. Es ist fast immer ein langwieriger und mühsamer Lernprozeß, mit dem eine Ich-Stabilisierung gleichläuft, bis der Patient in der Lage ist, sich diesem Prinzip der freien Einfälle wirklich echt und rückhaltlos hinzugeben.

Wie weitgehend wir auf die Hilfe des Träumers und seine Assoziationen zum Verständnis eines Traumsinnes angewiesen sind, mag folgendes einfaches Beispiel zeigen:

Eine Patientin träumt, daß sie einen baumbestandenen Weg sieht, der am Ufer eines Flusses entlangläuft. An einer Stelle geht vom Ufer des Flusses ein Steg aus, der zu einem pontonähnlichen Gebilde aus Brettern führt.

Zunächst kann sie mit diesem Bild gar nichts anfangen, aber in der analytischen Situation kommen dann zwei Einfälle. Zunächst erinnert sie sich, daß sie als kleines Mädchen auf einem der sehr seltenen Spaziergänge mit Vater zusammen einen derartigen Weg gegangen ist. Damals hatten sie dort eine Anlegestelle gesehen, und Vater hatte ihr einiges über Schiffe und Seefahrt erklärt. Diese Spaziergänge mit Vater hatte sie als Kind immer besonders genossen und war sehr glücklich über diese Beziehung zu ihm gewesen. Auf diesen Wegen hätte er auch die Fähigkeit besessen, ihr vieles verständlich zu erklären. Der zweite Einfall bezieht sich auf den Ponton und erinnert sie an eine Fotografie der Mutter, die als jung verheiratete und sehr glücklich aussehende Frau auf einem Ponton am Meer saß. Die Patientin hatte dieses Bild besonders geliebt und konnte es stundenlang betrachten. Beide Erinnerungen waren vollständig vergessen oder verdrängt worden. Sie war sehr erstaunt, als sie jetzt in der Analysenstunde wieder mit der vollen Gefühlsbeteiligung in ihr Gedächtnis traten. Die Verdrängung und das Erstaunen über ihre Wiedererinnerung waren in diesem Fall besonders erklärlich, da die Patientin beiden Eltern voller Ablehnung und Opposition gegenüberstand. Sie hatte sehr frühzeitig und unter heftigen Konflikten ihr Elternhaus verlassen. Bis zu diesem Zeitpunkt hatte sie von ihrer Mutter nur das Bild einer vergrämten, mißgelaunten und ewig nörgelnden Frau, von ihrem Vater das eines jähzornigen, unnahbaren und schweigsamen Mannes gehabt. Zu ihnen hatte es eigentlich nie in ihrem Leben eine wirkliche Beziehung gegeben. Jetzt konnte sie feststellen, daß diese Vorstellungen nicht ganz stimmten, sondern daß sie nur eine Seite der Wirklichkeit ihrer Eltern betrafen, an die sie mit ihrer bisherigen oppositionellen Einstellung fixiert war. Dieses Beispiel zeigt im übrigen sehr deutlich, daß wir nicht in den Fehler verfallen sollten, zu glauben, daß nur negative Gefühle und Affekte unterdrückt und verdrängt werden. Wer liebt, neigt zwar dazu, seine Haßgefühle zu verdrängen, aber genauso verdrängt derjenige, der haßt, seine Gefühle von Zuneigung und Liebe.

Ich hoffe, daß es jedem Leser deutlich geworden ist, wie wenig wir ohne die Hilfe der Träumerin und deren Einfälle mit diesem Traum hätten anfangen können. Niemand als sie selbst hätte uns sagen können, was es mit diesem Weg am Fluß und dem Ponton auf sich hatte. Der Traum brachte nur das gefühlsbetonte Bild, und erst als wir es in das Gewebe der Assoziationen einbetteten, erschloß sich ein für uns und die Patientin verständlicher Sinn. Natürlich wäre es möglich gewesen, eine Unzahl von archetypischen Motiven zu der Symbolik von Fluß, Baum und Weg beizutragen, aber alles dies wäre im Bereich einer hypothetischen Spekulation verblieben, mit der letztlich keiner etwas hätte anfangen können, wenn uns nicht die Patientin den Schlüssel zu gerade diesem Weg mit ihren Assoziationen gegeben hätte. Führt man dagegen jetzt das Archetypische zusätzlich in dieses Bild ein, dann kann es einen weiteren Sinn und eine Richtung vermitteln. So kann der strömende Fluß auch als ein Sinnbild ihres Lebensstromes angesehen werden, der durch ihre bisherige einseitige Oppositionseinstellung stagnierte. Das Unbewußte führt sie im Traum zu einem Ort, wo Baum und Fluß als symbolisch statische und dynamische Lebensprinzipien stehen, zwischen denen ihr Weg zu führen hat, um wieder in eine harmonische Einheit zu kommen. Von hier aus könnte in ihr von Haß und Ablehnung erstarrtes Leben eine neue Lebendigkeit eindringen.

In der analytischen Praxis erleben wir nun, daß zu einem Traum oder einem Traumdetail die verschiedensten Formen von Assoziationen erbracht werden können. Ohne hier ein festgelegtes Schema aller möglichen Einfallsformen aufstellen zu wollen, lassen sich die für den analytischen Prozeß relevanten Assoziationen in zwei große Gruppen unterteilen: Die erste sind die *subjektiven* Assoziationen. Unter diesen versteht man alle diejenigen Einfälle, die sich auf die persönliche Lebensgeschichte und die individuelle Psyche des Patienten beziehen. Die beiden Einfälle zu dem vorher aufgeführten Traum sind typische Beispiele für derartige subjektive Assoziationen. Sie beziehen sich beide auf Erinnerungen aus der persönlichen Lebensgeschichte der Träumerin oder besser gesagt: Erlebnisvorgänge, die in eine mehr oder weniger bestimmte frühere Zeit datiert werden. Selbstverständlich müssen die subjektiven Assoziationen durchaus nicht immer in früher oder ferner Vergangenheit liegen, sondern hierher gehören auch die von Freud so bezeichneten rezenten Vortagserlebnisse, die häufig als Auslöser eines Traumes fungieren, sowie diejenigen Erlebnisvorgänge, die sich in der Gegenwart, z. B. in der Behandlungsstunde abspielen, oder Planungsentwürfe und in der Zukunft erwartete Ereignisse. Schultz-Hencke erhebt die Gruppe der subjektiven Assoziationen, die sich auf »Erinnerungen an tatsächlich gelebtes Leben des Träumers« beziehen, besonders hervor. Er bezeichnet sie als Realeinfälle und stellt sie in ihrer Wertigkeit in den Mittelpunkt der Traumdeutung. (117) Diese Bezeichnung hat mindestens in Deutschland eine erhebliche Verbreitung erfahren und erscheint auf den ersten Blick äußerst einleuchtend, einfach und handlich. Sieht man sich diesen Terminus aber einmal unter der wirklich ablaufenden analytischen Situation näher an, dann wird er außerordentlich problematisch, wenn man ihn nicht sogar als falsch und irreführend bezeichnen muß. Ein gutes Beispiel für diese Problematik ist die alte Traumatheorie der Neurosen von Freud. Als Ursache der Erkrankung an einer Neurose wurde hier ein verdrängtes frühkindliches Sexualerlebnis angesehen, das traumatische Wirkung hatte. Bereits nach relativ kurzer Zeit mußte Freud diese Theorie revidieren, weil sich herausstellte, daß diese traumatischen Kindheitserlebnisse jeder Realität entbehrten und reine Phantasien waren. Genau das gleiche kann, wie jeder erfahrene Analytiker weiß, für die sogenannten realen Erinnerungen gelten. In der Atmosphäre einer bestimmten, in der analytischen Stunde konstellierten archetypischen Situation werden Erinnerungen gefühlsmäßig anders besetzt, mit Handlungs- und Erlebnisvollzügen ausgestattet, die ganz woanders hingehören, oder Phantasien werden zur Erinnerung an reale Ereignisse, die überhaupt nicht stattgefunden haben. So ist es durchaus möglich, daß in unserem Beispiel der Spaziergang der Patientin mit ihrem Vater an einer ganz anderen Stelle, unter ganz anderen Umständen und sogar mit einer anderen Gefühlsbesetzung stattfand, als geschildert wird. Ja, es kann sogar möglich sein, daß er in der Realität gar nicht stattgefunden hat, sondern es nur ein damaliger Wunsch von ihr gewesen ist. Der Patient kann jeweils subjektiv ehrlich davon überzeugt sein, die Realität darzustellen.

Das Ganze mag zunächst etwas verwirrend klingen, und mancher mag das unangenehme Gefühl haben, es gäbe nun gar nichts mehr, woran man sich halten kann. Beim analytischen Prozeß stehen aber gerade nicht die positivistische Versklavung an sogenannte objektive Realerlebnisse im Vordergrund, sondern die emotionalen Erlebnisprozesse des Patienten in einer bestimmten Situation. Es geht weniger darum, was wirklich geschehen ist, sondern darum, was der Patient erlebt hat und erlebt. Der Wechsel bzw. die Dynamik dieser Erlebnisprozesse ist das eigentliche Agens der Analyse. Das Ziel der Individuation liegt in der Vermittlung einer größeren Erlebnisbreite, in die auch der eigene psychische Hintergrund miteinbezogen wird, wobei Makrokosmos und psychischer Mikrokosmos in ein ge-

genseitiges Miteinander eintreten und ein vollständigerer und umfassenderer Mensch entsteht, als es vorher der Fall war.

Unter diesen Aspekten dürfte die Bezeichnung der Analytischen Psychologie »subjektive Assoziationen« vorzuziehen sein. Sie trifft besser den wirklichen psychischen Sachverhalt. Zu diesen subjektiven Assoziationen gehören daher auch alle individuellen Phantasiebildungen. Die Einfälle in der Analyse beziehen sich ja häufig direkt auf solche Phantasien. Z. B. berichtet ein Patient, er hätte sich als Kind ein Teddyland phantasiert, oder ihm fallen Tagträume ein, die er kurz zuvor ausgesponnen hat, oder er entwickelt in der Stunde eine Phantasie, die sich auf eine bestimmte Situation bezieht.

Alle diese subjektiven Assoziationen, gleichgültig, ob sie sich auf Erinnerungen oder Phantasien beziehen, enthalten vorwiegend persönliches Material aus der individuellen Psyche des Träumers und können in Gegensatz gestellt werden zu den *objektiven* Assoziationen. Zu dieser zweiten Gruppe will ich jetzt ein Beispiel bringen.

Eine Patientin träumte: »Meine Eltern hatten ein Haus gekauft, unter Umständen auch mit einer finanziellen Beteiligung von mir. Es lag an einem See. Aber man konnte von den Fenstern des Hauses aus den See leider nicht sehen, wohl aber einen schönen Garten, der bis an den See reicht. Das einzig Nachteilige war, daß die Böden im Haus morastig waren. Es hatte außergewöhnlich viel geregnet. Aber ich meinte, der Morast hinge mit der Schlächterei in der Nähe zusammen, und man hätte das Haus besser nicht kaufen sollen. Seltsamerweise war im Untergeschoß und Obergeschoß Morast. Ich ging in den Garten. Auf der einen Seite war ein Flachbau. Eine große Halle mit lauter Stühlen, wohl ein Vereinshaus. Von diesem Haus aus konnte man auf den See sehen. Ich fand, wir sollten versuchen, dieses Haus noch dazuzukaufen. In dieser Halle war der Boden mit Dielen belegt. Ob darunter Morast war, konnte man nicht wissen.« Die Träumerin, eine Frau Mitte Dreißig, hatte einen sozialen Beruf. Sie hatte bisher von einem relativ geringfügigen Einkommen sehr bescheiden gelebt, eine »Studentenexistenz«, wie sie sich ausdrückte. Darüber hinaus hatte sie noch erhebliche Teile ihres Verdienstes für soziale Einrichtungen gespendet. Zur Zeit dieses Traumes war sie durch einen Wechsel in ihrer Position in eine Situation gekommen, in der sie für ihre Verhältnisse relativ leicht erhebliche Gelder verdienen konnte, und zwar gerade dann, wenn sie ihre sozialen Tendenzen außer acht ließ. Sie befand sich also in einer ausgesprochenen Versuchungssituation, mit der sie sich auseinanderzusetzen hatte.

Ich will nun aus Gründen der besseren Übersicht die innerhalb der analytischen Sitzung erbrachten Assoziationen der Patientin nicht in der ursprünglichen Reihenfolge, sondern in zwei Gruppen geordnet bringen. Die erste Gruppe umfaßt die subjektiven Assoziationen und beginnt damit, daß sie über den Zuwachs ihres derzeitigen Einkommens berichtet und die Möglichkeiten, die ihr hierbei noch offenstehen. Genetisch gesehen fällt ihr eine frühe Phantasie ein, als sie sich ein derartiges Haus auf einer Halbinsel gewünscht hatte und sich ausmalte, wie sie dort zusammen mit einem Hund und vielen Gästen leben wolle. Sie hätte dieser Phantasie oft nachgehangen, sie aber seit vielen Jahren völlig vergessen. Sie teilt weiterhin mit, daß ihre Wunschwelt in letzter Zeit wieder in viel stärkerem Maße geweckt worden sei, und vielleicht tauche von daher die alte vergessene Phantasie im Traume auf. Zwei Tage vorher habe sie einen älteren Kollegen besucht, der die gleiche Position innehabe wie sie jetzt und der ein schönes Haus besitze mit wertvollen Antiquitäten. Besonders diese Antiquitäten hätten sie gereizt, da sie ein besonderes Faible für sie habe. Sie hätte sich ausphantasiert, daß sie sich nun auch bald solche Antiquitäten anschaffen könne, wenn sie es wolle. Sie hätte sich auch eigentlich geschworen, zunächst einmal keine sozialen Aufgaben mehr anzunehmen, die ihr nicht auch das entsprechende Geld einbrächten. Gerade jetzt wäre aber eine Aufgabe an sie herangetragen worden, bei der sie in einer ausgesprochenen Notsituation helfen könne, von der sie aber sicher sei, daß sie ihr nur Arbeit und keinen Verdienst einbringen würde. Sie hätte es dann aber doch nicht übers Herz gebracht, diese Aufgabe abzulehnen.

Die zweite Gruppe von Einfällen umfaßt objektive Assoziationen, die zwischen diesen subjektiven eingestreut auftraten, und

sie beziehen sich auf zwei Stücke von Bertolt Brecht. Zu dem Haus am See fällt ihr »Der aufhaltsame Aufstieg des Arturo Ui« ein. (115) Das Stück bezieht sich in verschlüsselter Form auf den Aufstieg des Nationalsozialismus in Deutschland. Zu Beginn des Stückes wird die Hindenburgfigur, der alte Dogsborough, gewissermaßen bestochen durch die Annahme eines Aktienpaketes und eines Landhauses. Die Parallele ist sehr deutlich. Die Patientin spürt hier in sich selbst das Aufkommen eines geld- und machthungrigen Triebdämons, der ohne Menschlichkeit und Rücksicht auf andere seine Triebziele zu erreichen sucht. Sie begegnet dem Hitler in uns selbst und hat sich mit diesem auseinanderzusetzen. Der Schlamm der Korruption aus dem Brechtschen Stück kehrt im Traum wieder in dem Motiv des verschlammten Hauses, das nicht einmal einen Ausblick auf den See zuläßt. Es erscheint auch noch sehr fraglich, ob das andere Haus, das man noch dazukaufen sollte und das den Blick auf den See ermöglicht, nicht unter seinen schönen Dielen ebenso verschlammt sein könnte.
Der zweite Einfall bezieht sich auf die Schlächterei, die in der Nähe des Hauses liegt und von wo der eigentliche Ursprung des Schlammes herkommt. Zu dieser Schlächterei fällt der Patientin wieder ein Stück von Brecht ein, und zwar »Die heilige Johanna der Schlachthöfe« (116), mit seiner Schilderung einer allgemein menschlichen Konfliktsituation, die in den folgenden Versen ausgedrückt ist:

»Mensch, es wohnen dir zwei Seelen
in der Brust!
Such nicht eine auszuwählen
Da du beide haben mußt.
Bleibe stets mit dir im Streite!
Bleib der Eine, stets Entzweite!
Halte die hohe, halte die niedere
Halte die rohe, halte die biedere
Halte sie beide!«

Die beiden objektiven Assoziationen stellen ihr persönliches Problem in einen kollektiven menschlichen Konflikt, dem sie durch die Verdrängung ihrer eigenen Wunschwelt und durch das Führen ihres allzu edlen Studentenlebens bisher ausgewichen war. Diesen Konflikt wird sie ihr Leben lang als eine »Entzweite« tragen müssen. Es ist nötig, daß sie eine Position findet, in der sie beides vereinen kann, um dann doch die »Eine« zu bleiben. Es ist nur eine Andeutung, die ich hier zu diesem Thema geben kann, und im Grunde genommen gehören zu diesem Traum auch die verschiedenen Gestaltungen und Hintergrundmythologeme, die die Figur der Jeanne d'Arc in der menschlichen Geschichte hat. Sobald derartige objektive Assoziationen auftauchen und durch Beistellung von Analogien in ihrem Sinn erfaßt und erschlossen werden sollen, beanspruchen sie einen Raum, der weit über das hier Mögliche hinausgeht. Durch die wenigen Andeutungen hindurch wird der Leser aber ahnen können, in welche Breite und Tiefe der Erfahrung man gelangen kann, wenn man diesen Traum in der Richtung, die diese beiden objektiven Assoziationen geben, ausführlich meditiert.

In der Vorrede zu seinen »Symbolen der Wandlung« (56) hat Jung hierzu gesagt: »Sobald solche Parallelisierungen ausgearbeitet werden, beanspruchen sie einen großen Raum, weshalb kasuistische Darstellungen zu den schwierigeren Aufgaben gehören. Das liegt aber in der Natur der Sache: Je tiefer man geht, desto breiter wird das Fundament ... Dazu gehört ein weitläufiges Vergleichsmaterial, wie auch die vergleichende Anatomie ohne ein solches nicht auskommt. Mit einer Kenntnis subjektiver Bewußtseinsinhalte weiß man von der Psyche und ihrem wirklichen unterirdischen Leben noch für lange Zeit nichts. Wie in jeder Wissenschaft gehören auch in der Psychologie ziemlich ausgedehnte Kenntnisse zu den Requisiten der Forschungsarbeit.«

Die objektiven Assoziationen dieses Beispiels stammen aus der modernen Literatur. Sie gehören nur insofern zum persönlichen Erleben des Träumers, als er diese Literatur kennt und gelesen hat. Im Gegensatz zu den subjektiven Phantasiebildungen sind sie aber ein Stück objektiver historischer Phantasie unserer Kultur als ein allgemeingültiges literarisches Kunstwerk. Andere objektive Phantasien der kollektiven menschlichen Psyche finden sich in Mythologie, Ethnologie, vergleichender Religionswissenschaft, Folklore u. ä. So können diese objektiven Assoziationen, die der menschlichen Kollektivpsyche entstammen, in der Regel deutlich unterschieden werden von den subjektiven Assoziationen, die aus der persönlichen und individuellen Erlebnissphäre des Träumers stammen. Sie können sowohl beim Träumer selbst als Einfälle zu einem Traummotiv auftauchen als auch durch den Analytiker als Analogien erstellt werden.

Ehe ich nun zu dem praktischen Umgang mit dem Verfahren des Deutungsprozesses innerhalb der analytischen Situation komme, sei hier noch eine dritte Gruppe von Einfällen erwähnt, die man häufig beobachtet, die sogenannten *Deutungseinfälle*.

Abgesehen von der weltweiten Verbreitung der psychoanalytischen Literatur in der heutigen Zeit neigen viele Menschen dazu, spontan ihren Träumen oder Traummotiven bestimmte Bedeutungen zuzuschreiben. So kommt es dazu, daß Patienten auch innerhalb der analytischen Situation oft die Neigung haben, anstatt Einfälle hochsteigen zu lassen, ihren Traum oder einzelne Traummotive erklären zu wollen. Das kann einmal in Form einer Entsymbolisierung erfolgen, meist auf dem Boden falsch verstandener psychoanalytischer Theorien, indem der Patient z. B. einen Stock zum Phallus erklärt oder eine Höhle zum Mutterleib. Intelligentere Patienten bieten hierbei häufig ganze Theorien an und offerieren, ohne wirklich in die analytische Arbeit der Einfälle einzusteigen, eine vollständige, manchmal sogar auf mehreren Ebenen erfolgte Übersetzung des ganzen Traumes. Eine andere Form dieser Deutungseinfälle ist die, daß der Patient versucht, dem Traum sofort einen gewissen Sinn und eine gewisse Bedeutung zu geben. So träumte eine Patientin, »daß sie auf der Straße mit einem Obstkarren fuhr. Nach kurzer Zeit stieß sie mit einem anderen Obstkarren, der von einem Mann geschoben wurde, zusammen. Beide Karren kippten um, und es gab einen riesigen Brei, aus dem roter Orangensaft floß. Sie lief erschrocken weg, und der Mann verfolgte sie.« Anstelle von Einfällen gab sie zunächst die Erklärung ab, daß der Traum die Bedeutung hätte, daß sie sich von ihrem bisherigen Freund trennen müßte. Erst innerhalb der Stunde stellte sich auf der Basis ihrer dann doch noch erfolgten subjektiven Assoziationen heraus, daß dem Traum ein ganz anderer Sinn zugrunde lag.

Der Widerstands- und Abwehrcharakter dieser Deutungen ist nicht nur von der Psychoanalyse, sondern auch von der Analytischen Psychologie C. G. Jungs immer wieder betont worden. In der Regel muß jeder Patient erst allmählich lernen, die Assoziationsverbindungen, die um ein Traumbild herum gruppiert sind, aufsteigen zu lassen und sie einem bewußten Ableuchten zu unterziehen. Die ganz natürliche Neigung, etwas schnell und sofort verstehen zu wollen, muß hierbei zurückgestellt werden. Auf diese Abwehr, die insbesondere durch theoretische Lektüre oder eine mißratene Voranalyse gefördert wird, hat Jung in seiner Arbeit über »Die praktische Verwendbarkeit der Traumanalyse« bereits 1931 (13) ausführlich hingewiesen, und es ist im Grunde unverständlich, wenn Autoren wie Schultz-Hencke viel später noch die Behauptung aufstellen, die Jungsche Schule arbeite vorwiegend mit Deutungseinfällen. (117) Es erscheint von der Sache her sowieso sinnvoller, diese Entsymbolisierungen oder Deutungen, die für die Analyse in fast allen Fällen wertlos sind, nicht als Assoziationen zu bezeichnen, sondern als eine besondere Form des Widerstandes gegen den eigentlichen Assoziationsprozeß.

Kommen wir zur Verdeutlichung dessen noch einmal auf das letztgenannte Beispiel zurück. Die Patientin setzt mit ihrer Deutung an der Stelle an, wo sie vor dem Mann, mit dessen Obstkarren sie zusammengestoßen ist, flüchtet. Damit deckt sie etwas zu, was sie bisher verdrängt hat, nämlich das Gefühl der Angst vor dem Mann überhaupt. Die Patientin stand kurz vor einer fälligen Auseinandersetzung mit ihrem Freund, die schon lange zwischen ihnen notwendig gewesen wäre, der sie sich bisher aber entzogen hatte. Der Einfall hierzu war: »Ich habe eigentlich große Angst vor dieser Auseinandersetzung mit meinem Freund, die mir jetzt bevorsteht.« Die vorschnelle Deutung der Patientin negiert zwei weitere wichtige Fakten des Traumes: Erstens war es im Traum gar nicht ihr Freund, mit dem sie zusammenstieß, sondern ein ganz fremder Mann, und zweitens hatte sie selbst – allerdings sehr unbewußt – diesen Zusammenstoß herbeigeführt. Sie allein ist die Träumerin ihres Traumes, und sie hätte also auch träumen können, daß ihr Freund und sie friedlich ihren Karren nebeneinander schöben. Das erstere deutete darauf, daß es sich bei ihr um einen grundsätzlichen Konflikt mit Männern überhaupt handelte, in den sie nach kürzerer oder längerer Zeit mit jeder Männerbekanntschaft geriet. Dieser wurde, wie das zweite Motiv im Traum zeigt, durch ein ihr selber völlig unbewußtes, propulsives und provokatives Verhalten ausgelöst. Gerade dieser unbewußte Eigenanteil an der Konstellierung eines Konfliktes, mit dem man selbst den Partner, ohne es zu wissen, in Weißglut bringt, ist von eminenter Wichtigkeit, weil hier eine Möglichkeit zur Korrektur und zur Konfliktbewältigung liegt. Weiterhin weicht die Patientin mit ihrer Deutung natürlich auch der Frage nach dem Sinn der Symbolik des Obstkarrens aus, denn hier vernichtet sie die ihr aus einer Beziehung möglicherweise erwachsenen Früchte.

An der ausschließlichen Anwendung der Assoziationsmethode zur Traumdeutung setzt nun eine Kritik Jungs ein, die zur Entwicklung einer eigenständigen Methodik geführt hat, der Amplifikation. Es wurde bald deutlich, daß man mit Hilfe der Assoziationsmethode auch ohne das Vorliegen der Traumbilder auf die verdrängten Inhalte des Unbewußten stoßen kann, so daß man, wie Jung einmal etwas bissig bemerkt hat, genausogut von einem Verbotsschild oder einer Zeitung (13) her assoziieren kann wie von einem Traum. Durch diesen im Kern sicher berechtigten Einwand entsteht die Frage, ob man über die Assoziationsmethode überhaupt Verbindliches zur Struktur des Traumes aussagen kann und seinem Sinngehalt näher kommt, da die Assoziationen immer nur zu Komplexen und Verdrängungen hinführen.

Man gewinnt tatsächlich in der Praxis den Eindruck, daß das uferlose Assoziieren zu Stereotypien führt, in denen immer wieder die gleichen Triebansprüche und Primärprozesse auftauchen, ohne jemals richtig bewältigt zu werden. Auch die Freudianer kennen dieses uferlose Assoziieren als Widerstandsphänomen. Es ist schon fragwürdig, ob man mit einer reinen freien

Assoziation etwas Relevantes über die Struktur des Traumes aussagen kann, ein Problem, das auch ausführlich von Siebenthal dargestellt wird. (101) Man begibt sich auch des erheblichen therapeutischen Vorteils, die Energietransformation durch das Traumsymbol, wie es im Kapitel II beschrieben worden ist, entsprechend auszunutzen und die transzendente Funktion zur Aktion und zum Tragen zu bringen. So schlug Jung 1931 (13) vor, sich möglichst »eng an die Traumbilder zu halten«, und gab die Unterscheidung Freuds zwischen einem manifesten und einem latenten Trauminhalt auf. Er benutzte diesen Begriff des latenten Trauminhaltes zwar noch 1928 in seiner Schrift: »Allgemeine Gesichtspunkte zur Psychologie des Traumes«. R. Hobson (118) hat aber bei seiner Beschreibung der Entstehung der Konzeption der Amplifikation ausführlich beschrieben, daß Jungs spezifische Akzentuierung auf das manifeste Traumbild hin bereits sehr viel früher einsetzte. Die Entstehungsgeschichte der amplifikatorischen Methode geht zurück in das Jahr 1911, in dem Jung in einer eigenen kreativen Krise das Buch »Symbole der Wandlung« schrieb und den mythologischen Charakter in Flournoys Veröffentlichung über die Phantasien einer jungen Amerikanerin, Miss Miller, entdeckte. Nach seiner Beschreibung (119) fand er hier seine eigene Welt und seine eigene Identität, die völlig unterschieden war von der Freuds. Die Ideen der romantischen Philosophie Schellings und Hartmanns Position der autonomen, kreativen und kompensatorischen Funktion des Unbewußten übten einen starken Einfluß auf ihn aus, zumal diese eine andere Seite in ihm selbst anstießen als die der positivistischen Wissenschaft, in der er zunächst gelebt hatte.

In der praktischen Konsequenz führte er so in dem erwähnten Buch anhand der Phantasien der Miss Miller seine Methode der Amplifikation durch Bereitstellen und Hinzufügen analoger mythologischer Bilder bereits durch. Hierbei gelang es ihm auch, zu einer später bestätigten und verifizierten Voraussage über den vermutlichen weiteren Verlauf der psychischen Dynamik bei dieser Person zu kommen. Diese andere Grundkonzeption, den Traum nicht wie Freud als ein unter der Zensurinstanz verschlüsseltes Bilderrätsel aufzufassen, sondern seine Bildersprache als die wahre und eigentliche anzusehen und sie eher mit der Entzifferung einer alten hethitischen Schrift zu vergleichen, führt dann dazu, im manifesten Traumbild selbst auch den Traumsinn zu sehen. Diese Auffassung wurde in der frühen Psychoanalyse auch von Stekel geteilt (70): »Hier zweigen meine Forschungen von Freud ab. Freud legt das größte Gewicht auf das Material, das hinter der manifesten Traumfassade aufgestapelt ist. Ich habe mich bemüht, nachzuweisen, daß der manifeste Trauminhalt schon das wichtigste vom Inhalt, von den latenten Traumgedanken verrät. Auf diesem Wege bin ich zu überraschenden Resultaten gekommen ...«

Der Traum sagt also in seinem manifesten Trauminhalt gerade das aus, was er auch meint. Sein Sinn liegt darin, daß eben dieses bestimmte Symbol oder diese bestimmte Handlung in ihm vorkommt und nicht irgendeine andere. Die Ergründung des Traumsinns besteht dann nicht darin, durch eine endlose Kette von Assoziationen auf ganz etwas anderes zu kommen, was dahinter versteckt wurde, sondern durch eine sorgfältige Anreicherung mit den subjektiven und objektiven Ergänzungen, die Patient und Analytiker in gemeinsamer Arbeit erstellen, den Traumsinn zu erschließen. Es handelt sich also um eine Bereicherung des Traummotives mit ähnlichen analogen Bildern, die eine Gleichheit des Bedeutungskernes aufweisen. Hierdurch entstehen Verknüpfungen von Sinnelementen, die auch die persönlich-individuelle und kollektiv-archetypische Sphäre miteinander verbinden. Bildlich gesprochen geht die Assoziationsmethode wie eine Reihe oder Kette vom Traummotiv fort auf ein entferntes Ziel zu, während die Amplifikation das Motiv umkreist und es mit anderen analogen Motiven in ein gemeinsames Gewebe verknüpft. Es erscheint hier angebracht, diese Methodik noch einmal an einem Beispiel zu verdeutlichen.

Es handelt sich um den Traum einer Patientin Mitte Dreißig bereits gegen Ende der analytischen Therapie. Sie träumte: »Ich stand dicht vor der Haustür in der Diele Ihres Hauses, die mit alten Möbeln und einem großen Spiegel, der rechts an der Wand hing, ausgestattet war. Es ging um Verabschiedung, und ich

zeigte Ihnen ein kleines Männchen wie ein Spielzeug, das man auf eine bestimmte Art bewegen konnte. Es hatte Platz in der hohlen Hand. Sie nahmen es auch und probierten, wie es sich bewegt. Dabei hatten wir gemeinsam großen Spaß daran.
Dann begleiteten Sie mich noch durch die Haustür und durch den großen Garten – eine Parkanlage mit breitem Weg und hohen alten Bäumen. Es war Nacht und der Himmel sehr dunkel. Ich freute mich über diese Freundlichkeit und fand alles sehr schön und einstimmig. Ich war viel jünger und wohl auch ein ganzes Stück kleiner.«
Die altmodische Diele erinnert die Patientin zunächst an das Haus ihrer Großeltern, in dem sie sich sehr wohl gefühlt hätte. Dann berichtet sie, daß ein Kind aus ihrer Bekanntschaft so ein kleines Männchen aus Plastikant gemacht hätte. Sie selbst ist unverheiratet und hat kein Kind, ein Problem, mit dem sie sich noch immer schmerzhaft auseinanderzusetzen hat. Dieses Problem war jetzt gerade wieder aktualisiert worden, da die Frau ihres Bruders ein Kind bekommen und sie deren Familie besucht hatte, um sich ihren Neffen anzusehen. Sie hätte sich dabei doch mit erheblichen Neidgefühlen auseinandersetzen müssen.
Das wesentliche Problem der Stunde aber kreist um die eigene Analyse. Sie berichtet, daß der gemeinsame Spaß an dem Spielzeug im Traum sehr schön gewesen wäre, aber jetzt hätte sie doch wieder erhebliche Zweifel. Es käme ihr doch sehr makaber und geringfügig vor, wenn aus der ganzen langen Analyse nichts anderes herausgekommen wäre, als daß sie am Ende so ein Spielzeugmännchen bekäme und wieder zum Kind würde. Dabei hätte sie, wie sie selbst in dieser Stunde meint, doch sehr viel erreicht. Ihre Symptome seien verschwunden, viele ihrer Verhaltensweisen und ein großer Teil ihres inneren Erlebens hätten sich geändert. Minderwertigkeitsgefühle und Ängste seien ebenfalls vergangen u. a. m. Wenn sie diesen Traum aber so reflektierte, dann schlichen sich eben doch wieder Zweifel und Mißtrauen bei ihr ein, ob das Ganze wohl halten würde. Dieser Traum spräche eigentlich kaum dafür, daß sie erwachsen und gereift wäre.
Wir sprachen dann in der Weise über den Traum, daß sie zu-

nächst auf die Diskrepanz zwischen dem Traumgefühl, d. h. dem Gefühl, das bei ihr im Traum selber vorhanden war, und dem Gefühl innerhalb ihrer späteren Reflexionen im Wachzustand hinwies. Ich warf dann die Frage auf, ob man dieses kleine bewegliche Männchen wirklich geringachten solle, und wies sie darauf hin, daß Heinrich von Kleist z. B. in seinem Aufsatz über das Marionetten-Theater eine Beziehung zwischen der Puppe und dem Gott herstelle. Damit endete diese Stunde[10]. Kleists kleine Schrift »Über das Marionetten-Theater« (95) behandelt gerade dieses Thema, daß durch das reflektierende Bewußtsein die natürliche Spontaneität und Anmut verlorengeht und erst in einem unendlichen Bewußtsein wiedergefunden werden könne.

Ich muß gestehen, daß in dem Augenblick innerhalb der Behandlungsstunde, als mir diese Geschichte einfiel, auch ich nur eine vage Vorstellung von dem Artikel hatte. Ich hatte ihn vor vielen Jahren gelesen, und in meiner bewußten Erinnerung war nur enthalten, daß die Marionette hier nicht nur als leblose Puppe aufgefaßt wurde, sondern eine Beziehung zu ihr und dem Gott hergestellt wurde. Was ich nicht mehr wußte, war die Tatsache, daß es sich gerade in dieser Erzählung um den Charakter der Reflexion handelte, der die Anmut der primären Naivität stört, die dann erst sekundär wieder durch ein umfassenderes Bewußtsein wiedergefunden werden kann. Ich habe also, als ich mit der Patientin dieses Symbol amplifizierte, weitgehend ohne die Einschaltung eines stark reflektierenden Bewußtseins gearbeitet.

In der darauffolgenden Stunde teilte sie mir mit, daß sie meine Frage am Ende der letzten Sitzung doch sehr beschäftigt hätte. Sie wäre deshalb in eine Bibliothek gegangen und hätte sich das Buch von Kleist geholt. Zuerst hätte ihr die Geschichte wenig gesagt, und sie hätte keine rechte Beziehung dazu finden können. Als sie sich alles danach noch einmal überdacht hatte, wäre ihr etwas aufgegangen, was sie gar nicht richtig beschreiben könne: »Ich erlebte auf einmal das Gefühl, daß innen und

[10] Siehe auch Kap. V, Seite 122.

außen zusammenstimmen. Ich war das erstemal ganz zufrieden mit meiner eigenen Gestalt, und ich merkte, wie ein noch existentes großes Stück Angst und Scheu völlig verschwand. Ich bin dann hingegangen und habe mir das erstemal in meinem Leben einen Bikini gekauft und konnte ihn auch ohne Scheu tragen. Es mag objektiv ganz lächerlich und äußerlich erscheinen, aber für mich war es das nicht, denn es dokumentierte alles.«

Dieses Gefühl der Ergriffenheit, der tiefe Ernst einerseits und die Freude auf der anderen Seite, die von der Patientin bei diesem Bericht ausging, ist sehr schwer zu beschreiben. Sie hatte ganz offenbar ein tiefes inneres Erlebnis gehabt und eine Erkenntnis gewonnen, die jenseits dessen lag, was sie in rationalen Worten oder Erklärungen ausdrücken konnte. Sie war hinter den Tatsachen des ganz alltäglichen Lebens auf eine Kraft gestoßen, die sie erfüllte und sie mit Welt und Leben in eins setzte. Wie so viele Menschen war sie an der Wahrheit, die vor ihren Augen lag, vorbeigelaufen, weil sie ihr zu gering erschien und sie wegsah nach irgend etwas Höherem. Im Vishvasára Tantra, dem indischen Weg, die göttliche Kraft (Shakti) zu finden, heißt es: »Was hier ist, ist auch anderswo. Was nicht hier ist, ist nirgends.« (113) So kann eine lächerliche kleine Puppe zu einem großen befreienden Erlebnis führen, wenn man nur sieht und nicht achtlos vorbeigeht.

Soweit das Material. Versuchen wir nun das Geschehen unter mehr theoretischen Aspekten zu betrachten: Die Assoziationen, die die Patientin zu diesem Traum brachte, stammen alle aus dem persönlichen individuellen Bereich und waren demnach subjektive Assoziationen. Die Linie geht von der Atmosphäre im Hause des Großvaters über die Freude des Kindes an seiner selbstgebastelten Puppe zu dem Kind des Bruders, wo sie Freude und Schmerz gleichzeitig erlebte. Es wird in diesen Einfällen eine recht starke, vorwiegend positiv getönte emotionale Situation mobilisiert. Diese wird auf die analytische Situation übertragen und gipfelt in der unausgesprochenen Frage: »Wo ist mein analytisches Kind, und soll diese komische Puppe alles sein?« Nur der Vollständigkeit halber sei hier eingefügt, daß der Wunsch der Patientin, den dieser Traum auch enthält, das Kind des Analytikers zu sein, lange vorher ausführlich behandelt worden war.

Die Frage wird nun ebenso unausgesprochen von mir mit Ja beantwortet. Anstatt die Patientin darüber zu trösten, daß es nur so wenig ist, oder ihr zu sagen, sie müsse sich eben mit der Härte der Welt abfinden und resignieren, stelle ich die Gegenfrage, ob das, was ihr im Traum so wertvoll sei, in der Wirklichkeit tatsächlich so wertlos wäre. Vielleicht wäre ihr Unbewußtes klüger als ihr reflektierendes Bewußtsein. Gleichzeitig füge ich von meiner Seite eine objektive Assoziation, nämlich die Geschichte vom Marionetten-Theater hinzu, die das Symbol aufwertet und aus der persönlichen Dimenison in die archetypische überführt. Damit habe ich den Traum nicht erklärt und habe keine Deutung gegeben, sondern ich habe ihn »amplifiziert«, indem ich einer Geschichte, der Traumgeschichte, eine zweite Geschichte hinzugefügt habe. Ich habe es der Patientin überlassen, ob durch das Nebeneinanderlegen von beiden für sie der hintergründige Sinn dessen aufleuchten würde, was ihr das Unbewußte in seiner eigenen Sprache sagen wollte.

Natürlich gibt es eine Unzahl von objektiven Assoziationen zu dem Puppe-Kind-Motiv aus dem Bereich der Magie, der Mythologie, der Ethnologie, der Religionswissenschaften u. a. Für den Interessierten sei hier u. a. auf die Arbeit von Jung und Kerényi über das »Göttliche Kind« (120) verwiesen. Man könnte so um das Motiv herum ein ganzes Gewebe von objektiven Assoziationen bilden und ein Buch damit füllen. Diese mögen für den Fachmann von Interesse sein und für ihn noch viele andere differente Seiten des Motivs beleuchten. In der praktischen Anwendung der Amplifikationsmethode ist aber gerade ein Zuviel falsch und gefährlich. Es kommt hier vielmehr darauf an, genau das richtige Bild oder die richtige Geschichte zu finden, die, neben Traum und Assoziationen des Patienten gelegt, auch für diesen verständlich ist und in ihm nicht nur einen rationalen, sondern auch einen emotionalen Erkenntnisprozeß auslöst. Dem Patienten wahllos Mythologeme zu erzählen, die Analogien zu seinem Traummotiv enthalten, ist

genauso sinnlos wie verkehrt. Natürlich ist es für den Analytiker selbst wichtig, möglichst umfassende Kenntnisse auf diesem Gebiet zu besitzen, wobei jeder von uns immer nur mehr oder weniger unvollkommen bleiben wird.
Um richtig amplifizieren zu können, ist es notwendig, auch von der Seite des Patienten ein möglichst ausführliches Material von Assoziationen zu einem Traummotiv zu erhalten. Es empfiehlt sich daher bei der Anwendung dieser Methodik, den Assoziationsfluß des Patienten nicht ungehindert von den Traummotiven fortlaufen zu lassen, indem der Analytiker nur passiv bleibt. Wenn man merkt, daß eine derartige Entfernung vom Motiv eintritt, ist es angebracht, zu unterbrechen und den Patienten zu dem ursprünglichen Motiv zurückzuführen, indem man ihn auffordert, gerade zu diesem Bild weitere Einfälle zu bringen. Auf diese Weise wird das bewußte Interesse des Patienten stärker auf das Motiv bezogen und dazu angehalten, die direkte Umgebung abzusuchen. Dieses Material bietet dann oft eine bessere und dem Verständnis näherkommende Beziehung zu dem Traummotiv und läßt eher und leichter die sinnentsprechenden archetypischen Analogien finden. Allerdings hat dieses Verfahren einen beträchtlichen Nachteil, wenn man es zu oft, zu früh oder zu starr handhabt. Das Ich des Patienten gelangt dann nämlich nicht mehr in die eigene Tiefendimension und in den Schwebezustand zwischen Bewußtem und Unbewußtem, aus denen die wirklich wesentlichen Einfälle aufsteigen, sondern verbleibt zu stark im Bewußtseinsraum von nur rationalen Reflexionen. Man muß daher dem Patienten klarmachen, daß er sich nur wieder kurz auf das Motiv konzentrieren sollte, um sich dann wieder fallenzulassen und sich den aufsteigenden Einfällen zu überlassen, selbst wenn sie scheinbar nichts mit dem Motiv zu tun haben.
Für den Zeitpunkt dieses technisch doch oft recht schwierigen Eingriffes, die richtige Amplifikation am richtigen Platz zu vollziehen oder den Assoziationsfluß an einer bestimmten Stelle zu unterbrechen und an das Symbol zurückzuführen, gibt es keine objektiven Kriterien. Es erscheint von der Sache her problematisch, wieweit diese jemals gefunden werden können, ohne

Zarte, Musische, Geistige, völlig vernachlässigt hatte. Der Traum lautete:

»Ich gehe an einem Berg im herrrlichen Sonnenschein am Meeresufer spazieren. Dann befinde ich mich in einem Boot – vielleicht bin ich auch selber das Boot – und fühle mich still auf dem im Sonnenlicht glitzernden Meer treiben. Tiefer Friede. Urplötzlich, wie von einem Seebeben geweckt, rast die See, der Himmel verdunkelt sich, eine haushohe Welle schleudert mich (mitsamt Boot?) in hohem Bogen durch die Luft und wirft mich nach langem Flug hart auf den Strand. Ich spüre, wie ich (bzw. mein Boot) mich noch während des Fluges von unten her (Kiel) der Länge nach in zwei Hälften zu spalten beginne. Gefühl des Grauens, der unheimlichen Unentrinnbarkeit. Gerade weil es so langsam geht. Mit dem Aufschlagen auf den Strand nach beängstigend langem Fluge zerfalle ich (mein Boot?) endgültig in zwei Teile. Beide Hälften erweisen sich als fast unbeschädigt, so daß ich sie nach dem ersten Schreck nebeneinanderlege, um sie wieder zusammenzufügen. Das gelingt mir aber nicht. Hat die Verzahnung vorne gefaßt, geht das Ganze, wenn ich nun auch den hinteren Teil zusammenschließen will, wieder vorn auseinander und umgekehrt. Ich bin ganz verzweifelt und wache schweißgebadet auf.«

Wie Kemper schreibt, kann eine anschaulichere und eindringlichere Darstellung eines Menschen, der wahrnimmt, wie er in seinem Grundgefüge in zwei verschiedene Persönlichkeitsteile auseinanderklafft, auch von einem Dichter nicht erfunden werden. Abgesehen von solchen Ausnahmen, in denen für den Analytiker und auch oft für den Patienten selbst das Verständnis eines Traumes auf der Subjektstufe sofort ins Auge springt bzw. dominant ist, gilt im allgemeinen bei der Behandlung und Deutung von Träumen die Faustregel, daß zuerst die Objektstufe zu erledigen ist, wie vorher schon gesagt. Das bedeutet, daß sich der Patient zunächst mit den realen Beziehungspersonen seiner Umwelt innerlich auseinandersetzen muß, sei es, daß es sich um die aktuellen Angehörigen wie Ehepartner, Freunde, Kinder etc. oder um die Beziehungspartner seiner Frühkindheit wie Vater, Mutter und Geschwister handelt. Es wäre falsch, einen Traum auf der Subjektstufe zu deuten, solange ein Patient noch infolge seiner frühkindlich nicht gelösten inzestuösen Bindungen an frühe Beziehungspersonen fixiert ist. Die innere Auseinandersetzung mit dieser Bindung muß zuerst erfolgen, ehe der Patient daran gehen kann, eigene archetypische Seiten und Aspekte in sich zu erkennen und zu entwickeln. Zur Illustration, wo die Anwendung einer Traumdeutung auf der Subjektstufe angezeigt ist, möge hier ein weiteres Beispiel folgen. Es handelt sich um den Traum eines 38jährigen Patienten nach etwas über 100 Stunden analytischer Therapie. Er war verheiratet und Vater von 3 Kindern. Die Ehe war zwar problematisch, aber es bestand von beiden Seiten her keine Tendenz, sie aufzulösen. Der Traum lautete: »Ich fahre in einem großen offenen Auto eine Straßenbiegung entlang, an der ich einmal gewohnt habe. Vor mir sitzt eine Frau, schwarzhaarig und mit schwarzem Pullover bekleidet auf dem Platz des Fahrers, aber sie steuert nicht. Sie hatte sich halb zu mir umgedreht, und ich versuchte immer, ihr ins Gesicht zu schlagen, weil sie mich verführen wollte. Sie versuchte dagegen, sich davor mit erhobenen Armen zu schützen, und ich versuchte, diese herunterzuholen, um frei schlagen zu können. Es ging aber nicht, weil es zu eng war. Sie hatte das Haar hinten zu einem Zopf gebunden.«

Diesem Traum waren zwei wichtige Ereignisse vorausgegangen. Innerlich hatte sich der Patient, insbesondere in der vorangegangenen Analysenstunde, intensiv mit der sehr antisexuellen, repressiven Atmosphäre seines Elternhauses auseinandergesetzt. Er hatte insbesondere auch über seine pubertäre Onanieproblematik gesprochen, die mit dem Charakter des Verbotenen und Verborgenen behaftet war, und über seine vergeblichen Versuche, die Triebbedürfnisse zu unterdrücken. Trotz späterem besserem rationalem Wissen und entsprechender Aufklärung war in ihm die Welt der alten Gebote und Verbote noch weiter lebendig geblieben, und erst jetzt in der Analyse merkte er, wie seine natürliche Sexualität und Erotik allmählich wieder lebendig wurden. Die Beziehung zu seiner Frau war in der letzten Zeit sehr viel lebhafter geworden, und gleichzeitig wuchs in ihm der

Drang, jede halbwegs interessante Frau zu verführen, ein Gefühl, das er früher auch nie gekannt hatte.

Äußerlich war nun am Tage vor diesem Traum noch etwas anderes geschehen. Er hatte nämlich seine erste Jugendliebe wiedergesehen. Mit 23 Jahren hatte er eine sehr intensive turbulente große Liebe zu diesem Mädchen erlebt, die, wie er am Beginn der Analyse einmal meinte, in seinem Innern noch nicht ausgebrannt wäre. Obgleich er dieser Frau in der Zwischenzeit schon öfter wiederbegegnet war, hatte er bei dieser letzten Begegnung, die dem Traum vorausging, wie ein Schönheitschirurg die Falten an ihrem Gesicht registriert und festgestellt, daß sie nicht mehr die Freundin von damals sei. Eigentlich verbinde ihn doch nichts mehr mit ihr.

Bezieht man nun den Traum, ohne zunächst die Assoziationen des Patienten zu berücksichtigen, auf diese vorangegangene Begegnung und liest ihn auf der Objektstufe, so kann mit dem Mädchen im Wagen diese alte Freundin gemeint sein. Das würde dann heißen, daß im Gegensatz zur bewußten Einstellung doch noch starke unbewußte Sehnsüchte vorhanden sind, diese Beziehung wieder aufleben zu lassen, gegen die er sich wehrt. Hinter der Figur dieser Freundin würde dann als genetischer Hintergrund die Mutter und das Wehren gegen die inzestuöse Verführung durch die Mutter stehen. Eine solche Auffassung des Traumes würde aber wenig weiterhelfen und beruhte außerdem auf reiner Spekulation. Dem Patienten waren die tiefen Sehnsüchte, diese erste große Liebe seines Lebens wiederzuerleben, durchaus bewußt, und es bestand kein Zweifel, daß seine jetzige gefühlsmäßige Lösung von dieser Frau nicht ganz echt war. Der Traum würde dann bestenfalls etwas aussagen, was dem Träumer ohnehin bekannt war. Ebenso bekannt und bereits analytisch bearbeitet war die entsprechende Seite seiner Mutterbindung. Auch diese Deutung hätte den Patienten nicht weitergeführt.

Wenden wir uns nun den Assoziationen zu, die der Patient in dieser Sitzung zu dem Traum gibt, um zu erfahren, ob wir dort weitere Hinweise auf eine Subjektstufendeutung dieser unbekannten Frau finden und ob uns eine derartige Auffassung weiterführen könnte. Zunächst berichtet er zusätzlich, daß das Auto ein offener Mercedes gewesen sei aus den zwanziger Jahren. Ein solcher hätte oft bei ihnen in der Straße geparkt, und dieses Auto wäre als Junge sein »Traumwagen« gewesen. Er hätte sich dann gefragt, so fährt er fort, wer eigentlich diese Frau sei. Er kenne keine schwarzhaarige Frau in der Realität. Er hätte allerdings schon als Kind ein besonderes Faible für schwarzhaarige Frauen gehabt, das sich bis heute erhalten hätte. Nur einmal in Paris hätte er in einem Café mit einer schwarzhaarigen Italienerin geflirtet, allerdings nur mit den Augen, da er nicht Italienisch konnte. Über diese ausgesprochene Neigung zu schwarzhaarigen Frauen, verbunden mit entsprechenden Phantasievorstellungen, spricht er dann ausführlich in dieser Stunde.

Es ist sehr deutlich, daß diese Einfälle des Patienten darauf hinweisen, daß es sich bei der Frau nicht um eine äußere reale Person handelt, sondern um eine »Traumfrau«, um ein eigenes inneres Bild eines weiblichen Wesens, das von der Phantasie des Träumers geschaffen wurde und ihn sein ganzes bisheriges Leben bis weit in die Kindheit hinein begleitet hat. Es kann hier hinzugefügt werden, daß weder vorher noch nachher in der Analyse dieses Patienten eine Frau mit schwarzen Haaren als reale Beziehungsperson in der Kindheit gefunden wurde. Die Analytische Psychologie spricht hier von einer Animafigur[14], d. h. einem weiblichen Bild in der Psyche des Mannes, das einen ganzen Komplex von Eigenschaften, Erlebnis- und Verhaltens-

[14] Zur Totalität des Psychischen gehören auch diejenigen Eigenschaften, die von Natur aus in der ersten Lebenshälfte mehr oder weniger latent bleiben und beim Mann weibliche und bei der Frau männliche Charakterzüge tragen. Diese werden in der Analytischen Psychologie als Anima bzw. Animus bezeichnet. Der Komplex der Anima bzw. des Animus ist psychologisch aus vier Faktoren zusammengesetzt:

1. Aus den eigenen komplementären Geschlechtseigenschaften;
2. Aus dem Beziehungssystem, in dem der Mann auf die Imago der Frau und die Frau auf die Imago des Mannes orientiert ist;
3. Aus dem archetypischen Bild des gegengeschlechtlichen Objektes, also aus den Niederschlägen aller Erfahrungen am anderen Geschlecht;
4. und endlich aus der archetypischen Form, in der sich die unmittelbare Erfahrung der Eigentätigkeit des Psychischen der männlichen oder der weiblichen Mentalität von jeher mitgeteilt hat. (128)

formen, Emotionen, Affekten und Triebkomponenten beinhaltet. Eine Subjektstufendeutung würde diese schwarzhaarige Frau also als einen eigenen unterdrückten Persönlichkeitsanteil des Patienten auffassen, der, insbesondere in Verbindung mit der Vorgeschichte und der aktuellen Problematik, mit heftigen Gefühlsinhalten aufgeladen ist und eine starke Affinität zur Bewußtwerdung enthält. Um es in der Traumsprache auszudrükken: Die Anima versucht das Traum-Ich zu verführen, mit ihm eine Verbindung einzugehen.

Wir kommen damit zu dem zunächst erstaunlichen Problem, warum sich das Traum-Ich eigentlich dagegen wehrt. Man sollte meinen, wo nun endlich die Frau seiner Träume auftritt und sich ihm geneigt zeigt, würde er ihr voller Lust und Freude in die Arme stürzen. Im Traum tritt aber das Gegenteil ein. Er wehrt sich heftig gegen die Verführungskünste dieser attraktiven jungen Dame, deren Aufnahme in seine Gesamtpersönlichkeit dieser sicher mehr Farbigkeit, Leben und Reiz verleihen würde.

Für die Traumdeutung ergibt sich hier die Frage, ob sich das Traum-Ich psychologisch sinnvoll verhält oder aufgrund kollektiver Vorurteile und Ängste eine Persönlichkeitserweiterung ablehnt, die an dieser Stelle eigentlich notwendig und erforderlich wäre. Unsere Kultur hat, wie jede andere uns bekannte Kultur auch, die Tendenz, den Jungen zum Mann und das Mädchen zur Frau zu erziehen. Wo auch immer wir auf der Welt menschliche Kulturen untersuchen, finden wir ein verschiedenartiges Rollenspiel der Geschlechter mit einer scharfen Gegensatzspannung. Die Inhalte der männlichen und der weiblichen Rolle variieren in größtem Umfange, so daß wir bei der einen Kultur gerade das, was dort als typisch weiblich dargestellt wird, bei der anderen als typisch männlich finden können. (127) Konstant ist aber bei allen Kulturen, daß überhaupt eine solche Gegensatzrolle durchgeführt wird. Im Erziehungs- und Reifungsprozeß eines Kindes und eines Jugendlichen werden dementsprechend nicht nur von den persönlichen Eltern, sondern auch von der gesamten Kulturatmosphäre her die sogenannten geschlechtsentsprechenden Eigenschaften, Erlebnisweisen und

Verhaltensformen betont, gefördert und entwickelt, die gegengeschlechtlichen aber mindestens vernachlässigt, wenn nicht deklassifiziert und unterdrückt. Eine Junge hat nicht zu weinen, ein Mädchen nicht auf Bäume zu klettern. Wir wissen heute, daß das ein künstlicher, von der Kultur manipulierter Prozeß ist und von der Anlage her die Psyche des Menschen nicht männlich oder weiblich determiniert ist, sondern weitgehend bisexuell. Während die Freudsche Konzeption noch den notwendigen psychischen Penisverzicht der Frau enthält, d. h. im Grunde die Opferung der von der Kultur als typisch männlich angesehenen seelischen Anteile, fordert die Individuation der Analytischen Psychologie die bewußte Integration von Anima bzw. Animus als notwendigen Schritt zur Vollständigkeit der Persönlichkeit. Das Wissen um die unterdrückten und gegengeschlechtlichen Anteile in der Psyche von Mann und Frau ist heute nicht mehr so bewußtseinsfremd und schockierend wie zu jener Zeit, in der Jung auf diese Tatsache hinwies. Es hat aber immer noch einen deklassifizierenden Charakter, wenn man einem Mann nachsagt, er wäre weibisch, oder einer Frau, sie sei männlich. Die oft sehr äußerlichen Versuche der heutigen jüngeren Generation, die Geschlechtsrollen zu relativieren, sind sicher nicht mehr als ein erster Versuch, die gegengeschlechtlichen Anteile bewußter werden zu lassen.

Die bewußte Auseinandersetzung und Integration eines Komplexinhaltes ist nun aber scharf zu unterscheiden von einem Durchbruch oder einer Inflation. Bei der letzteren wird das bewußte Ich ein hilflos im Sturm seiner Gefühle und Begierden flatterndes Blatt, das jede Steuerungsmöglichkeit verloren hat. Die Freiheit der Wahl ist nicht mehr gegeben, und es entsteht ein Zustand der Getriebenheit, der wegen seiner Gefährlichkeit und seines Ausgeliefertseins recht schwere Ängste auslöst und Abwehrmaßnahmen auf den Plan ruft.

Um nun zu unserem Traum zurückzukehren, so ist es für dessen Beurteilung unbedingt nötig, die spezifische psychische Situation dieses Menschen zu kennen, um zu wissen, welche dieser beiden Möglichkeiten hier gegeben ist. Handelt es sich bei dem sich wehrenden und um sich schlagenden Patienten im Traum um ein zu starres Ich, das noch von kollektiven Vorurteilen besetzt ist und das sich ängstlich sträubt, eine sinnvolle Bereicherung und Erweiterung zu akzeptieren, nur weil sie nicht im Rahmen des allgemein Üblichen liegt? Oder handelt es sich um ein Ich, das sich berechtigt gegen einen Durchbruch oder eine Inflation wehrt? Diese Unterscheidung ist sehr wichtig, denn im einen Fall wird es zur Aufgabe des analytischen Prozesses gehören, die Widerstände, die sich in dem Sich-Wehren des Patienten ausdrücken, abzubauen. Dieses Vorgehen wäre aber bei der anderen Situation das Verkehrteste, was man tun könnte.

Die Hinweise für die richtige Einschätzung der Situation liefert in unserem Fall der Patient selbst. In seinem Satz »er könnte im Augenblick jede halbwegs vernünftig aussehende Frau verführen«, kommt deutlich zum Ausdruck, daß das in diesem Zeitpunkt der Analyse auftauchende erotisch-sexuell gefärbte Libidopotential sich noch der Steuerung entzieht und sich wahllos auf jedes vorüberkommende Objekt richtet. Das wird noch unterstrichen durch eine Bemerkung des Patienten, die ich noch nicht berichtet habe. Er sagte nämlich im Verlaufe des assoziativen Prozesses zu diesem Traum von sich aus an einer Stelle nachdenklich: »Ich glaube, daß ich mich gegen diese so sehnsüchtig begehrte Frau so heftig wehre, liegt daran, daß ich die Schafsrolle des verführten Mannes so gar nicht mag.« Es ergibt sich also hier aus der Gesamtsituation, daß an dieser Stelle durchaus die Gefahr einer Entgleisung besteht und die Abwehr des Ich berechtigt ist. Es muß zunächst eine weitergehende Ich-Stabilisierung stattfinden, ehe die Integration dieses Anteils des Animakomplexes möglich ist.

Wir können an diesem Traum sehen, daß bestimmte Kriterien für eine Subjektstufendeutung gegeben sind und daß diese dann auch angebracht erscheint. Einmal handelt es sich bei der Frau um eine unbekannte Figur, zum zweiten weisen alle Assoziationen des Patienten, die sich um die schwarzhaarige Frau ranken, auf ein inneres eigenes Bild hin und nicht auf eine äußere Beziehungsperson. Drittens entspricht die Auseinandersetzung mit den typischen Qualitäten der eigenen Innenwelt, die gerade zu diesem Zeitpunkt auftauchen, der in der Analyse gerade aktualisierten Situation, und viertens sind die auf der Objektebene möglichen Figuren in dieser Beziehung bereits vorher ausreichend analytisch bearbeitet.

Die Deutung auf der Subjektstufe führt an dieser Stelle weiter und hilft dem Patienten, sich seines Problems bewußt zu werden. Es ist für ihn hier lebendig und gefühlsmäßig erfaßbar, in welcher inneren Situation er sich befindet. So ist es für ihn auch notwendig, den ganzen Bereich seiner tiefen Sehnsüchte und Begierden zu mobilisieren in Verbindung mit all den Gefühlswerten, die diesem anhaften. Im Traum zeigt es sich darin, daß er in den »Traumwagen« einsteigt und mit diesem fährt. Gleichzeitig ist es aber für ihn auch notwendig und erforderlich, gegenüber den Kräften des Unbewußten die Stabilität und Freiheit seines bewußten Ich zu behaupten und sich nicht verführen bzw. überschwemmen zu lassen. Das Traumbild stellt ihm lebendig und deutlich eine innere Aufgabe, an der er zu arbeiten hat.

Grundsätzlich müssen wir uns klarmachen, daß jeder Traum, wie auch jedes andere Phantasiegebilde des Menschen, vielschichtig ist. Jeder einzelne Traum kann daher auf verschiedenen Ebenen verstanden werden und dementsprechend sowohl auf der Objekt- als auch auf der Subjektstufe gedeutet werden. Es gibt hierbei kein Entweder-Oder, sondern nur ein Sowohl-Als-auch. Wichtig für die Deutung ist es, gerade diejenige zu treffen, die im augenblicklichen Zeitpunkt aktualisiert ist und dem Patienten weiterhilft. Hierzu ist ein wesentliches Kriterium für die Richtigkeit einer Deutung das mögliche Eigenverständnis des Patienten selbst und seine Fähigkeit, diese zu akzeptieren. Dieses Verständnis, verbunden mit einem Bewußtwerdungsprozeß, ist das wertvollste Kriterium für die Richtigkeit einer Interpretation, die sonst nur im Bereich einer theoretischen, akademischen Spekulation bleiben würde.

Fassen wir das hier Gesagte noch einmal kurz zusammen:

1. Unter der Objektstufe verstehen wir, daß die Traumfiguren und Symbole mit realen Objekten in der Außenwelt identisch gesetzt werden und der Traum die Beziehung des Träumers zu diesen Personen oder Objekten behandelt.

2. Unter der Subjektstufe verstehen wir, daß die Traumfiguren

und Symbole projizierte Darstellungen eigener seelischer Anteile sind und der Traum die Beziehung bzw. Auseinandersetzung zwischen dem Ich und den Personifikationen der eigenen Innenwelt darstellt.

3. Bei der Deutung von Träumen können wir uns bei der Frage, welche Ebene anzusprechen ist, an gewisse Regeln halten, die oft, aber keineswegs immer zutreffen:

a) Die Objektstufe rangiert vor der Subjektstufe, d. h. es ist richtiger, zunächst die Probleme zu verarbeiten, die ein Patient mit seinen Beziehungspersonen hat, und dann erst die eigenen Innenweltdarstellungen anzusprechen.

b) Bekannte Figuren im Traum entsprechen eher der Objektstufe, während es bei unbekannten Personen meist günstiger ist, nicht willkürlich auf eine bekannte Figur zurückzugehen, sondern das vom Unbewußten so gewählte Bild ernst zu nehmen.

c) Ein wesentliches Kriterium für die Richtigkeit einer Deutung ist das Verständnis des Patienten, das nur erfolgen kann, wenn die richtige Schicht angesprochen ist.

# X. Die Traumserie

## Der Initialtraum

Unter dem Initialtraum versteht man den ersten Traum des Patienten zu Beginn einer Behandlung. Die Aufnahme der analytischen Therapie ist ein Schritt, der vom Patienten als ein wichtiges, oft lebensentscheidendes Unternehmen erlebt wird. So führt die Aufnahme einer Analyse auch immer zu einer emotionalen Stimulierung des Unbewußten. Schon Freud hat die These aufgestellt, daß sich in den Initialträumen nicht nur die gesamte augenblickliche seelische Situation des Patienten wiederfindet, sondern auch Hinweise über die weitere Tendenz der psychischen Entwicklungsvollzüge. Insbesondere Jung hat die Initialträume hinsichtlich Diagnose und Therapie für sehr bedeutungsvoll gehalten. (102) Die Akzentuierung auf die im Initialtraum enthaltene Grundproblematik und die vorherrschenden Zielvorstellungen sowie eine gewisse prognostische Bedeutung, die diesem zugeschrieben wird, haben dazu geführt, daß in der Analytischen Psychologie die Terminologie des Begriffes des Initialtraumes nicht eindeutig festgelegt worden ist.

Einzelne Autoren wie etwa Jacobi (14) sprechen von einer Gruppe von Initialträumen, andere bezeichnen als den Initialtraum den ersten großen, typischen Traum, der in voller Deutlichkeit und Tiefe das seelische Problem des Träumers und den Beginn der Auseinandersetzung sowie der Lösungsmöglichkeit seiner Problematik aufrollt. Der Initialtraum kann, wie wieder andere Autoren, z. B. G. Adler (78), beschreiben, bereits vor der eigentlichen Analyse liegen und sich schon Wochen oder Monate vor Beginn der Behandlung geäußert haben.

Ich möchte an dieser Stelle ein Beispiel für einen ersten großen Traum aus einer Analyse bringen. Es handelte sich um eine 25jährige Patientin, die bis zur 70. Analysenstunde lediglich Träume mitbrachte, in denen Flucht- und Angstmotive vorherrschten und die alle aus dem persönlichen Unbewußten stammten. Archetypische Motive, wie sie oft für den sogenannten eigentlichen Initialtraum im Sinne der Analytischen Psychologie verlangt werden, fehlten bisher. Erst in der 70. Stunde brachte sie folgenden Traum:

»Es war da ein Zirkuszelt, mein Freund war der Besitzer. Da war ein dolles, vollbusiges Mädchen, das hinter meinem Freund her war und mir ähnlich war. Die brachte einen sehr schönen jungen Mann mit, und mein Freund sollte ihn beschäftigen. Er wollte es sich noch überlegen. Ich fand ihn auch gut, tat aber so, als interessiere er mich nicht. Dann ging ich am Abend durch den Zaun auf die Straße zu einem Wald. Da war ein Tier wie eine Schlange um einen Baum geringelt mit goldenen Punkten auf dem Körper. Zwei Pfoten gingen hinter dem Kopf ab. Es war der junge Mann, und ich dachte, du brauchst keine Angst zu haben. Daraufhin fiel mich ein Wolf an. Ich hatte aber keine Angst, denn der junge Mann drückte dem Tier die Augen aus und tötete es. Ich war gerettet.«

Wir sehen, wie hier in Begleitung des Schattens ein zunächst nur als ästhetisch-schön erlebter Jüngling auftaucht. Erst als die Patientin den Zirkus ihrer neurotischen Männerbeziehungen, die bei ihr aus einer Mischung von hochgradiger Gefügigkeit und schweren sadistischen Aggressionsdurchbrüchen bestanden, verläßt, trifft sie in der Natur hinter ihrer eigenen Oberflächlichkeit auf das wirklich rettende und beschützende Element. Dieses entwickelt sich aus dem kaltblütigen Schlangenwesen. Der bisher nur schöne Jüngling wird hier zum Heros. Ich würde dieses Symbol des Jünglings an einer derartigen Stelle sogar als das Selbst in der Gestalt des »Jouvenceau« auffassen, als ein tiefes Ordnungsprinzip, das hier im Unbewußten aktiviert wurde, um die Ganzheit der Persönlichkeit wiederherzustellen. Natürlich lag das alles noch sehr tief im Unbewußten, aber es trat doch von diesem Zeitpunkt an eine deutliche Vertiefung in der analytischen Beziehung mit erstmalig echter Gefühlsbeteiligung ein, und etwa ein halbes Jahr später realisierte die Patientin ein Stück dieses Jünglings in Form eines ersten Ansatzes einer Berufsausbildung, die zu ergreifen sie bisher nicht in der Lage gewesen war.

Man könnte diesen Traum als den ersten wichtigen, durchaus als den eigentlichen Initialtraum auffassen, stößt dabei aber auf die Schwierigkeit, daß der subjektive Faktor bei einer derartigen Festsetzung des Initialtraumes relativ groß ist und besonders für vergleichende wissenschaftliche Untersuchungen eine solche Bestimmung des Begriffs nicht günstig ist. Wenn auch Schmaltz (130) sicher mit Recht das Evidenzerlebnis als ein gültiges Kriterium unserer Arbeit herausstellt und darauf hinweist, daß der Bereich der psychischen Medizin sich an vielen Stellen den Wahrheitskriterien entzieht, wie sie in den Naturwissenschaften gelten, so erscheint mir doch eine derartige Auswahl des jeweiligen Initialtraumes zu stark von der subjektiven Komponente beeinflußt. Ich möchte daher für den Begriff des Initialtraumes strenggenommen nur diejenigen Träume gelten lassen, die jeweils nach der ersten persönlichen Begegnung mit dem Therapeuten vom Patienten innerhalb der Analyse mitgeteilt werden. Die oft so beeindruckenden archetypischen Träume, in denen die prospektiven Zielmechanismen enthalten sind und konstruktive Lösungsmöglichkeiten für eine neurotische Grundproblematik, die man aber oft schon vor Beginn der Therapie oder, wie in dem obigen Beispiel, erst einige Zeit nach Anlaufen der Analyse findet, sind meines Erachtens besser und treffender mit dem Begriff des Initiationstraumes zu erfassen.

Nach eigenen Untersuchungen (131) zeigte sich, daß die Bilder des Unbewußten vor allem drei verschiedene Möglichkeiten der Reaktion als Antwort auf den Analysenbeginn aufweisen können:

- einen Traum, in dem negativ-abwehrende Haltungen und Reaktionen vorherrschen,
- einen Traum, in dem starke Ambivalenzen enthalten sind,
- einen Traum, in dem positive Erwartungsvorstellungen das Bild bestimmen.

Auch bei der vorher angegebenen begrifflichen Bestimmung des Initialtraumes zeigt sich, daß dieser oft nicht nur das Grundproblem des Patienten im Sinne der regressiv-infantil fixierten Libido enthält, sondern daß das Unbewußte diese gleichzeitig in einer oft genial einfachen Kombination mit dem Hinweis auf die prospektiven Lösungsmöglichkeiten des Konfliktes erfaßt. Dies wird auch von einer ganzen Reihe von Autoren bestätigt

wie C. G. Jung (132), G. Adler (78), W. Kemper (126). Ich möchte das an einem einfachen Beispiel verdeutlichen:
Ein Patient träumte folgenden kurzen Initialtraum in seiner Analyse: »Ich werde zur Hinrichtung geführt und soll geköpft werden.«
Der Traum zeigt zunächst einen sehr bedrohlichen, negativen Aspekt, der emotional von starken Angstgefühlen begleitet war. Allerdings stellt sich der Träumer diesem Prozeß und unterwirft sich einem Wandlungsgeschehen, das vom Unbewußten auch innerlich bejaht wird. Er hätte ja die Möglichkeit gehabt, zu träumen, daß er der Verurteilung entgeht. Hinter dem Tod steht immer die Wiedergeburt, ich würde diesen Traum als eine ambivalente Reaktion mit prospektiver Aussicht auffassen.
Im Sinne der Freudschen Analyse handelt es sich hier um einen nach oben verschobenen Kastrationskomplex (in einer tieferen Schicht enthält er die Angst vor der Wut des Vaters gegen den Inzestwunsch des Sohnes); die gegen den Vater oder gegen den anderen Mann gerichteten aggressiven Tendenzen sind unter dem Druck der Schuldgefühle auf das eigene Ich verschoben. Der Patient aber ist ein intellektuell hochbegabter und sehr ehrgeiziger Akademiker, dessen schwere Symptomatik, heftige Herzschmerzen mit schweren Angstanfällen, direkt nach Absolvierung des Staatsexamens ausbrach. Hier begann der Lebenskampf und die echte Auseinandersetzung der Männer untereinander. In der Analyse stand zunächst immer wieder diese Situation im Vordergrund, ebenso wie das Problem der Einstellung zu dem ebenfalls sehr ehrgeizigen Vater.
Lesen wir diesen Traum nun im prospektiven Sinne der Analytischen Psychologie, so handelt es sich hier um eine totale obere Kastration im Sinne Erich Neumanns. (37) Der Patient hatte bisher ausschließlich seine Denkfunktion mit der neurotischen Fixierung, »dem Ideal des klaren Verstandesmenschen ohne Gefühle«, entwickelt. Er benötigte dringend eine derartige »obere Kastration«, d. h. eine vorübergehende Aufgabe der Funktion, auf die er bisher ausschließlich orientiert war, um die Welt dessen, was er als irrational und nicht beweisbar verwarf, die Welt der Gefühlswerte, zu entwickeln. Ebenso war es nötig für ihn,

auch den Hilfsfunktionen von Intuition (ein ebenfalls sehr schreckliches Wort für ihn) und Empfindung einen Raum zu geben. Wir alle wissen, wie schwierig es ist, einen schwer verängstigten, hochgezüchteten Intellektuellen zu bewegen, endlich einmal seinen Kopf beiseite zu legen und etwas zu fühlen. Er brauchte dann auch zwei Jahre, bis er seine Ideologie aufgeben konnte. Etwa in der 200. Stunde stellten wir beide übereinstimmend nachdenklich fest, daß dieser erste Traum recht hatte. Der Kopf mußte herunter, damit das Herz zum Zuge kommen konnte. Ich glaube, daß dieses Beispiel sehr schön verdeutlicht, wie in einem zunächst sehr negativ und bedrohlich erscheinenden Traum auch die prospektiven Lösungsmöglichkeiten einer menschlichen Problematik enthalten sein können.

Auch bei den Initialträumen, wie bei Träumen überhaupt, spielt die Übertragungs- und Gegenübertragungssituation eine große Rolle. Die Analyse ist nun einmal nicht, wie zunächst geglaubt, ein objektivierbares Studium seelischer Abläufe bei einer Person, dem Patienten, sondern der dynamische Prozeß der Begegnung und Auseinandersetzung zweier Persönlichkeiten. C. G. Jung (18) hat in der »Psychologie der Übertragung« wohl zum erstenmal ein vollständiges Schema dieser Situation, das Heiratsquaternio, gegeben, aus dem ersichtlich ist, in welcher Vielfalt gegenseitige Beziehungen zwischen Bewußtsein und Unbewußtem sowohl des Arztes als auch des Patienten existieren.

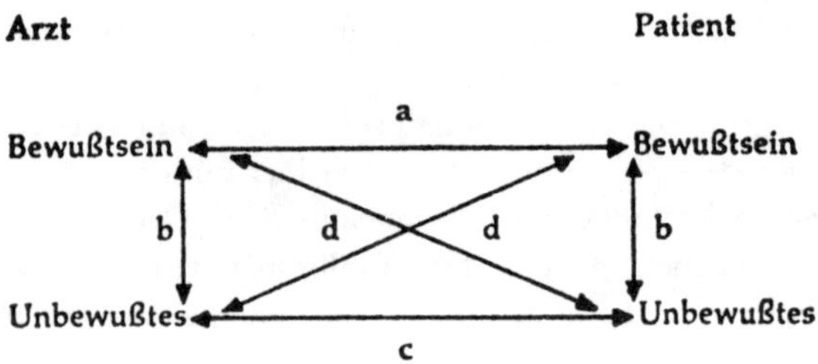


Beziehung zwischen:

a) Bewußtsein des Arztes zum Bewußtsein des Patienten

b) Bewußtsein des Arztes zum Unbewußten des Arztes und Bewußtsein des Patienten zum Unbewußten des Patienten

c) dem Unbewußten des Arztes zum Unbewußten des Patienten,
d) Bewußtsein des Arztes zum Unbewußten des Patienten. Bewußtsein des Patienten zum Unbewußten des Arztes.

Aus dieser Situation heraus muß zunächst einmal konstatiert werden, daß sich der Traum und eben auch bereits der Initialtraum nicht nur von der Problematik des Patienten her, sondern auch von der Persönlichkeit des Arztes gesehen konstelliert. Diese Überlegung wird, durchaus im Sinne C. G. Jungs, in der heutigen Gegenübertragungsforschung wesentlich mehr in den Mittelpunkt gestellt als früher. (83) Bei Berücksichtigung der Verhältnisse der Übertragungssituation, nämlich daß das Unbewußte des Mannes vorwiegend weibliche Akzente und Inhalte trägt und umgekehrt das der Frau vorwiegend männliche, ist zu erwarten, daß bei der Beziehungsbildung zwischen dem Arzt und seinem jeweils männlichen oder weiblichen Patienten gewisse Unterschiede auftreten. Bei einer gegengeschlechtlichen Konstellation kommt es zwischen dem Unbewußten des Arztes und dem Unbewußten der Patientin zu einer zunächst unbewußten heterosexuellen Beziehung, bei einer gleichgeschlechtlichen Konstellation muß diese dagegen homosexuell sein. Dies bestätigte sich auch in meinem Untersuchungsmaterial, wobei sich herausstellte, daß die Traumfiguren des manifesten Initialtraumes jeweils eindeutig die homo- oder heterosexuelle Beziehungsbildung bevorzugt eingingen. Bereits in diesem frühen Stadium, wo das Bewußtsein des Patienten noch völlig unbeeinflußt von der Analyse ist und den unbewußten Inhalten naiv gegenübersteht, entfaltet sich das Problem der Übertragung und Gegenübertragung.
Da es sich um Patienten handelt, sind neutrale und konfliktfreie Initialträume relativ selten, und ein Traum, in dem ungestört eine Harmonie erlebt wird, kommt in meinem empirischen Material praktisch nicht vor. Bei den meisten Patienten treten überall bereits im manifesten Trauminhalt die Motive von Angst, Einsamkeit, Gefahr, Streit, Mißlingen, Untreue, Tod, Betrug, Ärger, Armut, Unfall und Krankheit oder ähnlichem auf. Auch hier ergeben sich gewisse Unterschiede zwischen den

Träumen von Männern und Frauen. Während bei den Frauen mehr die Motive von Angst, Flucht und Einsamkeit überwiegen, ist bei den Männern das Motiv der kriegerischen Auseinandersetzung, von Streit oder Kampf häufiger. Nach meinen Erfahrungen ist der Prozentsatz von Träumen relativ hoch, in denen sich der Patient mit den Dunkelheiten seiner Seele auseinanderzusetzen hat. Die meisten Patienten haben entweder in Einzelmotiven oder sogar in Form eines novellistischen Zusammenhanges im Initialtraum das Motiv der von Frobenius beschriebenen Nachtmeerfahrt, also der Reise in ein unbekanntes Land, des Ganges durch die Nacht, Urwald, Sumpf, Tod, Keller oder Nachtlokal. Hier dokumentiert sich auch in der Orts- und Zeitwahl die beginnende Auseinandersetzung mit dem Unbewußten. Ich möchte annehmen, daß je nach der inneren Struktur des Analytikers, ob dieser z. B. ein »Mehr« an ruhiger Gelassenheit oder an dynamischem Bewegtsein besitzt, ob es sich um eine mütterliche Frau, einen jüngeren Mann, einen mehr pyknischen Menschen, einen Intellektuellen oder Gefühlshaften handelt, daß je nach diesen Gegebenheiten auch die Reaktionen des Unbewußten des Patienten anders ausfallen. Ich kann hier auf die Feststellung von Jung hinweisen, daß die Psychologie zwar mit den Naturwissenschaften die Methode der Beobachtung und der empirischen Tatsachenfeststellung gemein hat; es fehlt ihr aber der archimedische Punkt außerhalb und damit die Möglichkeit eines objektiven Messens. Hierin ist die Psychologie der Naturwissenschaft gegenüber unbestritten im Nachteil.

Es mag zunächst so erscheinen, als ob das Problem dieser subjektiv vom Analytiker konstellierten Inhalte bei der Wahl der Traumfiguren oder der Motivwahl keine so große Rolle spielen würde. Ich glaube aber doch, daß sich dahinter eine sehr tiefe und wichtige Frage verbirgt. Wenn es tatsächlich so ist und es sich nachweisen läßt, daß die Kräfte unserer eigenen Psyche konstellierend auf das Unbewußte des Patienten einwirken und äquifinale[15] Verläufe auslösen, die ja auch nach unten ins Destruktive gehen können, ohne daß wir in der Lage sind, das rational zu kontrollieren oder zu steuern, so legt das dem Analytiker eine erhöhte Verantwortung zu eigener Individuation auf. Alles Destruktive in uns selbst wird dann auch chaotisierend auf den Patienten wirken, selbst wenn man über die besten Kenntnisse oder die raffinierteste Technik verfügt. Wenn wir die innere Beziehung zwischen Patient und Arzt für therapeutisch wichtig halten, ist es nicht verwunderlich, auf wie verschiedenen Wegen oder durch wie unterschiedliche Schulen eine Heilung der Neurose erreicht werden kann. Dann liegt es nicht mehr so sehr daran, welcher spezifische Weg gegangen worden ist, sondern daß in einer Persönlichkeit überhaupt eine tiefergreifende innere Auseinandersetzung zwischen Bewußtsein und Unbewußtem und eine Reifung entstanden ist. Wir wissen heute bereits sehr viel über die archetypische Bildwelt des Unbewußten, aber wir wissen noch sehr wenig, welche Einflüsse und Kräfte wir selbst unbewußt auf die schöpferische Gestaltungskraft der Bildwelt eines Patienten ausüben. Ich meine hier aber etwas anderes als das, was ich vorher unter Projektion beschrieben habe. Es liegt im Wesen des Projektiven, daß hier ein eigener unbewußter Komplex in die Psyche eines anderen projiziert wird; bei den partizipativen Prozessen dagegen wird eine in der Seele des anderen liegende, im Kern gleichartige Möglichkeit angestoßen oder ausgelöst.

Diese Erkenntnisse haben natürlich auch einen erheblichen Einfluß auf die Suche nach prognostischen Kriterien, die dann nicht einfach nur aus dem objektiven Trauminhalt genommen werden können. Der Schwerpunkt der Suche nach prognostischen Kriterien muß dann auch auf die Arzt-Patient-Beziehung ausgedehnt werden, so daß wir der Frage, inwieweit aus einem Initialtraum tatsächlich ein prognostisches Kriterium für den Verlauf der Analyse zu entnehmen ist, wie häufig behauptet wird, vorläufig doch sehr abwartend gegenüberstehen müssen.

[15] Anstatt des engeren Begriffes der Finalität möchte ich an dieser Stelle den heute in der Kybernetik üblichen weiteren Begriff der »Äquifinalität« benutzen, nach dem bei einem energetischen System verschiedene Formen, Wege und Inhalte der Zielvorstellungen möglich sind. Dieser Begriff bezeichnet also einen Mechanismus, der ein System auf ein spezifisches Ziel, ja auf einen bestimmten Endzustand ausrichtet, den es auf mannigfachen Wegen und unter unterschiedlichen Arbeitsbedingungen erlangen kann. Das Ziel ist also äquifinal. (133)

## Entwicklungsprozesse in der Traumserie

Jung vertrat die Auffassung, daß sich die »Träume fortsetzen wie ein Monolog unter der Bewußtseinsdecke« (129), und wies daher auf die Wichtigkeit der Interpretation von Traumserien hin. Nach Jung ist die Traumserie »der Kontext, den der Träumer selbst liefert« (57), wobei durch die Reihe der aufeinanderfolgenden Träume ein Problem von allen Seiten beleuchtet wird und sich auch in der Bildwelt der Träume die Linien des Entwicklungsprozesses abzeichnen, den die Psyche einschlägt. Hierbei ist die eigentliche Anordnung der Träume, wie es auch Jacobi (14) beschreibt, eine radiale, d. h. sie gruppieren sich um ein Bedeutungszentrum, wobei die chronologische Folge nicht immer mit der eigentlichen Sinnfolge zusammentrifft. Wird ein solcher Bedeutungsmittelpunkt in der Analyse richtig erschlossen und ins Bewußtsein gehoben, dann entstehen Träume aus einem neuen Mittelpunkt heraus. Dies setzt sich so fort, daß man am Ende einer Behandlung über eine Reihe von Mittelpunkten verfügt, die in einer Serie zusammengestellt werden können. Hinzu kommt, daß die Beachtung der Serie eine erhebliche Erleichterung für die Deutungsarbeit darstellt, da häufig die nachfolgenden Träume uns die Handhaben liefern, Irrtümer bei der Beurteilung vorhergehender Stücke zu korrigieren.

Jung hat eine Reihe von derartigen Traum- bzw. Phantasieserien veröffentlicht, von »Symbole der Wandlung« (56) bis zu den Traumserien in »Psychologie und Alchemie« (57), und auf deren Sinnzusammenhang und die Entwicklungsvollzüge, die in ihnen enthalten sind, hingewiesen. Seit dieser Zeit sind aus dem Bereich der Analytischen Psychologie viele Arbeiten erschienen, die sich mit den Traumserien einzelner Patienten beschäftigen, wobei ich hier nur das Buch »Das lebendige Symbol« von G. Adler erwähnen möchte (78), das meines Wissens die einzige vollständige Interpretation der Serie aller Träume einer Patientin in chronologischer Reihenfolge über einen bestimmten Analysenabschnitt enthält. Beschäftigt man sich wirklich intensiv und eingehend mit der Serie von Träumen eines Patienten, der sich in einem analytischen Entwicklungsprozeß befindet, dann wird der Sinnzusammenhang, der rote Faden, der durch dieses zunächst so verwirrende und chaotisch erscheinende Material läuft, oft überraschend evident und ist auch für den Außenstehenden und den Anfänger erkennbar. Diese Evidenzen sind aber nicht nur für den Analytiker wichtig und für dessen Beurteilung und Deutung der unbewußten Prozesse am Patienten, sondern auch für den Patienten selbst. Wenn auch bei weitem nicht alle Patienten innerhalb der Analyse ihre Träume sorgfältig beobachten und notieren, sondern die meisten erst allmählich dazu angehalten bzw. interessiert werden können, den richtigen Umgang mit dem eigenen Unbewußten zu erlernen, so ergibt sich dort, wo er erfolgt ist, doch eine Vertiefung und Intensivierung der Therapie. Hierbei können sich auch die Patienten selbst Zusammenhänge erschließen, die oft eine wertvolle Brücke für die bewußte Integration unbewußter Vorgänge darstellen.

Die Vertreter der Freudschen Schulrichtung stehen dieser Annahme, daß man einen Sinnzusammenhang in der Abfolge unbewußter Prozesse, der sich in der Traumserie widerspiegelt, finden könnte, meist ablehnend gegenüber. Nur wenige akzeptieren es, innere Entwicklungsvorgänge in den fortlaufenden Träumen eines Patienten finden zu können. So bestätigte z. B. Kemper 1955–56 in der »Psyche« (134) teilweise diese Konzeption der Analytischen Psychologie: »Kein Zweifel, daß mit der fortschreitenden Entwicklung eines Patienten auch die im Traum auftretenden (und dort meist als bereits überwunden dargestellten) Probleme sich wandeln, so daß ich persönlich im Gegensatz zu der Mehrzahl meiner Kollegen aus der Freudschen Schule an eine Möglichkeit einer Widerspiegelung der Entwicklung und des Fortschrittes einer Analyse im Traum glaube. Wir finden beispielsweise in den Träumen während des Verlaufes einer Analyse nicht selten ein bestimmtes Thema, das in periodischer Wiederholung immer wieder einmal auftaucht, das aber in der Art seiner Darstellung eine unverkennbare Entwicklung aufzeigt.«

Es ist zu hoffen, daß diese Konzeption trotz ihrer Schwierigkeit und Umständlichkeit (eine Analyse enthält ja in der Regel mehrere Hundert von Träumen) in den Blickpunkt einer intensiveren Forschung gerät.

Es würde Umfang und Sinn dieses Buches überziehen, hier eine Traumserie zu veröffentlichen, um an einem derartigen Beispiel die Möglichkeiten und Aspekte abzuhandeln, die sich bei der Beurteilung solcher Serien ergeben. Ich möchte daher lieber hier einen ersten Versuch machen, die einzelnen Gesichtspunkte herauszustellen, unter denen die Untersuchung einer Traumserie möglich ist und die sich empirisch in meinem Material gefunden haben. Selbstverständlich erhebt diese Darstellung keineswegs den Anspruch auf Vollständigkeit, sondern es handelt sich um eine erste Beschreibung derjenigen Aspekte, die sich im Verlaufe meiner eigenen analytischen Arbeit und meiner Lehrtätigkeit als relevant herausstellten.

Überblickt man eine größere Anzahl von Traumserien, so fällt zunächst auf, daß sich bei vielen Patienten das gleiche Symbol in mehreren aufeinanderfolgenden Träumen mit aufdringlicher Häufigkeit wiederholt und in einem bestimmten Zeitraum der Analyse im Vordergrund von mehreren Träumen stehen kann. Hierzu ein einfaches Beispiel:

Eine recht schwer gestörte Patientin mit stark masochistischen Zügen, die vollständig unter der Dominanz ihres Mannes und ihrer Mutter stand und nicht einmal allein einkaufen gehen konnte, träumte ziemlich am Beginn ihrer Analyse eine ganze Serie von Träumen, in deren Mittelpunkt Lebensmittelgeschäfte standen. Die Serie zeigte nun mit dem Fortschreiten der Analyse eine bemerkenswerte Änderung. In den ersten Träumen waren diese Geschäfte (zeitweise handelte es sich auch um Marktstände) regelmäßig leer von Waren, oder sie waren bereits verschlossen, wenn die Patientin kam, oder die letzten Waren wurden genau vor ihren Augen ausverkauft und an andere Kunden gegeben. Dann folgten Träume, in denen die Geschäfte zwar voll von Waren waren, die Patientin selber aber ihr Portemonnaie nicht fand, wenn sie zum Kauf an die Reihe kam, oder aber sie geriet mit dem Besitzer in Streit, oder die Waren waren zu teuer, daß sie ohne Einkauf das Geschäft wieder verlassen mußte. Schließlich erfolgte ein Traum, in dem sie »sehr lecker belegte Brote« in einer Auslage sah, die zwar nicht besonders billig, aber doch erschwinglich waren und für die sie auch in ihrem Portemonnaie noch gerade das genügende Geld fand. Sie kaufte eines dieser Brote und biß auch hinein. Danach hörte diese Serie auf und kehrte im Verlauf der weiteren Analyse nicht wieder. Es ist noch hinzuzufügen, daß sie kurz nach dem letzten Traum ihren ersten selbständigen Einkauf ohne Hilfe einer Begleitperson machte.

Dies ist zunächst ein sehr simples Beispiel, an dem aber doch ein bestimmter Aspekt sehr deutlich abzulesen ist. In dieser Traumserie tritt immer wieder das gleiche Symbol, der Lebensmittelladen, auf, der nur unwesentlich variiert wird. So ist es einmal ein Kaufmannsladen mit einem Inhaber, einmal ein Selbstbedienungsgeschäft, einmal ein Marktstand. Die wesentliche Veränderung liegt hier dagegen in der Haltung des Traum-Ich gegenüber dem Symbol. Sie ist gekennzeichnet durch die anfängliche Vergeblichkeit und Hoffnungslosigkeit, sich dem entleerten oder verschlossenen Symbol überhaupt zu nähern, über das dann folgende Stadium des Konfliktes bis zur endlichen Lösung und sinnentsprechenden Kommunikation. Das Symbol bleibt hier identisch, d. h. immer ein Lebensmittelladen, und füllt sich nur mit den ihm normalerweise entsprechenden Inhalten, den Lebensmitteln, auf. Die Handlungsvollzüge des Ich gegenüber dem Symbol ändern sich dagegen in einer fortschreitenden Linie, bis es zu einem befriedigenden Austausch kommt. Die Verhaltensänderung der Patientin, die danach auftritt und sich in der Fähigkeit selbständig einzukaufen zeigt, ist dann der äußere Ausdruck für einen wesentlich langwierigeren und tieferen inneren Entwicklungsprozeß, den sie innerhalb dieses Teils der Analyse durchgeführt hat und der sich in der Symbolik widerspiegelt. Er bestand in der allmählichen Befreiung von Eigenimpulsen aus der Dominanz einer erdrückenden und beziehungslosen Mutter-Imago.

Eine andere Möglichkeit besteht darin, daß das Unbewußte zwar das gleiche Symbol beibehält, aber es mit sehr unterschiedlichen Inhalten füllt und damit dem Ich die Erfahrung von verschiedenen Aspekten ein und derselben Sache vermittelt. Im persönlichen Bereich ist das häufig an den Beziehungspersonen besonders deutlich abzulesen. So trat z. B. die Vaterfigur in den Träumen einer Patientin, die ihren persönlichen Vater sehr früh im Kriege verloren hatte, zunächst in gütiger, helfender und unterstützender Weise auf, wobei sie zeitweise auch die archetypischen Aspekte eines numinosen Vegetationsgottes annahm. Im weiteren Verlauf änderte sich dieses Bild aber dann allmählich, und die gleiche Figur bekam patriarchal einengende, inquisitorische und diktatorische Züge. Zeitweise wurde sie sogar zu einem Dämon oder Teufel. Hier brachte das Unbewußte die Patientin, die bisher derartigen Problemen ausgewichen war, dazu, sich allmählich mit den verschiedenen, oft in sich differenten und widersprechenden Zügen des väterlichen Mannes und ihrer eigenen Einstellung dazu sowie mit der Gott-Teufel-Problematik auf der archetypischen Ebene auseinanderzusetzen. Jedes einzelne Erlebnis eines Traumes und jeder unterschiedliche Zug dieser Figur fügte dann wie in einem Mosaik ein Steinchen der Erfahrung nach dem anderen dem Bewußtsein zu, bis ein breiteres und umfassenderes Bild des Vaters entstand und das Bewußtsein mit diesen Erfahrungen bereichert war. Außerdem vermitteln derartige Träume verschiedene Möglichkeiten der eigenen inneren Einstellung zu der gleichen Figur in den verschiedensten Situationen und bieten auch die Lösungsvorschläge.

Eine solche Inhaltsveränderung eines Symbols braucht aber keineswegs auf Personen beschränkt zu sein, sondern erstreckt sich auch auf die übrige Symbolik und vermittelt hier die Erfahrung der anderen Seite einer Sache. Ein deutliches Beispiel hierfür können die beiden in diesem Buch erwähnten Schlangenträume sein, die allerdings nicht von einer Patientin stammen, aber doch deutlich zeigen, wie die Schlange einmal Angreiferin und Gefahr beinhaltet und ein anderes Mal Verteidigung und Schutz. Derartige gegensätzliche Änderungen des Inhaltes und der Bedeutung ein und desselben Symbols für den Träumer können sehr häufig in einer Traumserie beobachtet werden. Hierbei werden einerseits an der gleichen Figur oder an dem gleichen Symbol ehemalige, nicht verarbeitete frühkindliche Konflikte mobilisiert und durch den Mechanismus der Projektion am Traumsymbol und in der Übertragung erlebt und verarbeitet. Andererseits umkreist die kreative Phantasie dieses Symbol, um die verschiedenen ihm innewohnenden Möglichkeiten zu erfassen und zu verstehen, und stellt damit eine lebendige und dem Objekt entsprechende Beziehung her. Diese Phantasieanteile sind nicht mehr als Projektionen aufzufassen, sondern als eine Erschließung des objektiven Seins einer Sache und der einem Objekt innewohnenden Entwicklungsmöglichkeiten. Sie erfassen den anderen, wie er real ist und was aus ihm werden könnte, unter Berücksichtigung der in ihm existenten Veranlagungen. So wächst ein Kind nicht nur unter den gefährlichen Projektionen unerfüllter eigener Wünsche der Eltern und Erzieher auf, deren Erfüllungsgehilfe es einmal werden soll, sondern auch in einer Atmosphäre konstruktiver Phantasien dieser Personen, die um im Kind real existente Entwicklungsmöglichkeiten und Talente kreisen. Hierbei erhalten diese durch eine solche Atmosphäre erst ihre Stimulation, die den Reifungs- und Wachstumsvorgang ermöglicht. In diesem Prozeß wirkt, wie wir heute wissen, das Unbewußte genauso intensiv mit wie das Bewußtsein und das offen Mitgeteilte. Was hier für das Kind gesagt wird, gilt natürlich genauso für die Beziehung Analytiker–Patient oder andere zwischenmenschliche Beziehungen.

Eine weitere Möglichkeit, die sich in der Verfolgung und Beobachtung von Traumserien auftut, ist, daß sich der Traum für das gleiche Grundproblem jeweils andere Symbole sucht. Die Verschiedenartigkeit der Symbolik stellt dann nicht mehr nur das einfache Umkreisen oder die Suche nach den verschiedenen Einstellungsmöglichkeiten des Ich zu dem jeweils gleichen Objekt dar, sondern ist gleichzeitig der Ausdruck und Vorentwurf eines im Träumer verlaufenden Entwicklungs- und Reifungsprozesses, der unter Konstellierung eines bestimmten Grundproblems abläuft. Die erste von C. G. Jung beschriebene Traumserie in »Psychologie und Alchemie« (57) zeigt deutlich diesen inneren Zusammenhang der verschiedenartigen Traumbilder in der Suche nach einem neuen psychischen Zentrum, dem Selbst, und dessen innerer Entstehung.

Ich möchte, um wenigstens ein Beispiel zu vermitteln, aus der Traumserie einer 30jährigen, jung verheirateten Patientin eine Reihe von verkürzten Traumausschnitten bringen. In jedem dieser Ausschnitte steht ein Symbol im Vordergrund, das nach den Assoziationen der Patientin selbst auf das gleiche Grundproblem bezogen werden kann. Die Patientin kam als eine völlig unselbständige, übergehorsame, aber gleichzeitig sehr tüchtige Vater-Tochter in die Therapie, und die nachfolgende stark verkürzte Darstellung zeigt den während etwa 250 Analysen-Stunden durchgeführten Ablösungsprozeß aus der Dominanz dieses verinnerlichten Vaterbildes und die Suche nach einer Beziehung zu einem männlichen Partner. Gleichzeitig spielt sich in der Innenwelt die Entwicklung einer eigenen Aktivitätsseite ab, die bei der Frau auch unter männlicher Symbolik, dem Animus, verläuft. Dieses Stück der eigenen Persönlickeit war infolge der starken Vater-Tochter-Bindung völlig unterdrückt worden und nicht entwickelt.

Im ersten Traum, dem Initialtraum dieser Therapie, geht die Patientin mit ihrer Mutter in ein Warenhaus. Im Mittelpunkt des Traumes steht der Kauf von Babywäsche für eine Puppe in der Größe eines Neugeborenen.

Über die Symbolik der Puppe ist in diesem Buch bereits einiges gesagt worden. Hier ist nur aus dem persönlichen Hintergrund und den Assoziationen der Patientin hinzuzufügen, daß es sich um eine männliche Puppe handelt. Die Patientin ist ein Einzelkind, und das Symbol der Puppe war verknüpft mit frühen Phantasien und mit Sehnsüchten nach einem Bruder, die im Spiel mit ihren Puppen in diese hineinphantasiert wurden.

Der Traum behandelt also deutlich das oben angegebene Grundproblem. Es erfolgt eine Abwendung vom Vater, der hier gar nicht auftaucht, und in Verbindung mit der ersten weiblichen Identifikationsfigur, der Mutter, zu der die Patientin in der Realität sehr wenig Beziehung hatte, werden frühe Kindheitssehnsüchte nach einem andersgeschlechtlichen Partner mobilisiert. Das Problem aber steckt noch in dem Stadium eines leblosen Objektes ohne Eigenaktivität; man könnte sagen: im Zustand einer Verpuppung. Auf der Subjektstufe ist hier der Übergang vom bisher dominierenden Vater-Animus mit einer kritiklosen Übernahme von dessen Meinungen, Vorstellungen und Verhaltensmodellen zu einem Bruder-Animus zu sehen, der als innerer Bruder die eigenen Aktivitäten und Verselbständigungstendenzen auch gegen den Vater symbolisiert.

Der nächste Traum aus der elften Behandlungsstunde zeigt annähernd das gleiche Symbol, aber in verlebendigter Form. In diesem Traum hält die Patientin einen Säugling im Arm, an dem eine Operation vorgenommen wird. Sie muß hierbei Handreichungen machen und hat das Gefühl einer erheblichen Verantwortung für den reibungslosen Ablauf der Operation.

Wieder ist nach ihren Einfällen das Kind ein Junge. Die Beziehung zu dem vorangegangenen Traum ist sehr deutlich. Dieser Traum wird von der Patientin selbst auch auf den analytischen Prozeß bezogen, und er zeigt den eigentlichen Krankheitsherd in der Problematik des schwer erkrankten und operationsbedürftigen Jungen. In der Zwischenzeit ist eine Verlebendigung dessen eingetreten, was vorher als Puppe da war. Die Patientin hat ihrerseits nun mütterliche Züge gegenüber dem kranken Kind, weshalb auch die persönliche Mutter nicht mehr als Begleitperson auftritt. Dafür ist jetzt die Figur des Arztes und Operateurs konstelliert, der über die heilenden Kräfte und Möglichkeiten verfügt.

Jetzt erfolgt ein Sprung. Das Symbol des Kindes verschwindet aus dem Mittelpunkt und wird zu einer Randfigur, während ein anderes Symbol aus dem animalischen Bereich in die Mitte des Traumes tritt. In der 22. Stunde träumt die Patientin, daß sie sich auf einem Schulhof befindet, in dessen Mitte ein an einem Baum angebundener Esel stand, der sich kaum bewegte. Die Kinder auf dem Schulhof waren der Aufsicht gegenüber ungehorsam.

In allen Einfällen zu diesem Traum meint die Patientin, daß der Esel fast wie eine versteinerte Statue gewesen wäre. Von daher besteht also eine Beziehung zu dem ersten Traum mit der Leblosigkeit und der Starre der Puppe.

In der Analyse geschieht zu diesem Zeitpunkt etwas Wichtiges: Es wird eine Erinnerungslücke der Patientin aufgefüllt, die etwa vom 8. bis zum 11. Lebensjahr reichte. Damals kehrte der Vater aus dem Krieg zurück, und die Ehe der Eltern wurde sehr schlecht. Es gab heftige Konflikte und schwere Krisen, in die die Patientin miteinbezogen wurde. Hier wird eine Situation in ihr mobilisiert, die mit starken Affekten und Gefühlsbewegungen verbunden ist. Sie enthält das Motiv einer Auseinandersetzung mit dem Vater. Im Traum wird dieser Bereich der Affekte und Emotionen, der bei ihr fast völlig verdrängt und unter der Decke von Gehorsam und Gefügigkeit erstarrt war, durch das animalische Tiersymbol ausgedrückt. Der Esel als das Reit- und Haustier gilt wie das Pferd im übertragenen Sinne häufig als ein Symbol der den Menschen tragenden und ihn in gewissen Situationen führenden Schicht der Emotionen und Affekte, die in enger Beziehung zu den Instinkten bzw. Instinktresiduen des Menschen stehen. Im Gegensatz zum Pferd zeichnet den Esel seine Störrigkeit aus, was in diesem Fall auf das Auftreten erster Proteste und Widerstände gegen die Vergewaltigung oder Dressur durch den Vater hinweist – Widerstände aus einer seelischen Tiefenschicht, die sie zunächst nicht anders und besser als in dem Bild des Tieres mit noch geringen Verlebendigungsansätzen darstellen kann. Man könnte sagen, daß die Symbolik des Traumes auf die animalische Schicht regrediert und diese aufdeckt, nachdem die Operation an dem kranken Kind einmal angenommen wurde. Es scheint allerdings, daß die Auseinandersetzung auf dieser Ebene, die ja stark mit dem elterlichen Ehekonflikt verknüpft ist, noch nicht möglich und für die Patientin noch zu gefährlich ist.

Erst etwa 60 Stunden später benutzt der Traum wieder das Motiv des mineralischen Elementes, das in der Versteinerung liegt, indem er ein Symbol aus dem vegetativ-pflanzlichen Bereich enthält, das aber jetzt von der Patientin angenommen werden kann. Sie träumt zur 81. Stunde, daß sie in einen Gemüseladen geht, der im Souterrain liegt. Ein alter Mann bietet dort Gewürze an. Er hat einen großen ungeordneten Berg von Kräutern vor sich und sagt, es könnten noch einige unbekannte dabeisein. Schließlich verkauft er ihr einen sonderbaren Halm, an dem kleine Würfel hängen und der ein ausgezeichnetes Gewürz sein soll.

Vorausgegangen war diesem Traum zunächst eine allmähliche Entwicklung der verkümmerten eigenen Wunschwelt der Patientin. Direkt vor dem Traum hatte sie das erstemal, begleitet von Ängsten und Affekten, eine Auseinandersetzung mit dem Vater phantasiert, und in der Übertragungssituation waren innerhalb der Analyse die ersten gegen den Arzt gerichteten Aggressionen aufgetaucht. Nach diesem Traum entwickelt sie allmählich ein anderes Verhältnis zur männlichen Autoritätsfigur, das mehr auf der im Traum zwischen ihr und dem alten Mann angesprochenen Geben-Nehmen-Ebene liegt und nicht mehr auf der von Macht und Unterwerfung. Außerdem geschieht nach diesem Traum etwas für sie sehr Beeindruckendes, was sie als ein Aufbrechen einer Traumquelle bezeichnet. Die Patientin, die vorher selten träumte und Schwierigkeiten hatte, ihre Träume zu behalten, bekommt jetzt häufig sehr lebendige und emotionsgeladene Träume, die sich ihr stark einprägen. Im Bereich ihrer Symptomatik lockern sich bestehende Zwangshandlungen und Zwangsvorstellungen, und es beginnen Ängste aufzutreten. Früher hatte sie im Sinne väterlicher Ideale niemals Ängste erlebt und sich als völlig unängstlich und vernünftig bezeichnet.

Betrachten wir aber noch einmal kurz das merkwürdige Symbol des Halmes mit den Würfeln. Ganz allgemein enthält es von dem Begriff des Gewürzes her die Elemente der Schärfe und des verstärkten Geschmackes, was in eine Beziehung zu der jetzt besseren Emotionalität gesetzt werden kann. Nach Glauber (38) ist die Signatur des Salzes ursprünglich ein in einen Kreis eingeschlossenes Quadrat und entspricht so einem doppelten Ganzheitssymbol. Das Sal (Salz) der Alchimie ist das alles durchdringende Erosprinzip, eine Arkansubstanz, die gleichzeitig das Wandelnde und das zu Wandelnde, also etwas noch sehr Unbestimmtes und Universales, ist. In der kubischen Gestalt des Kristalls mit seiner quaternären Grundstruktur entspricht es hauptsächlich der sapientia, der Weisheit als Trösterin über den seelischen Schmerz und als Überwindung der Bitterkeiten. Im Er-

leben unserer Patientin läuft der bittere und enttäuschende Prozeß der Entidealisierung der Autoritäten, insbesondere der Vater- und Analytikerfigur, parallel. Gleichzeitig führt sie die dunkle Seite des Sal zur Bewußtwerdung des eigenen Schattens und der eigenen Ängste. Sie ist jetzt nicht mehr das tapfere Mädchen, das Vaters Stelle im Kriege einnahm, die immer Vernünftige, Fleißige und Zuverlässige, sondern sie realisiert, daß hinter diesen Idealen ein ängstliches Würmchen in ihr steckt, das um Zuneigung buhlt. Diese Erkenntnis ist eine bittere, aber im Grunde heilsame Medizin, die sie über die Beziehung zu dem Gewürzhändler, einer Figur des weisen alten Mannes, erhält.
In der 113. Stunde erfolgt die erste schmerzhafte und angsterfüllte Begegnung mit dem nunmehr verlebendigten animalischen Bereich. Der frühere Esel wird hier durch das Pferd ersetzt, und die Patientin träumt: »Ich saß in so einer Art Viehkoppel, und diese ging wie eine große Grube in die Erde. Ich saß auf dem Rand. Innen waren große und kleinere Pferde. Mit einem Male nahm ein Pferd meinen rechten Fuß zwischen die Zähne. Ich bekam ihn nicht mehr raus. Mir wurde das unheimlich. Dann war aber mein Mann da und half mir heraus. Der Fuß war in Ordnung.«
Auf eingehendere Amplifikation zu dem umfassenden Symbol des Pferdes einzugehen, erübrigt sich hier. Es genügt, darauf hinzuweisen, daß es mit der in Verlebendigung begriffenen Trieb- und Instinktsphäre in Verbindung steht, die sie jetzt in die Beziehung zum Mann setzt. Sie berichtet in dieser Stunde, daß ihre Ehe bisher auch in allen Kleinigkeiten sehr geplant verlaufen sei. Sie hätten immer versucht, alles zu berechnen, um »auf Nummer Sicher zu gehen«, und jetzt bekäme sie das Gefühl, man könne die Dinge auch so nehmen, wie sie sich ergäben. Es entspräche eigentlich gar nicht ihrer wirklichen Natur, alles vorher zu planen. So folgt auf diesen Traum eine Phase von Irritationen und Launenhaftigkeit innerhalb ihrer Ehe mit heftigen Affekten gegen die Starre einer zu rationalen Planung von seiten ihres Mannes. Genetisch geht dieser Traum auf Buddelkastenerlebnisse zurück. Die Viehkoppel entspricht dem Buddelkasten ihrer Kindheit, wo sie in sehr bezeichnender

Weise immer draußen stehenblieb aus Angst vor den lebendig-aggressiven anderen Kindern und aus Angst, ihre Kleider schmutzig zu machen. In diesem Traum liegt der erste Ansatz, diese alte Kinderangst zu überwinden und in den Buddelkasten hineinzugehen. Sie muß als Preis für die Lebendigkeit den Schmerz des Gebissenwerdens auf sich nehmen, und mit dem Schmerz kommt die Symbolik der Erde und der Erdhaftigkeit mit ihren Wirklichkeiten in die Beziehung zu dem anderen Menschen hinein.

In dem nächsten Traum der Serie in der 165. Stunde setzt sie sich erstmalig direkt mit einer sehr dunklen triebhaften Männerfigur, einem Einbrecher, auseinander. In diesem Traum ist sie zu Hause bei ihren Eltern, als ein wuchtiger, feister, schwarzhaariger Mann erscheint, der gegen ihren Widerstand alles mögliche rauben will. Schließlich flieht sie mit ihm, stürzt aber auf der Straße, und er tritt ihr noch mit dem Fuß auf den Kopf.

Hier tritt der brutale Riese auf, demgegenüber das Ich der Patientin noch hilflos und ausgeliefert erscheint. Vorausgegangen war diesem Traum eine Phase gesteigerter Angst- und körperlicher Ekelgefühle, die ihr zum erstenmal im Bereich der Sexualität (sie war frigide gewesen) bewußt wurde, und eine sich anbahnende Krise der Ehe. Sie muß jetzt die ernsthafte und schwerwiegende Entscheidung treffen, ob sie den eigenen Verselbständigungsprozeß innerhalb ihrer Therapie auch gegen die möglichen Intentionen ihres Mannes, sie in einer gehorsamen Tochter-Rolle festzuhalten, durchführen soll. Sie befürchtete damals, damit ihre Ehe in Frage zu stellen, und hatte Angst vor den eigenen andrängenden Aggressionen gegen den brutalen Diktator, der ähnlich wie beim Vater hinter der Fassade ihres Mannes stecken könnte. Diese eigene Kraft und Aktivität, die sie aus der Atmosphäre und den Verhaltensmustern ihres Elternhauses heraustragen würde, scheint ihr noch dunkel, beängstigend und verbrecherisch. Auch fürchtet sie die Gefahr, von einer derartigen Kraft verwundet und geschlagen auf der Straße liegen zu bleiben, was bei einem ungezügelten und ungesteuerten Durchbruch auch durchaus im Bereich der Möglichkeiten zu liegen pflegt.

Erst etwa 30 Stunden später hat sie offenbar ein besseres Verhältnis zu den in dieser Figur symbolisierten Kräften gefunden. Sie träumt: »Ich habe lauter verbotene Dinge gemacht. Ich war mit einem Fremden nachts in einer Bar, und er zeigte mir dort einen Film, den man nicht sehen durfte. Als wir gingen, trafen wir im Vorraum meinen Mann mit einer blonden Frau, und wir gingen wie Freunde aneinander vorbei. Dann ging ich allein nach Hause.«

Die Assoziationen zu diesem Traum beziehen sich auf Eifersuchtsgefühle ihres Mannes, die sie bisher als völlig unbegründet abgetan hatte. Jetzt spürt sie aber eigene erotische Gefühle und sexuelle Impulse andern gegenüber und erlebt diese nun sogar relativ angstfrei. Nach dem Traum setzt sie sich gegen einen zunächst sehr heftigen eigenen inneren Widerstand durch und zeichnet zu Hause eine ganze Serie von erotischen Bildern, die in dem Film in der Bar gezeigt wurden. Während des Zeichnens erlebte sie, daß sie hochgradig erregt war, und sie hätte am liebsten in die Gesichter der Menschen, die sie malte, einen Ausdruck von Wildheit und Ekstase gelegt. In dieser Form kann sie hier erstmalig das Triebhafte in sich selbst voll bejahen und hochkommen lassen. Es gelingt ihr nun auch in der Folgezeit, diesen Bereich in die Beziehung zu ihrem Mann zu bringen und damit ihre sexuelle Symptomatik zu beheben.

Der Schlußtraum dieser Serie und gleichzeitig der letzte Traum innerhalb der Analyse zeigte sie dann in einer sehr lebendigen, herzlichen und emotionalen Beziehung zu einem Manne. Sie fühlte sich in dieser Atmosphäre geborgen und glücklich. Nachdem sie sich mit dem Verbrecher und Diktator auseinandergesetzt hatte, kann sie jetzt endlich den Mann als Partner und Beziehungsperson bejahen und damit auch den ganzen Bereich, den dieser in ihrer eigenen Seele symbolisiert. Die Starrheit und Versteinerung des Anfangs ist damit aufgehoben.

Ich hoffe, daß es trotz aller notwendigen Kürzung deutlich geworden ist, wie hier eine Symbolserie (von Puppe über Kind–Esel–Pflanze und Mineral–Pferd–Verbrecher–Begleiter) schließlich zu einer lebendigen Partnerschaft zum eigenen Animus führt und damit auch zu dem Mann in der Welt draußen. Hier ist ein deutlicher Entwicklungsprozeß abzulesen. Natürlich habe ich eine Auswahl von Träumen getroffen, und der ganze analytische Prozeß mit der Vielzahl seiner Träume zeigt ein Auf und Ab und Hin und Her, wie es der Wirklichkeit entspricht, und nicht eine so folgerichtige Reihe wie diese besonders eindrucksvolle Auswahl.

Ich möchte damit abschließend noch zu der Frage der Auswahlkriterien bei Traumserien kommen, zu der meines Wissens nur wenig Literatur existiert. Es ist ungemein schwierig, in Falldarstellungen die gesamte Traumserie eines analytischen Prozesses zu veröffentlichen oder darzustellen, da schon der Umfang des Materials das verbietet. Man kann sich dadurch helfen, daß man nur einen bestimmten Abschnitt der Analyse beschreibt oder sich auf relativ kurze Therapien beschränkt, die allerdings dann besondere Charakteristika aufweisen. Die vollständige Darstellung und Ausarbeitung einer Traumserie aus längeren analytischen Behandlungen stellt selbst bei einer Verkürzung der Träume wegen ihrer Materialfülle ein erhebliches Hindernis zur wissenschaftlichen Erforschung von Entwicklungslinien im unbewußten Prozeß dar. Es wird daher unumgänglich sein, eine Auswahl zu treffen, die aber nicht allein dem subjektiven Gefühl des Autors überlassen werden sollte. Hierbei entstehen nämlich mit Sicherheit Lücken und Verbiegungen, die den immer existenten Gegenübertragungspositionen entsprechen. Ich benutze hier den Begriff der Gegenübertragung im erweiterten Sinne, wie er von Jung in seiner »Psychologie der Übertragung« (18) beschrieben wurde, und ich verstehe darunter nicht nur die Gegenprojektionen aus unverarbeiteten Kindheitsresten des Analytikers auf den Patienten. Mir hat sich als mögliches objektives Auswahlkriterium bei der Darstellung von Traumserien die Parallelität zwischen den Wandlungen der Erlebnis- und Verhaltensweisen und den entsprechenden begleitenden Träumen als nützlich erwiesen. (135) Es gibt in jeder Analyse so etwas wie Verdichtungspunkte des analytischen Prozesses, d. h. Stunden, in denen sehr deutlich Wandlungsprozesse eintreten und in denen der Patient beginnt, anders als vorher zu erleben und zu handeln. So kann man sich in der Beurteilung einer

Traumserie auf diejenigen Träume beziehen, die an solchen Verdichtungspunkten auftreten und die von einer deutlichen Veränderung der Symptomatik und der Erlebnis- und Verhaltensweisen begleitet werden. Die eigentliche Anordnung der Träume innerhalb einer Serie ist, wie bereits gesagt, eine radiale und nicht einfach eine lineare; sie gruppieren sich um einen Bedeutungsmittelpunkt. Diese Bedeutungsmittelpunkte laufen aber parallel mit vorher erwähnten Wandlungsprozessen und ergeben damit eine psychische objektive Realität, die es erlaubt, die Auswahlkriterien der Serie nicht allein der mehr oder minder treffsicheren Intuition des Therapeuten zu überlassen.

Die notwendige Voraussetzung zur Erfassung einer Traumserie ist natürlich deren Protokollierung. Ohne sich hier an das rein technische Problem des Mitschreibens oder Aufschreibens in der analytischen Situation zu verlieren, seien nur einige Punkte erwähnt. Ein Gedächtnisprotokoll der Träume ist wissenschaftlich praktisch unzureichend. Schon ein mittellanger Traum kann nach einer 50-Minuten-Stunde, die oft sehr intensiv und bewegend ist, nicht mehr in der gleichen Diktion des Patienten und mit der notwendigen Vollständigkeit aus dem Gedächtnis wiedergegeben werden. Die Träume müssen also entweder innerhalb der Stunde notiert oder vom Patienten selbst aufgeschrieben mitgebracht werden. Es muß außerdem jeweils nach Charakterstruktur, Neurosenform und individueller Situation entschieden werden, ob man dem Patienten überhaupt den Rat geben kann, seine Träume zu notieren und in die Stunde mitzubringen. Ein solches Verfahren ist keineswegs kritiklos bei allen Patienten angezeigt. Es kann z. B. bei schweren Zwangsneurosen völlig falsch sein. So schlief eine Patientin mit einer schweren Zwangsneurose am Beginn ihrer Analyse unter der Einwirkung psychoanalytischer Literatur nur noch im Sitzen mit einem Brett auf den Knien, um auf einem bereitgelegten Block jeden Traumfetzen, den sie erwischen konnte, sofort zu notieren. Sie brachte auf diese Weise zirka drei bis sechs Seiten voller Träume in jeder Stunde, und ich brauchte einige Zeit, um herauszubekommen, was sie da eigentlich tat. Bei ihr war es dann ein Stück Heilungsprozeß, daß sie Träume nicht mehr zu notieren brauchte. Derartige Entgleisungen und entsprechende andere Widerstandsphänomene ändern aber nichts daran, daß es gerade auch bei andersgelagerten Fällen für den Patienten sehr sinnvoll und förderlich sein kann, wenn er seinen Traum im Laufe des Tages notiert und die Träume seiner Analyse in der Art eines Traumtagebuches sammelt. Er wird dadurch oft von selbst auf Kontinuitäten, Problemverdichtungen und Veränderungsprozesse im Unbewußten aufmerksam. Durch diese erhöhte Aufmerksamkeitszuwendung kann wieder der unbewußte Prozeß fruchtbar stimuliert werden. Insbesondere bei weiter fortgeschrittener Analyse lernen manche Patienten auch in Form von meditativen Prozessen ein Stück eigener selbständiger Bearbeitung des Traummaterials durchzuführen, das die Analyse fördert und intensiviert. Im Gegensatz zur klassischen Freudschen Technik wird ein derartiger selbständiger Umgang mit dem eigenen unbewußten Material von seiten der Analytischen Psychologie, natürlich unter Berücksichtigung der klinischen Gegebenheiten, durchaus bejaht und angeregt.

Wenn ich nun noch einmal das in diesem Kapitel Gesagte zusammenfasse, so ergeben sich folgende Punkte:

1. Im Bereich einer Traumserie nimmt der Initialtraum der Behandlung einen besonderen Platz ein, da er auf die Grundproblematik und die vorherrschenden Zielmechanismen der Neurose des Patienten hin akzentuiert ist. Es wird hier vorgeschlagen, als Initialtraum nur den ersten Traum in der Analyse zu bezeichnen, der unmittelbar nach der ersten Begegnung mit dem Analytiker auftritt. Es bleibt damit natürlich unbenommen, weiterhin von einer Serie von Initialträumen zu sprechen und damit die Träume eines ersten Behandlungsabschnittes zu bezeichnen.

2. Vom Initialtraum abgetrennt wird hier der Initiationstraum beschrieben. Hierbei handelt es sich um den ersten großen archetypischen Traum, der den Beginn der Auseinandersetzung mit dem Unbewußten in voller Deutlichkeit und Tiefe enthält und auch Lösungsmöglichkeiten aufweist.

3. Innerhalb der Traumserien kann man das Phänomen der

Wiederholung des gleichen Symbols beobachten, zu dem das Traum-Ich aber allmählich in eine veränderte Beziehung tritt.

4. Das Symbol seinerseits kann verschiedene archetypische Seiten und Aspekte in einer Traumserie entfalten, wobei das Bewußtsein diese Entfaltung als das Wesen des Nicht-Ich in Form eines emotionalen Lernprozesses erfährt.

5. Der gleiche psychische Inhalt kann sich verschiedene und unterschiedliche Symbole im Verlaufe eines Individuationsprozesses wählen, um das gleiche menschliche Grundproblem zu behandeln. Regressionen in animalische, vegetative und mineralische Bereiche wechseln hier sinnvoll mit progressiven Vorgängen in das spezifisch Humane ab.

6. Für die Darstellung und Beurteilung von Traumserien, sofern sie nicht vollständig erfolgen können, sind bestimmte Auswahlkriterien erforderlich. Hierbei bieten sich diejenigen Stellen der Analyse an, in denen Wandlungsprozesse ansetzen und damit Veränderungen der Symptomatik und der Erlebnis- und Verhaltensformen beginnen.

7. Die Protokollierung der Traumserie durch den Patienten selbst kann in einer Reihe von Fällen nützlich und fruchtbar sein, ist aber keineswegs immer angezeigt.

# Literaturverzeichnis

1 S. Freud, Die Traumdeutung. Franz Deuticke-Verlag, Wien 1950
2 A. von Daldis, Traumbuch. Bearbeitet und ergänzt von Martin Kaiser. Schwabe u. Co.-Verlag, Basel-Stuttgart 1965
3 W. Pauli, Der Einfluß archetypischer Vorstellungen auf die Bildung naturwissenschaftlicher Theorien bei Kepler. In: Naturerklärung und Psyche.
Studien aus dem C. G. Jung-Institut Zürich, Band 4.
Rascher-Verlag, Zürich 1953
4 C. A. Meier, Die Empirie des Unbewußten.
Rascher-Verlag, Zürich 1968
5 E. Anrich, Moderne Physik und Tiefenpsychologie.
Klett-Verlag, Stuttgart 1963
6 C. G. Jung, Psychologische Typen. Gesammelte Werke, Band 6.
Rascher-Verlag, Zürich 1968
7 Vgl. C. W. von Sydow, »Anthropologische Märchentheorie« und »Ethnologische Märchendeutung«.
In: Handwörterbuch des deutschen Märchens.
Berlin 1930
8 S. Freud, Der Mann Moses und die monotheistische Religion. Gesammelte Werke, Band 16.
Imago-Verlag, London
9 C. G. Jung, Analytische Psychologie und Weltanschauung.
In: Seelenprobleme der Gegenwart.
Rascher-Verlag, Zürich 1951
10 H. C. Andersen, Gesammelte Märchen.
Manesse-Verlag, Zürich
11 E. Jung, Die Anima als Naturwesen. In: Studien zur Analytischen Psychologie C. G. Jungs. Festschrift zum 80. Geburtstag von C. G. Jung. Rascher-Verlag, Zürich 1955
12 H. Dieckmann, Märchen und Träume als Helfer des Menschen.
Bonz-Verlag, Stuttgart 1966
13 C. G. Jung, Die praktische Verwendbarkeit der Traumanalyse.
In: Wirklichkeit der Seele.
Rascher-Verlag, Zürich 1934
14 J. Jacobi, Die Psychologie von C. G. Jung.
Rascher-Verlag, Zürich 1940
15 L. Lévy-Bruhl, Die geistige Welt der Primitiven.
Diederichs-Verlag, Düsseldorf-Köln 1959
16 R. Benedict, Kulturen primitiver Völker.
Diederichs-Verlag, Düsseldorf-Köln 1959

17 J. W. Hauer, Der Yoga. Kohlhammer-Verlag, Stuttgart 1958
18 C. G. Jung, Die Psychologie der Übertragung. Rascher-Verlag, Zürich 1946
19 C. G. Jung, Seminar über Kinderträume, gehalten an der Eidgenössisch-Technischen Hochschule Zürich im WS 1936/37. Bisher unveröffentlichter Seminarbericht
20 M.-L. v. Franz, Religiöse oder magische Einstellungen zum Unbewußten. In: Psychotherapeutische Probleme. Studien aus dem C. G. Jung-Institut Zürich, Band 17. Rascher-Verlag, Zürich 1964
21 C. G. Jung, Vorreden zu den »Collected Papers on Analytical Psychology«. Gesammelte Werke, Band 4. Rascher-Verlag, Zürich 1969
22 J. W. v. Goethe, Maximen und Reflexionen. Tempel-Ausgabe, Band 2
23 J. J. Bachofen, Mutterrecht und Urreligion. Leipzig 1927
24 Stein, zit. nach R. Gordon, Contempt and Process. Journal of Analytical Psychology, Vol. XII, 1967
25 E. Fromm, Märchen, Mythen und Träume. Diana-Verlag, Konstanz-Stuttgart 1957
26 M. Klein, Die Bedeutung der Symbolbildung für die Ich-Entwicklung. Psyche, 14. Jg., Heft 5, 1960/61
27 W. Y. Evans-Wentz, Das tibetanische Buch von der großen Befreiung. Otto Wilhelm Barth-Verlag, München 1955
28 H. Dieckmann, Magie und Mythos im menschlichen Unbewußten. Wege zum Menschen, 21. Jg., Heft 6, 1969
29 E. Cassirer, Philosophie der symbolischen Formen. Berlin 1932
30 K. Jaspers, Psychologie der Weltanschauung. Springer-Verlag, Berlin 1954
31 H. Dieckmann, Die Differenz zwischen dem anschaulichen und dem abstrahierenden Denken in den Psychologien von Jung und Freud. Zeitschrift für Psychosomatische Medizin, 7. Jg., Heft 1, Okt.–Dez. 1960
32 J. Gebser, Ursprung und Gegenwart. Deutsche Verlagsanstalt, Stuttgart 1959
33 C. A. Meier, Individuation und psychologische Typen. Zeitschrift für Analytische Psychologie und ihre Grenzgebiete, 1. Jg., Heft 2, März 1970
34 J. Ortega y Gasset, Vom Menschen als utopischem Wesen. Gustav Kilpper-Verlag, Stuttgart 1951
35 D. F. Sandner und D. Jongeward, Research in Symbolisms: Aims and Methods. Professional Report of the C. G. Jung-Institute of San Francisco, September 1967
36 J. Jacobi, Komplex, Archetypus, Symbol. Rascher-Verlag, Zürich 1957

37 E. Neumann, Ursprungsgeschichte des Bewußtseins.
Rascher-Verlag, Zürich 1949
38 C. G. Jung, Mysterium Conjunctionis. Gesammelte Werke, Band 14/2. Rascher-Verlag, Zürich 1968
39 C. G. Jung, Über psychische Energetik und das Wesen der Träume. Rascher-Verlag, Zürich 1958
40 T. Wolff, Studien zu C. G. Jungs Psychologie.
Rascher-Verlag, Zürich 1959
41 G. Adler, Das Ich und der Kreislauf des Lebens.
In: Zur Analytischen Psychologie. Rascher-Verlag, Zürich 1952
42 C. A. Meier, The Dream and Human Societies.
Ed. G. E. von Grunebaum und R. Caillois.
Berkeley und Los Angeles 1966
43 I. Jezower, Das Buch der Träume. Rowohlt-Verlag, Berlin 1928
44 M. Lamm, Swedenborg, eine Studie über seine Entwicklung zum Mystiker und Geisterseher. Übersetzt von I. Meyer-Lüwe.
Leipzig 1922
45 C. G. Jung, De la structure de l'inconscience.
Archives de Psychologie, Band XVI, 1916
46 C. G. Jung, Die Beziehungen zwischen dem Ich und dem Unbewußten. Gesammelte Werke, Band 7.
Rascher-Verlag, Zürich 1964
47 C. G. Jung, Instinkt und Unbewußtes. Gesammelte Werke, Band 8. Rascher-Verlag, Zürich 1967
48 C. G. Jung, Die Lebenswende. In: Seelenprobleme der Gegenwart.
Rascher-Verlag, Zürich 1951
49 E. Aserinsky und N. Kleitmann, Regularly Occurring Periods of Eye Motility, and Concomitant Phenomena During Sleep.
Science 118, 1953
50 W. Dement, Dream Recall and Eye Movements During Sleep in Shizophrenics and Normals.
Journal of Nerv. Ment. Dis. 122, 1955
51 W. Dement und N. Kleitmann, Cyclic Variations in EEG During Sleep and Their Relation to Eye Movements, Body Motility and Dreaming. Electroenceph. Clin. Neurophysiol. 9, 1957
52 M. Chagall, Ma Vie. Librairie Stock, Dijon 1957
53 A. J. Allenby, Angels as Archtyp and Symbol.
Der Archetyp. Karger-Verlag, Basel 1964
54 E. Neumann, Die Große Mutter. Rhein-Verlag, Zürich 1956
55 C. G. Jung, Von den Wurzeln des Bewußtseins.
Rascher-Verlag, Zürich 1954
56 C. G. Jung, Symbole der Wandlung.
Rascher-Verlag, Zürich 1952
57 C. G. Jung, Psychologie und Alchemie.
Rascher-Verlag, Zürich 1944

58 F. M. Dostojewski, Rodion Raskolnikoff.
Piper-Verlag, München 1953
59 K. Kerényi, Die Mythologie der Griechen.
Rhein-Verlag, Zürich 1954
60 Altägyptische Märchen. In: Märchen der Weltliteratur.
Diederichs-Verlag, Düsseldorf-Köln 1963
61 Grimms Märchen. Hrsg. v. Paul Ernst.
G. Müller-Verlag, München-Leipzig
62 H. Dieckmann, Zum Aspekt des Grausamen im Märchen. Praxis der Kinderpsychologie und Kinderpsychiatrie, Heft 8, November bis Dezember 1967
63 H. Dieckmann, Mutterbindung und Herzneurose.
Zeitschrift für Psychosomatische Medizin, 12, 1966
64 M.-L. v. Franz, Die Bremer Stadtmusikanten in tiefenpsychologischer Sicht. Zeitschrift für Analytische Psychologie und ihre Grenzgebiete, 2. Jg., Heft 1, 1970
65 J. V. Andreä, Die chymische Hochzeit.
Otto Wilhelm Barth-Verlag, München 1957
66 F. G. Wickes, The Inner World of Childhood.
Meredith-Press, New York 1935
67 M. Fordham, On the Origins of the Ego in Childhood.
Band I der Festschrift zum 80. Geburtstag von C. G. Jung.
Rascher-Verlag, Zürich 1955
68 W. Heisenberg, Das Naturbild der heutigen Physik.
Rowohlts deutsche Enzyklopädie, Hamburg 1958
69 H. Dieckmann, Integration Process of the Ego-Complex in Dreams. Journal of Analytical Psychology, Vol. X, No. 1, 1965
70 W. Stekel, Die Sprache des Traums.
Bergmann-Verlag, München, 3. Auflage 1927
71 H. Hartmann, E. Kries und Loewenstein, Comments on the Formation of Psychic Structure.
In: The Psychoanalytic Study of the Child, Vol. II, 11 (1947)
72 C. G. Jung, Aion. Rascher-Verlag, Zürich 1951
73 P. Federn, Ich-Psychologie und die Psychosen.
Verlag Hans Huber, Bern 1956
74 D. Kadinsky, Die Entwicklung des Ich beim Kinde.
Verlag Hans Huber, Bern 1964
75 F. Seifert, Tiefenpsychologie.
Diederichs-Verlag, Düsseldorf-Köln 1955
76 I. Kant, Kritik der Urteilskraft.
Dürersche Buchhandlung, Leipzig 1902
77 C. G. Jung, Die transzendente Funktion. Gesammelte Werke, Band 8. Rascher-Verlag, Zürich 1967
78 G. Adler, Das lebendige Symbol. Verlag Urban und Schwarzenberg, München, Berlin, Wien 1968

79 C. G. Jung, Ein moderner Mythos.
Rascher-Verlag, Zürich 1958
80 E. Neumann, The Significance of the Genetic Aspect for Analytical Psychology. Journal of Analytical Psychology, Vol. IV, No. 2, 1959
81 W. Dement, The Effect of Dream Deprevation.
Science 131, 1960
82 C. T. Frey-Wehrlin, Probleme der Traumdeutung.
Journal of Analytical Psychology, Vol. II, 1961
83 H. Dieckmann, Die Konstellierung der Gegenübertragung beim Auftreten archetypischer Träume.
Zeitschrift für Analytische Psychologie und ihre Grenzgebiete, 3. Jg., Heft 1, Oktober 1971
84 C. G. Jung, Wandlungen und Symbole der Libido.
Deuticke-Verlag, Leipzig und Wien 1912
85 A. Maeder, Über die Funktion des Traumes.
In: Jahrbuch für psychoanalytische und psychopathologische Forschungen, Band IV, Wien 1912
86 A. Maeder, Über das Traumproblem. In: Jahrbuch für psychoanalytische und psychopathologische Forschungen, Band V, Wien 1913
87 J. Jacobi, Der Weg zur Individuation.
Rascher-Verlag, Zürich 1965
88 G. R. Heyer, Prospektive Kräfte im Traum. In: Dialog über den Menschen. Festschrift für W. Bitter zum 75. Geburtstag.
Klett-Verlag, Stuttgart 1968
89 H. Sachs, Ein Traum Bismarcks. In: Internationale Zeitschrift für ärztliche Psychoanalyse, 1913, Heft 1
90 A. Mitscherlich, Kekulés Traum. Die Zeit, Nr. 38, 1965
91 F. Jung, Über die Gestalt des Großtyrannen in Literatur und Traum. Zeitschrift für Analytische Psychologie und ihre Grenzgebiete, 2. Jg., Heft 2, 1971
92 F. Schiller, Don Carlos. Reclams Universalbibliothek Nr. 38/38 a, Stuttgart 1964
93 St. Andres, El Greco malt den Großinquisitor.
List-Bücher Nr. 120
94 W. Bergengruen, Der Großtyrann und das Gericht.
Nymphenburger Verlagshandlung, München 1949
95 H. v. Kleist, Sämtliche Werke. Insel-Verlag, Leipzig
96 S. Freud, Traum und Okkultismus. Gesammelte Werke, Band 15.
Imago-Verlag, London 1940
97 C. G. Jung, Naturerklärung und Psyche. Studien aus dem
C. G. Jung-Institut, Zürich, Band 4.
Rascher-Verlag, Zürich 1952

98 C. G. Jung, Allgemeine Gesichtspunkte zur Psychologie des Traumes. Gesammelte Werke, Band 8. Rascher-Verlag, Zürich 1967
99 T. S. Eliot, Murder in the Cathedral. London, Faber and Faber, 1934
100 M. Verworn, Kausale und konditionale Weltanschauung. 3. Auflage, 1922
101 W. v. Siebenthal, Die Wissenschaft vom Traum. Springer-Verlag, Berlin, Göttingen, Heidelberg 1953
102 C. G. Jung, Zur Psychologie sogenannter okkulter Phänomene. Gesammelte Werke, Band 1. Rascher-Verlag, Zürich 1966
103 H. Kohut, Ist das Studium des menschlichen Innenlebens heute noch relevant? Vortrag vor dem Berliner Psychoanalytischen Institut am 7. Oktober 1970
104 E. Krause, Das Zerstückelungsmotiv. Vortrag vor dem Berliner Arbeitskreis für Analytische Psychologie im Juli 1970. Unveröffentlichtes Manuskript
105 Russische Volksmärchen. Aus: Märchen der Weltliteratur, hrsg. v. Friedrich von der Leyen. Diederichs-Verlag, Düsseldorf-Köln 1959
106 Japanische Märchen. Aus: Märchen der Weltliteratur, hrsg. v. Friedrich von der Leyen. Diederichs-Verlag, Düsseldorf-Köln 1964
107 Französische Volksmärchen. Aus: Märchen der Weltliteratur, hrsg. v. Friedrich von der Leyen. Diederichs-Verlag, Jena 1923
108 Deutsche Märchen aus dem Donauland. Aus: Märchen der Weltliteratur, hrsg. v. Friedrich von der Leyen. Diederichs-Verlag, Düsseldorf-Köln 1958
109 M. Eliade, Schamanismus und archaische Ekstasetechnik. Rascher-Verlag, Zürich 1957
110 C. G. Jung, Die Visionen des Zosimos. In: Von den Wurzeln des Bewußtseins. Rascher-Verlag, Zürich 1954
111 K. Kerényi, Die Heroen der Griechen. Rhein-Verlag, Zürich 1958
112 H. Zimmer, Die indische Weltmutter. Eranos-Jahrbuch 1938, Band VI
113 Sir J. Woodroffe, Shakti and Shakta. Ganesh u. Co., Madras Ltd. 1951
114 A. Teillard, Traumsymbolik. Rascher-Verlag, Zürich 1944
115 B. Brecht, Gesammelte Werke. Werkausgabe. Ed. Suhrkamp, Band 4
116 ders., Gesammelte Werke. Werkausgabe. Ed. Suhrkamp, Band 2

117 H. Schultz-Hencke, Lehrbuch für Traumanalyse.
Georg Thieme-Verlag, Stuttgart 1949
118 R. F. Hobson, Imagination and Amplification in Psychotherapy. Journal of Analytical Psychology, Vol. XVI, No. 1, Januar 1971
119 Erinnerungen, Träume, Gedanken v. C. G. Jung.
Aufgezeichnet und herausgegeben von Aniela Jaffé.
Rascher-Verlag, Zürich 1962
120 C. G. Jung und K. Kerényi, Einführung in das Wesen der Mythologie. Rhein-Verlag, Zürich 1951
121 C. G. Jung, Vom Wesen der Träume. Gesammelte Werke, Band 8. Rascher-Verlag, Zürich 1967
122 H. Dieckmann, Der Antisemitismus als personales psychologisches Problem. Wege zum Menschen, 13. Jg., Heft 1, Januar 1961
123 A. Freud, Das Ich und die Abwehrmechanismen.
Imago-Verlag, London 1946
124 C. G. Jung, Das Wandlungssymbol in der Messe.
In: Von den Wurzeln des Bewußtseins.
Rascher-Verlag, Zürich 1954
125 E. Fromm, Die Herausforderung Gottes und des Menschen.
Diana-Verlag, Konstanz 1970
126 W. Kemper, Der Traum und seine Be-Deutung.
Rowohlt-Verlag, Reinbek 1955
127 M. Mead, Sex and Temperament in Three Primitive Societies. Routledge and Kegan Paul Ltd., London 1952
128 T. Wolff, Studien zu C. G. Jungs Psychologie.
Rhein-Verlag, Zürich 1959
129 C. G. Jung, Bericht über den 6. allgemeinen ärztlichen Kongreß für Psychotherapie 1930. Zentralblatt für Psychotherapie 4, 1931
130 G. Schmaltz, Komplexe Psychologie und körperliches Symptom. Hippokrates-Verlag, Stuttgart 1955
131 H. Dieckmann, Vergleichende Untersuchungen über die Initialträume von 90 Patienten. Zeitschrift für Analytische Psychologie und ihre Grenzgebiete. 1. Jg., Heft 1, Oktober 1969
132 C. G. Jung, Praxis der Psychotherapie. Gesammelte Werke, Band 16. Rascher-Verlag, Zürich 1958
133 Beer and Stafford, Kybernetik und Management.
Fischer-Verlag, Frankfurt am Main 1959
134 W. Kemper, Über das Prospektive im Traum.
Psyche 9, 1955/56
135 H. Dieckmann, Über einige Beziehungen zwischen Traumserie und Verhaltensänderungen in einer Neurosenbehandlung. Zeitschrift für Psychosomatische Medizin, 8. Jg., Heft 4, 1962
136 Fr. Nietzsche, Werke. Alfred Kröner Verlag, Stuttgart 1938
137 H. Dieckmann, Probleme der Lebensmitte.
Bonz-Verlag, Stuttgart 1968

## Autorenregister



## Stichwortregister

Weitere Titel
aus dem
Königsfurt Verlag

## Weitere Titel aus dem Königsfurt Verlag

*Paul Letter:* **Paracelsus. Leben und Werk.**
ISBN 3-933939-24-0. *Neue Quellen. Spannende Recherche.*

*Carl Gustav Jung:* **Paracelsus, Alchemie und die Psychologie des Unbewußten.**
ISBN 3-933939-84-4. *Die berühmten Aufsätze in einem Band.*

*H. Obleser:* **Parzival. Ein Initiationsweg und seine Bedeutung.**
ISBN 3-933939-26-7. *Die Gralslegende psychologisch gedeutet.*

*Ulrich Magin:* **Ausflüge in die Anderswelt.**
ISBN 3-933939-25-9. *Bedeutungen rätselhafter Phänomene.*

*Andrea Kaufmann:* **Ritt auf dem Hexenbesen.**
ISBN 3-933939-30-5. *Geschichte eines Transportmittels.*

*Pierre Niccart:* **Der Zauberladen. Du bist was du vergißt.**
ISBN 3-933939-23-2, farbig. *Das Erlebnisbuch.*

*Klausbernd Vollmar:* **Handbuch der Traum-Symbole.**
ISBN 3-927808-65-2. *Standardwerk, preiswerte Sonderausgabe.*

*Klausbernd Vollmar:* **Ratgeber Traum.**
ISBN 3-927808-76-8. *Traum-Symbole im Zusammenhang.*

*H. Dieckmann:* **Zauber aus 1001 Nacht. Märchen & Symbole.**
ISBN 3-933939-09-7. *Ein Klassiker der Märchenforschung.*

*Marion Guekos-Hollenstein:* **Quellen des Tarot.**
ISBN 3-933939-06-2. *Urbilder und heutige Anwendung.*

*Frederik Hetmann:* **Madru oder Der große Wald.**
*Roman & Spiel.* **Buch:** ISBN 3-933939-08-9.
**Set** (Buch & Karten): ISBN 3-933939-29-1.

Erhältlich im Buchhandel.

# *James*

*Kajo Nelles:* **James – Leben, Werk & Visionen des Tänzers James Saunders.**

**208 S., zahlr. Fotos. ISBN 3-933939-10-0.** ***Königsfurt LebensBilder.***

*James Saunders tanzte in berühmten internationalen Compagnien, war Solist an den städtischen Bühnen in Köln und Frankfurt/Main. Er begründete und leitete die »Tanzprojekte«, in denen Tausende von Menschen ihr schöpferisches Potential entdeckten. Diese Projekte, auch als »Kreativität durch Bewegung« bekannt, waren außerordentlich erfindungsreich und zeigten eine enorme Wirkung.*

Dieses Buch erzählt die Geschichte, eine ebenso einfache wie vielschichtige Geschichte. Da ist zunächst die Geschichte eines jungen Mannes, der eines Tages – eigentlich ist er schon viel zu alt – entdeckt, daß er ein Tänzer ist, und sich dann ganz dem Tanz verschreibt; der, als er den Gipfel erreicht hat, seine Tanzkarriere plötzlich aufgibt, um noch einmal ganz von vorne anzufangen, bei sich selbst, bei dem, was ihn im Innersten bewegt und was er bewegen möchte; und der schließlich, auf dem Höhepunkt einer zweiten Karriere, die ihn anstatt auf die Höhen des Ruhmes in die Herzen von Zehntausenden, in die Tiefen der menschlichen Seelen und des Bewegtseins geführt hat, auf unbegreifbare Weise zu Tode stürzt – beim Tanz! (...)

Vor allem aber ist es die Geschichte einer tiefen Liebe und kongenialen Freundschaft zweier Männer, die sich voneinander berühren und bewegen ließen und diesem Sich-Bewegen-Lassen treu blieben, sogar über den Tod hinaus. Hier ist (...) die Rede (...) von der äußerst feinen und reinen Lebenshaltung, die auf Anstöße achtet, die aus dem Unbekannten auf uns zukommen, und ihnen folgt; die uns der Erstarrung entgehen läßt, indem wir dem Fluß folgen, der einen zu immer neuen Ufern trägt. In dieser tiefen Bewegung, die die des Lebens selbst ist, ist dann plötzlich auch der Tod nicht mehr Endpunkt und Stillstand, sondern Teil und Motor der Bewegung. Hier verschmelzen Kunst – als die Suche nach dem und Ausdruck des Wahren, Guten und Schönen – und ein Leben, das nicht zwischen Bühne und Alltag unterscheidet, sondern sich durchgängig berühren und bewegen läßt, ineinander. *(Wilfried Nelles)*